The Dead Sea Scrolls Today　James C. VanderKam

死海文書のすべて

ジェームス・C・ヴァンダーカム
秦 剛平 訳

青土社

死海文書のすべて　目次

死海文書のすべて

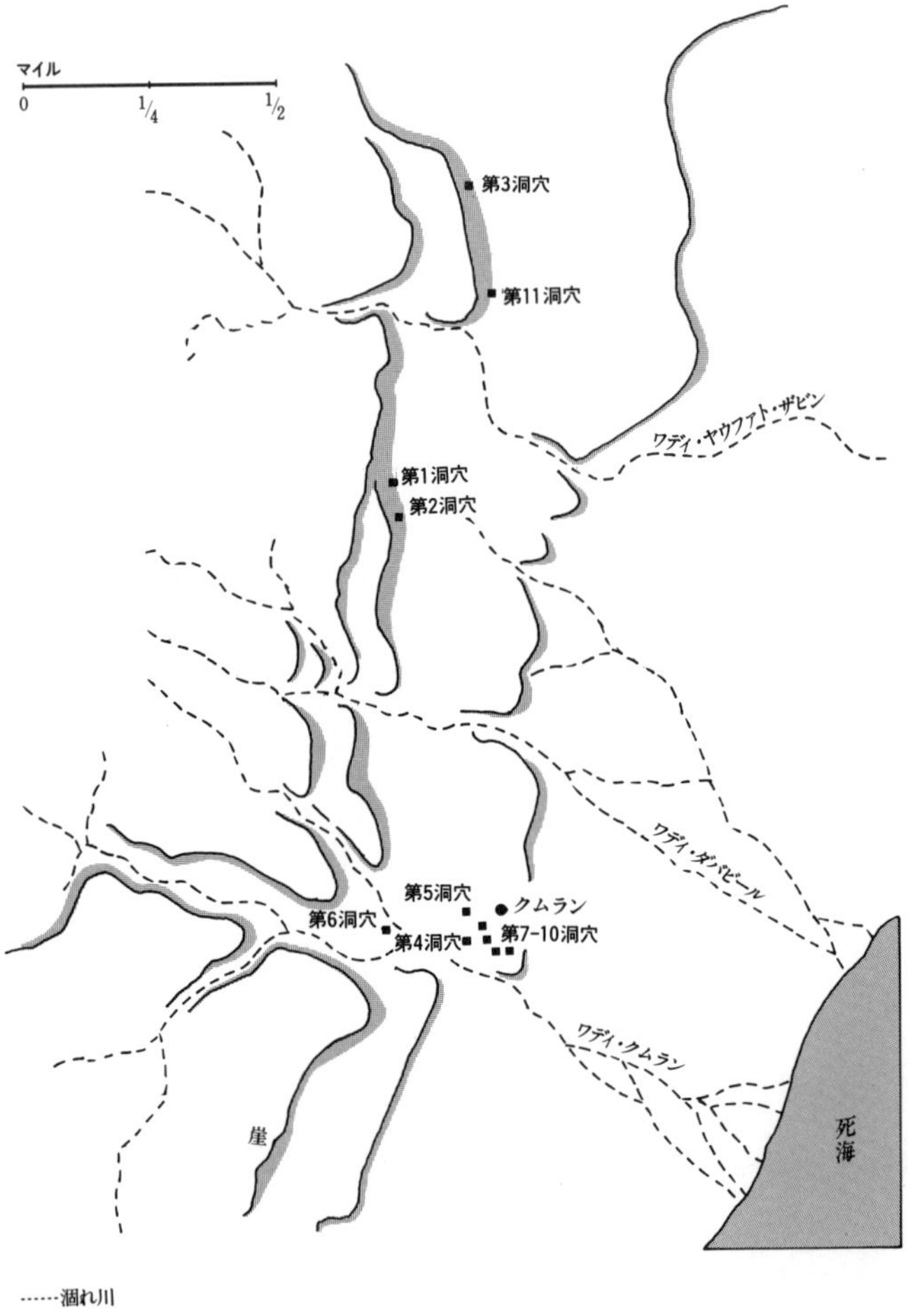
マイル
0
1/4
1/2
第3洞穴
第11洞穴
ワディ・ヤウファアト・ザビン
第1洞穴
第2洞穴
ワディ・ダバビール
第5洞穴
クムラン
第6洞穴
第4洞穴
第7–10洞穴
ワディ・クムラン
崖
死海
涸れ川

クムラン洞穴分布図

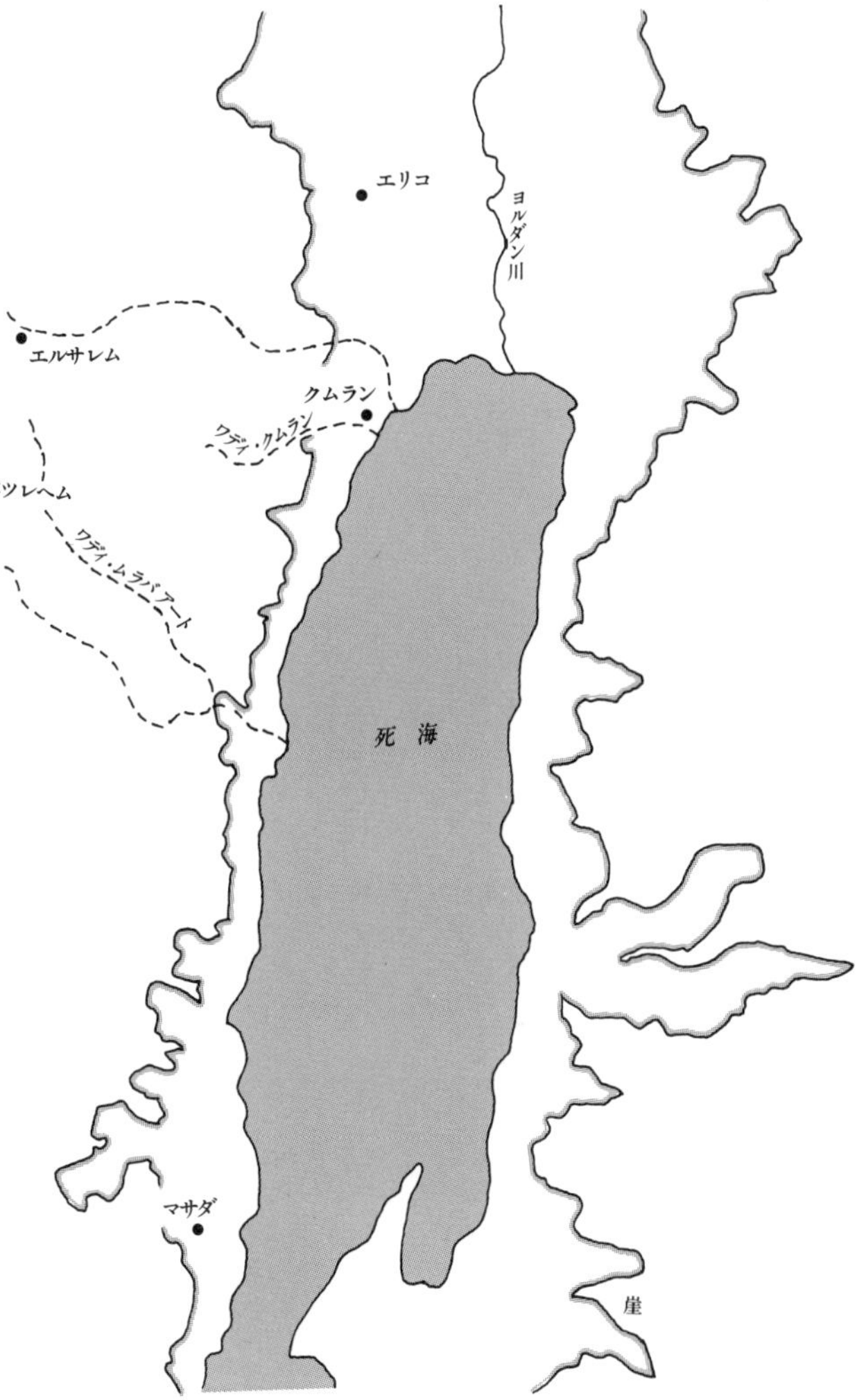

クムランおよび死海周辺地図

Photo credits：
p. 21, 31上, 47上, Werner Braun/ p. 25, 117, John Trever/ p. 31下, 137上, Zev Radovan/ p. 37, 43, 47下, Joel and Neal Bierling/ p. 37下, Hershel Shanks/ p. 45, 119, David Harris/ p. 46, Garo Nalbandian/ p. 51, The estate of John M. Allegro/ p. 63, Oriental Institute, University of Chicago/ p. 77, 121, Bruce and Kenneth Zuckerman, West Semitic Research. Courtesy Shrine of the Book/ p. 109, 137下, 345, Bruce and Kenneth Zuckerman, West Semitic Research, in collaboration with Princeton Theological Seminary. Courtesy Department of Antiquities, Jordan./ p. 123, 315, Courtesy Israel Antiquities Authority/ p. 347, Bruce and Kenneth Zuckerman, West Semitic Research and, Greg Bearman, Jet Propulsion Laboratory. Courtesy Shrine of the Book.

序

その昔、ある一人の優れた人物が次のように言った。「敬愛するテオフィロスさま、わたしもまた、すべての事をそのはじめから詳しく調べておりますので、順序正しく書いてあなたに献呈するのが適当かと思いました。お受けになった教えについて真実を知っていただきたいのです」（ルカ一・三―四）。

近年、多くの人びとが死海の巻物や、彼らを巻き込んだ論争のさまざまな面について書いてきた。その結果は、実際に起こった事柄についての混乱だった。メディアはセンセーショナルなものを報道し、より広く受け入れられている説よりは奇をてらう説を大きく取り上げる傾向がある。もしある人が死海の巻物の断片の中にメシアに言及する箇所を発見したと申し立て、その言及はキリスト教に途方もなく大きな影響を与えると騒ぎ立てれば、新聞はその発言を流すのである。だが、考え抜かれた見解が発表されても、それが注意を引くことはない。このような状況に照らせば、巻物自体と、八〇年代半ば以降それに関わる出来事について「順序正しく」書くことは、価値のあることのように思われた。

一九九〇年の一月、死海の巻物の最初の編集委員の一人、J・T・ミリクは、彼に割り当てられた一二の写本を出版する権利を筆者に与えてくれた。その写真版と彼のノートを受け取った後、筆者は、エルサレムのロックフェラー博物館で写本を研究し、ミリクから引き継いだ資料を検討した。一九九〇年の三月、筆者は、巻物が論争の的になった経緯を簡単に教えられた。新聞記者から、その写真版を他の研究者に見せる気があるかどうかと尋ねられたとき、筆者は即座に「もちろんだ」と答えた。すると、その簡単な返答が他の研究者を電話に飛びつかせることになる。筆者のコメントはいくつかの所で印刷されたり報道されたりした。他の研究者に写真版を進んで見せようとする筆者の姿勢は公的なポリシーからの訣別だったようである。「現状打破！」などと大げさに言われたりもした。なぜ断片の写真版を検討する権利を他の研究者に認めようとしないのか、筆者は今もって理解できないでいるが、この体験は巻物へのアクセスの問題全体をめぐる当時の緊張とむき出しの感情を例証するものだった。第四洞穴出土の巻物についての四〇年近くにおよぶ研究の過程で何が起こったかをさらに知るようになると、筆者はこの問題をめぐる双方の側の感情の行き違いをよく理解できるようになった。

本書における死海の巻物についての手引きと最新情報は一般読者を対象とする。筆者は巻物研究の主要な領域を網羅的に取り上げ、最新の情報を持ち込むよう心がけた。クムランのテクストについての完全なリストは、最近になって利用できるようになった。そのため現在、一一の洞穴の中に隠され忘れられていたあの驚くべき巻物群全体を見ることがはじめて可能とされたのである。本書はウィリアム・B・エールドマンズ社のヨン・ポット氏の誘いで書かれたものである。筆者はその誘いにたいして、また原稿をすみやかに印刷にまわしたその配慮にたいして、氏に感謝する。

本書を著すにあたり、筆者は、これまでに書いたいくつかの論文を改めたりその内容を新しくしたりする、そしてまたこれまで書いたことのなかった多くの領域を調べて見る機会に恵まれた。これまでに出版した論文の構造と内容にほぼしたがっている一章があるが、それは第6章の「巻物と新約聖書」である。それは学術雑誌「バイブル・レビュー」に分載された二つの拙論「死海の巻物と初期キリスト教——その二つはどのように関係するか?」(*Bible Review* 7/6 [1991] 14-21, 46-47)と「死海の巻物と初期キリスト教——二つが共有するもの」(*Bible Review* 8/1 [1992] 16-23, 40-41)からのものである。後になってこの二つの論文は、ハーシェル・シャンクス編『死海の巻物についての理解』(ニューヨーク、ランダム・ハウス、一九九二年)の一八一—二〇二頁に「死海の巻物とキリスト教」と題して再録された。筆者はこの論文の多くの細部を書き改め、また最新のものにするためにさまざまな書き加えを行なった。第7章はとくに一九八九年以降に起こったことの私的な記録である。

死海の巻物からの引用はすべて、断わり書きがなければ、ゲザ・ヴェルメシュの『英訳——死海の巻物』(第三版、シェフィールド、シェフィールド・アカデミック・プレス、一九八七年)からである。筆者はこの翻訳に巻物における参照指示箇所と彼の英訳における頁番号を加えた。筆者がベルメシュ訳に加えたものは二重括弧で示されている。聖書からの引用は新改訂標準訳による。読者の負担を少しでも軽いものにするために、註つきのテクストや資料などは巻末に置かれた「文献紹介のためのノート」に移した。

聖書関係の文書や、外典および偽典関係の文書の略号は、聖書文学協会とカトリック聖書連盟によって使用されているものであるが、筆者は偽典およびその他の聖書外のテクストの書名をイタリックにする慣行にはしたがっていない。巻物の場合、通常、最初に巻物の欄番号が、次に行番号があげられている。あるテクストは 4Q175 と記されているが、それはクムランの第四洞穴出土のもので、一七五番の番号を打たれたテクストであることを示している。ときに少しばかり複雑に 4Q 12-13 i.8 と記されていることもあるが、12-13 は二つでひとつ扱いされている断片に言及し、i は第一欄を、8 は行番号を意味する。筆者はこの表記法はできるだけ避け、一般に用いられている英語のタイトルを使った。

筆者は何人かの人に恩義を感じている。一九八〇年以来巻物の編集に携わり、プロジェクトの三人の編集責任者の一人である同僚のユージン・ウルリッヒは、彼のファイルと記憶からおびただしい数の有益な情報を与えてくれた。筆者はまた、誤りを正し、さまざまな示唆を与えてくれたことにたいしてイマニュエル・トーブに感謝している。ブルース・ズッカーマンとケネス・ズッカーマンは本書で使用された写真の多くを親切にも提供してくれた。妻のメアリー・ヴァンダーカムと義父母アグネス／ハーマン・ヴァンダー・モレンは原稿全体に目を通し、多くの誤りを見つけてくれたばかりか、読みやすいものにするためにいくつかの提案をしてくれた。より正確な書物をつくりだすのに手を貸してくれたこれらすべての人にたいして、筆者は心からの感謝を表明する。

第 1 章

諸発見

A　はじめに

現代のイスラエル国家の領地は、古代のテクストが出土するような土地ではなかった。考古学的発掘調査からおびただしい数のテクストが明るみに出されたエジプトやイラクとは異なり、パレスチナは、一九四七年まで、その種のものを何ひとつ出土することがなかった。死海の近くのエリコで写本が発見されたという報告が三世紀になされた。オーリゲネース（一八五―二五四年）は、聖書の諸テクストの正確な語順を研究する鋭い判断力をもったキリスト教学者で、テクスト批評の仕事の一部として、平行した欄に、旧約聖書全巻（ヘブル語とギリシア語）の六つの版を書き込むという大事業を行なった。それはヘクサプラ、すなわち「六欄共観」と呼ばれるが、彼は、ヘクサプラの中で示した第六欄のギリシア語の詩篇はエリコの近くで発見された酒壺の中に入っていたものだと述べている。この同じテクストに言及するにあたり、教会史家エウセビオス（二六〇―三四〇年）は、その著作の中で、ギリシア語の詩篇以外のギリシア語やヘブル語の写本もローマのカラカラ帝時代（二一一—二一七年）にエリコで酒壺の中で発見されたと付け加えている（『教会史』六・一六・一）。後になって、八〇〇年ころのことだが、セレウキアのネストリウス派の総主教ティモテウス一世（七二七—八一九年）は、エラムの首都大主教（これは大司教のような地位で、マルが彼の名と一緒に使用された称号だった）セルギウス（八〇五年没）宛に手紙を書いたが、彼はその中で次のように記している。

われわれは、当時新しい信者として教えを受けていた信頼できるユダヤ人たちから、一〇年前に、何本かの写本がエリコの近くの岩穴で発見されたと教えられました。彼らの話によると、狩りをしていたアラブ人の猟犬が獲物を追いかけて洞穴の中に入り込むと出てこなかったそうです。そこで猟犬の持ち主は犬を探しに中に入ったところ、岩穴の中に、多数の写本が置かれている室《むろ》がありました。猟師はエルサレムに出かけると、ユダヤ人たちにこの発見の物語を聞かせてやりました。ユダヤ人たちは大ぜいで出かけ、ヘブル文字で書かれた旧約聖書の諸文書やその他の文書を発見したのです。

総主教はさらにつづけて、新約聖書の中では旧約聖書からの引用であると考えられているが、現存するイスラエルの聖書の中では見いだせない一節がこれらの写本の中にあるかどうかを専門家から聞き出したと述べている。彼はそれらの一節がそこに実際見られることを告げられるが、それ以上の情報を得ることはできなかった。さらにそのユダヤ人の専門家は彼に、「われわれはその写本の中に、ダビデの

クムラン共同体とその周辺地域の全景。死海の巻物が発見された11の洞穴のうち4つが写真の中に認められる。

詩篇を二〇〇以上も発見した」と告げた。

われわれは八〇〇年ころにこれらの写本を出土した洞穴が、それから一一五〇年後に死海の巻物が発見されることになる洞穴のひとつだったかどうかを確認する術《すべ》をもたないが、この類似例は、少なくとも、われわれの関心を誘うものであり、巻物発見の記述は、クムラン——死海の巻物の発見された場所——から出土した巻物の場合にもあてはまりそうである。ユダヤ側とアラビア側の資料も、その教えが洞穴の中で発見された書物に由来することから、「洞穴の人びと」(アラビア語でマガリヤー)と呼ばれた中世のユダヤ人グループに言及している。

B　クムランで発見された巻物

この種の発見が他にもあったことは、一九四七年まで証拠立てられていない。その年、アラブ人の羊飼いたちがひとつの洞穴にたまたま出くわし、彼らがその中で発見したものがやがて二〇世紀最大の考古学的発見だと喧伝されることになる。その洞穴群がどのようにして発見されたのか、その中から発見されたテクストがなぜ研究者の注意を引くようになったのか、これらの物語はそれ自体でドラマチックな物語である。

1 最初の洞穴（第一洞穴）

a 最初に発見された七つの巻物

巻物を最初に目にした研究者の一人で、一九四八年に彼のもとに持ち込まれた巻物を最初に撮影した人物、ジョン・トレヴァーは、クムランで最初に発見された巻物について、詳細に調べ上げた裏付けのある歴史を書いている。その報告の大半は彼自身の体験とノートによる。

トレヴァーの報告によれば、三人のベドウィンの羊飼いが、一九四七年の冬か春に、死海の北西岸のクムランと呼ばれる地域にいた（その時期は、ベドウィンたちの申し立てるように一九四六年の遅い時期だったかもしれない）。当時、その地域はパレスチナにおけるイギリスの委任統治下にあったが、タアミレー族の者で従兄弟同士だったこのベドウィンの羊飼いたちは、その日、羊の世話をしていたと思われるが、その一人ユマ・ムハマッド・カリルは洞穴探しに興じていた。彼は、面白半分に、クムランの平坦地の西側にある断崖に開口部の見える洞穴に石ころを投げ入れていた。するとその石ころのひとつが洞穴の中に入り、彼は中にある何かがぐしゃっとつぶれる音を耳にする。その日は洞穴の中に入り込んで壊れたものが何であったかを調べてみなかったが、二日後、羊飼いたちの一人ムハマッド・エド・ジーブ（本名はムハマッド・アフメド・エル・ハメド）は、朝早く、仲間の者たちが起きる前に、洞穴の場所を突き止めると、その中に忍び込んでみる。そしてその洞穴の中で、どれもが二フィート近くある壺を一〇個発見する。二つを除いてはどれもが空であり、彼は失望する。二つのうちのひとつには泥が詰まっており、ひとつには三つの巻物が収められており、その二つは亜麻布で包まれていた。それらの巻物は後になって、聖書のイザヤ書の写本、宗規要覧（共同体の規則を説明しているため、「共同体の規則」とも呼ばれる）、ハバクク書の預言についての註解と同定される。後に、さらに四つの巻物がその洞穴から取り出される。それらは詩篇や讃歌を集めたもの（ヘブル語ではホダヨート、「感謝の詩篇」とか「讃歌の巻物」として知られている）、イザヤ書の一部を転写したもの、戦いの書とか戦いの規則と呼ばれるもの（光の子と闇の子の間の最終戦争を記述した終末論的なテクスト）、そして外典創世記（創世記で語られている物語にもとづく話）である。

これらの巻物は、一九四七年の三月に、カンドーという名の古物商（本名はカリル・イスカンダル・シャヒーン）のもとに持ち込まれる。シリア正教会の信者であるカンドーは、教会の信者仲間であるジョージ・アイザヤと連絡を取り、後者はエルサレムの聖マルコ修道院の首都大主教アタナシウス・イェシュア・サミュエルに話をする。覚えておかねばならぬ事実は、その時点では誰も、発見されたばかりの巻物に何が入っているのか、それらがどんな言語で書かれているのか、それらにどれほどの価値があるのかを知らなかったことである。シリア教会の信者たちは連絡を取り合ったが、それは巻物がシリア語で書かれていると考えられたからである。ここで取り引きがなされたように思われる。それは、カンドーやジョージ・アイザヤが手にする巻物の売却代金の三分の二をベドウィンたちが受け取るというものだった。一九四七年の夏、首都大主教サミュエルとベドウィンの間で話合いの機会がもたれた。これはよく知られている話だが、ある一人の修道士はその日、予定されていた話合いを知らされず、そのためベドウィンたちが聖マルコ修道院にやってきて門を叩いたときに応答したものの、みすぼらしい身なりの部族の者たちを追い返してしまい、大きな宝を手にする機会を逃してしまうところだった。後日、その誤解は解かれ、大主教はカンドーから四つの巻物を二四ポンド（当時の換算レートで一〇〇ドル）で購入する。大主教が買い上げた巻物はイザヤ書の大きな方の巻物、宗規要覧、ハバクク書註解、それに外典創世記である。

大主教は、購入したばかりの巻物が何であるかについて、さまざまな専門家から情報を得ようとした。彼のために相談に乗った一人は、エルサレムのヘブライ大学の教授エレアザル・スケーニクである。当時のパレスチナは危険きわまりない土地だった。頻発する暴力沙汰の中で、英国の委任統治は終わりを告げようとしており、国連はパレスチナの分割を討議していたからである。当然のことながら、こうした状況下での外出などは、非常に困難で危険を伴うものだった。だがスケーニクは、ベツレヘムの

1947年に第1洞穴と巻物を発見した2人のベドウィン。

古物商が古代の巻物と思われるものを売りに出していることを知ると、一九四七年の一一月二九日に、ベツレヘムの町に秘かに出向く。その日は国連がイスラエル国家の創設を可決した日である。スケーニクがこの偶然を知らないわけではなかった。彼は大主教が購入しなかった三つの巻物を目にすると、その古さを確信し、それを購入する。すなわち彼は、一一月二九日に二つの巻物（感謝の詩篇と戦いの書）を、一二月に入ると三つ目の巻物（イザヤ書の一部を転写したもの）を買い上げる。一月になると、一人の知合いが大主教の所有する四つの巻物を彼に見せるが、彼はしばらくの間それらを手元に置くことさえ許される。そのときの彼は、それらが彼が手に入れた三つの巻物と同じ洞穴から出土したものであることに気づいてはいない。もちろん、彼はそれらをも購入しようとしたが、そのときのマル・サミュエルは売却しないことに決めていた。このため、最初の洞穴（第一洞穴）から出土した七つの巻物は二つのグループに分けられ、異なる個人によって公刊されることになる。

このころまでには、何人かの研究者はマル・アタナシウスの所有する巻物をイザヤ書と同定していたが、スケーニクは新しい文書資料群の古さを認識した最初の人物であったように思われる。そればかりか、彼はそれらが古代の資料の中で証言されているエッセネ派と関係するかもしれないと想像したのである。彼がそう推理したのは、ローマの地誌学者プリニウス（二三―七九年）がエン・ゲディから遠くない死海の岸近く、すなわち巻物が出土した洞穴のあったと思われる場所に住んでいたエッセネ派のグループについて記述していたからである（プリニウスの一節は第3章で検討される）。

ムハマッド・エド・ジーブの発見から一年たっても、巻物について知る者はほとんどなく、知っている者でもそれについてほとんど理解していなかった。ベドウィンや彼らに直接接触している者は別にして、巻物が発見された洞穴の所在を知る者はいなかった。一九四八年の二月（すなわち大主教がスケーニクと取り引きした後）、大主教はエルサレムのアメリカ・オリエント研究所と接触しはじめたが、そこには博士号の学位を取得したばかりの研究者、ウィリアム・ブロンリーとジョン・トレヴァーが在籍していた。トレヴァーは研究者であるばかりか、写真の撮影家でもあった。彼は巻物をアメリカ・オリエント研究所に持って来させる手筈を整える。そして、そこにおいてはじめて、劣悪な条件の下で、大主教の手元にあった写本、すなわちイザヤ書の大きな方の巻物、宗規要覧、ハバクク書註解の写真撮影が行われる。写真は驚くほど鮮明に撮れたものだったので、今日でもまだ、損傷が進むテクストから一九四八年の二月の時点で読み取ることができたものが何であったかが知られる貴重な記録である。イェール大学のミラー・バロウズ教授は巻物が運び込まれたときには不在だったが、その彼が所長をつとめるアメリカ・オリエント研究所の研究者は、毎日何時間も、トレヴァーが撮影したテクストの研究に費やす。それらのひとつはバロウズにメソジスト派の「宗規」を想起させ、そのためそれは現代名「宗規要覧」と名付けられることになる。二月になると、トレヴァーは、古代のユダヤ書体の最高権威の一人、ボルティモアにあるジョンホプキンス大学のウィリアム・フォクスウェル・オールブライト教授に書簡を送る。彼は送られてきたサンプルに見られる文字が古いものであることをただちに認め、返事をする。

「この現代にあって最高の写本が発見されましたことに、心から祝辞を申し上げます。」

巻物の出土した洞穴を探すことは、危険な状況と政治上の問題のためまだ不可能だった。アメリカ・オリエント研究所の研究者は、明らかに、そのような探索を進めようとしていた。そのため彼らは、巻物の出所に関して誤った情報を与えつづけていたシリア人たちに、そのテクストがどんなに古いものであると考えられているかを打ち明ける。彼らはまた新聞発表の手筈も整える。一九四八年の四月一一日、アメリカ・オリエント研究所のニューヘイブンにあるオフィスが声明を発表する。その日付はニューヨーク時間であり、次のように書かれていた（引用は一九四八年の四月一二日付のロンドン・タイムズ紙から）。

昨日、イェール大学は、イザヤ書の最古の写本がパレスチナで発見されたと発表した。それはエルサレムの聖マルコ・シリア修道院の中で見つかったもので、前一世紀に遡る羊皮紙の巻物の中に保存されていた。最近になってそれはエルサレムのアメリカ・オリエント研究所の研究者たちによって確認された。

他の三つのヘブル語で書かれた古代の巻物も研究所で調査された。ひとつはハバクク書の註解の一部であり、もうひとつはあまりよく知られていない宗派か修道院、おそらくはエッセネ派の宗規要覧であるように思われる。第三の巻物の確認には至っていない。

この新聞報道はいくつかの点で興味深い。第一は、洞穴とその所在について何も言っていないことである。そのためそれは読者が誤解して、巻物が聖マルコ修道院で発見されたかのように考える余地を残したことである。第二は、イザヤ書の巻物の年代決定――それはトレヴァーやオールブライトの古文書学的・書体学的分析にもとづくものだった――が、十分信頼できるものと見なされ、巻物が前一世紀のものとして公表されたことである。第三は、ひとつの資料に宗規要覧の名がすでに与えられてしまい、以後、それがそのまま使われることになったことである。第四は、アメリカの研究者により、宗規要覧が「宗派か修道院」と結び付いているという観念が入り込んだことである。その観念は、そのような印象を後になって与えたが、巻物研究の陣頭に立ったR・ドゥ・ヴォーのようなカトリック神父の一人に由来するものではなかった。第五は、そこにおいてすでに巻物がエッセネ派と結び付けられていたことである。第六は、現在では外典創世記として知られている最後の巻物の保存状態が非常に悪く、それを開いてみることさえできず、まして同定することなどできなかったことである。

スケーニクは、四月二六日に、彼が買い上げた巻物について新聞発表をする。アメリカの新聞報道の不正確さを知った彼は、記録を正しく残しておくためにも声明を出すのが適切だと感じたと、後になって語っている。彼が洞穴から発見された巻物を所有していることは、世界一般にばかりかアメリカ・オリエント研究所の研究者にとってもニュースだった。エルサレムにおけるコミュニケーションはかくも劣悪だったのである。それはともかく、新聞発表用の原稿を書いたミラー・バロウズは、報道された記事内容を公的には認めてはいなかった。

不幸にして、報道関係者に配布された原稿には誤りが入り込んでいた。わたしは「巻物は聖マルコ・シリア修道院によって購入された」と書いたのだ。アメリカで新聞発表がなされたとき、そこには巻物が「エルサレムの聖マルコ・シリア修道院の書庫で何世紀にもわたって保存されていた」と書かれてあった。わたしは誰がこれを挿入したのかを知らない。

スケーニクの新聞発表は四月二六日だったが、ニューヨーク・タイムズは、その四月二五日号（六頁）で、J・L・メルツァーによる独占記事を掲載する。それはヘブル語で書かれた古代の一〇の巻物が「死海の西岸の中程にあるエン・ゲディに近い丘陵の洞穴でしばらく前に」発見されたと報告する。タイムズ紙の特派員は、アメリカ・オリエント研究所のテクストやヘブライ大学のテクスト（それにはスケーニクが購入していたダニエル書の断片も含まれる）について知っており、またベドウィンが巻物の発見者であることにも気づいていた。記事には皮製の巻物が「ピッチで封印されていた」という申し立ても含まれていた。その同じ月、すなわち一九四八年の四月、そのころまでにはアメリカ・オリエント研究所に置かれている四つのテクストとスケーニクの手元にあるテクストの存在を知っていたオールブライトは――彼は少なくとも八つの写本があると考えていた――、「アメリカ・オリエント研究所紀要」（一一〇号［一九四八年四月］三）で、発見された写本について発表する。彼はそのニュースに次の預言者的なコメントを加えた。「この新しい発見は中間時代（旧約聖書と新約聖書の間の時代）の研究に革命をもたらし、しかもそれは新約聖書の背景や、旧約聖書のテクスト批評と解釈に関する現在の研究書のすべてを古くさいものにするであろう。こう推理するのは容易である。」

これら七つの巻物とその運命についての物語には紆余曲折があるが、それらすべては非常に早い時期に公刊される。アメリカ・オリエント研究所は、一九五〇年と一九五一年に、イザヤ書の巻物、ハバクク書の註解、宗規要覧の写真と活字に転記されたものを公刊する。他方スケーニクのテクストはその死後の一九五四年に公刊されたが（英訳は一九五五年）、彼とアメリカの研究者は、すでに一九四八年に、準備段階の形式で写真と活字に転記されたものを公刊しはじめていた。公刊された七つの巻物の最後の

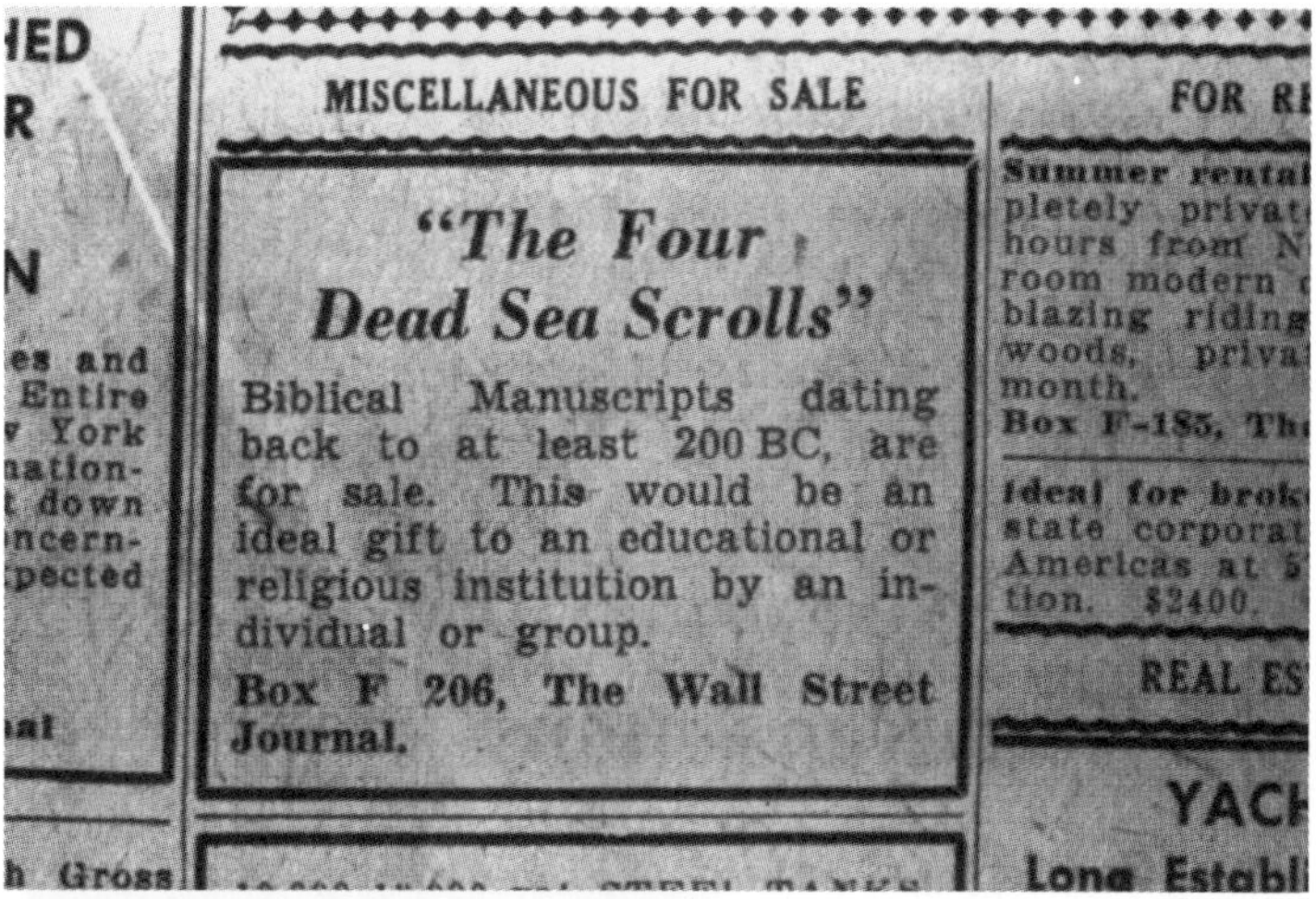

MISCELLANEOUS FOR SALE

"The Four Dead Sea Scrolls"

Biblical Manuscripts dating back to at least 200 BC, are for sale. This would be an ideal gift to an educational or religious institution by an individual or group.

Box F 206, The Wall Street Journal.

▲1954年6月1日付のウォールストリート・ジャーナルに掲載された、巻物購入者を探す首都大主教サミュエルの広告。

◀死海の沿岸の石灰岩質の急峻な断崖にある第1洞穴。

ものである外典創世記は、損傷が進んでいたためにとくに問題だった。だが、開いてみてそこに読み取れたものが一九五六年に公刊される。

一九四八年、大主教サミュエルは、アメリカの研究者の勧めで、手元に置いていた四つの巻物を、安全に保管するために、エルサレムからレバノンに移した。だが彼の取った措置は、古代の巻物をその発見された国から他国に移す適法性に関して議論を引き起こした。彼は最終的にはそれらを合衆国に持ち込み、売却しようとする。だがしばらくの間、彼の努力は実を結ばなかった。明らかに、その所有権者が未解決の巻物に相当の金を投資することに、買い手は二の足を踏んだのである。彼は合衆国で一九五四年の六月一日付のウォールストリート・ジャーナルに今や有名になった広告を掲載するが、当時たまたまアメリカに滞在していたスケーニクの息子イーガエル・ヤディンがそれに目をとめる。「売りたし、死海の四つの巻物。少なくとも紀元前二〇〇年に遡る聖書の写本。個人またはグループによる教育機関か宗教機関への理想的な贈物。私書箱F二〇六」。ヤディンは仲介者を通して、マル・サミュエルが広告した巻物を二五万ドルで購入する手筈を整える。この結果、四つの巻物はイスラエル国家に贈られ、そこにおいて、それらはスケーニクの三つの巻物と再会するのである。イスラエル博物館で所蔵するために、「巻物の殿堂」と呼ばれる特別な建物が建てられ（その形状は巻物が収められていた壺の上部に似せてある）、今日そこにおいてこの七つの巻物を見ることができる。

b　巻物が出土した洞穴

後になって行われたインタビューから、巻物が最初に発見された後のことで、関係者がその場所を突き止める前に、ベドウィンや、シリア人を含む他の者たちがその洞穴に何回か足を運んでいたことが分かった。この一連の探索で——その最後のものはジョージ・アイザヤとカンドーによるもので、時期は一九四八年の八月と一一月だった——、さらに多くの書かれた資料が洞穴から持ち出されていた。当然のことながら、巻物を最初に扱った研究者たちは洞穴の発見に躍起となり、その地域を探索する計画が論じられた。だが、一九四八年の大半は、陰謀や旅の危険から、そこに達する希望はかなえられなかった。一九四八年の五月にイスラエル国家が創建され、英国委任統治が終わりを見ると、巻物が発見された地域はヨルダン王国の一部となっていた。

一九四九年の一月になってはじめて、軍関係者が洞穴の発見に成功する。最初の発見があってからおよそ二年後のことである。その地域で国連の監視員をつとめるベルギーの兵士フィリッペ・リッペンス大佐は、洞穴の場所を突き止めることに興味をもっていた。彼は巻物と何らかの関わりのある人たちから可能なかぎり多くの情報を収集し、軍の関係者や考古学の権威たちから支援を受けていた。集められた情報とリッペンスの作成した計画にしたがい、アッカシ・エル＝ゼブン大佐は、一九四九年の一月二八日に、洞穴の発見に成功する。それはエリコの南八マイルないしは九マイル、死海の北西岸から半マイル以上の所に位置する断崖にあった。ヨルダン政府古物管理局の監査主任G・ランケスター・ハーディングと、エルサレム・フランス聖書考古学研究所の所長ローランド・ドゥ・ヴォーは、その場所にやってくると、そこの調査を開始する。

洞穴の最初の考古学的発掘調査は、一九四九年の二月一五日から三月五日まで行われる。このとき水差しや、椀、布切れの断片、その他が運び出される。それよりも重要だったのは、七〇はあると思われる別の写本の断片が発見されたことであり、その一部の断片はベドウィンが洞穴で発見した写本からのものだった。これらの断片から、そこが最初の写本が発見された洞穴だったことが確認される。洞穴で作業していた考古学者たちは、南に半マイル下っていった所にある建造物群の跡に気づく。彼らはしばらくの間それらを眺めていたが、その廃墟の近くでいくつかの墓を掘り起こしてみる。そのとき彼らは、入手し得た限られた証拠にもとづき、その廃墟が巻物の発見された洞穴と何の関係もないと結論をくだしてしまう。それればかりか、彼らは自分たちが後一世紀のローマ軍の陣営跡を発見したと思い込むのである。彼らは、その場所をかつて訪れた一人の人物がくだしていた結論に同意する。ドイツの卓越した学者ギュスターブ・ダルマンは、一九一四年に、その住居趾がローマ軍の陣営跡だと推理していた。他の者はその場所を違う仕方で確認していた。一八六一年のことだが、フェリシエン・ドゥ・ソルシは、創世記に出てくるゴモラの場所を発見したと考えていた。当時、土地のアラブ人は、その場所の現代名クムランをグムランと発音していたが、彼はその音の響きからこう結論したのである。フランスの著名な考古学者C・クレルモン＝ガノーは、一八七三年にその場所を訪れているが、そこに関しては何の結論もくだしてはいなかった。後になってF・A・アベルは、その墓を初期イスラム教のある宗派の墓地の一部であると結論した。一九四九年の早い時期にそこに足を踏み入れていた考古学者を含めて、これらの訪問者の誰一人として、推理するに十分なデータを持ち合わせていなかったので、その発言には重みがまるでなかった。

五〇年代の早い時期に、巻物と廃墟に関する学問的討議が熱を帯びてくると、考古学者たちは、クムランの廃墟で大規模な発掘調査を行うことを決定する。調査は一九五一年の一一月二四日から一二月一二日まで行われる。二人の発掘調査員、ハーディングとドゥ・ヴォーは、洞穴と廃墟の関係について自分たちの考えを改めるに至る証拠を発見する。彼らは、その廃墟で、洞穴から出土したものに似ている陶器類や、巻物の収められていた壺と同じ種類の壺を発見したからである。こうして、そのときはひとつの洞穴しか突き止められなかったが、今や研究者は、断崖の東の平坦地の広がりの上に突き出ている廃墟とそれが何らかの関わりがあると信じるに至る。そして、後になって行われたその場所での発掘調査は、彼らのくだした結論の正しさを繰り返し確認する。

2　他の洞穴

一九五二年になってはじめて、一連の洞穴が廃墟の近くで発見される。「第二洞穴」と呼ばれることになる洞穴はベドウィンによって発見される。彼らは今や巻物が結構な金になることを知っていたので、その地域で見つけることのできた多くの洞穴をこまめに探索していた。彼らは、一九五一年の一〇月に、クムランから二、三マイル離れたワディ・ムラバアートの地域にある洞穴群の中で、写本の断片を発見する。そこでは、他の出土品とともに、ローマに対する第二次ユダヤ叛乱の時代（一三二―一三五年）の古文書が発見される。その中には、あの破滅的な戦いのユダヤ側の指導者、シモン・バル・コホバの署名のある書簡が含まれていた。ムラバアートの洞穴群が一九五二年の一月から二月にかけて発掘されている間、同じタアミレー族のベドウィンたちも独自の探索をつづけており、考古学者らが去ってから一か月半後の一九五二年の二月に、彼らは、最初に発見した洞穴から遠くはない地点で、クムランでの二つ目の洞穴（第二洞穴）を発見する。そこで発見された三三の写本の断片は、最初の洞穴（第一洞穴）から出土したものほどには興奮させるものではなかったが、古代の文書が残されている別の洞穴が同じ地域に存在していた事実は、考古学者らを夢中にさせ、彼らはその地域全体を組織的に調査することになる。三月一〇日から二九日の間に、アメリカ・オリエント研究所から遣わされたグループは、第二洞穴を含む二二五の洞穴や窪地を探索し、その努力の結果、一九五二年三月一四日に、第三洞穴が発見される。これは考古学者らが発見した最初の洞穴である。彼らはその洞穴で、一四の写本と財宝の在処を告げて読む者を困惑させる「銅の巻物」を発見する。

驚くべき収穫のあったその年の発見はそれで終ったのではない。今一度タアミレー族のベドウィンが信じられないような発見をする（彼らは七月と八月にその近くにある他の二つの遺跡、すなわち古い文書が残されていたキルベト・ミルドとナハル・ヘベルを発見していた）。彼らは、一九五二年の八月、キルベト・クムランの廃墟から数百フィートしか離れていない第四洞穴に入る。この場所を訪れる者は、当然のことながら、廃墟から見ることのできるこの洞穴の発見に、なぜそんなに時間がかかったのかと訝しく思うであろう。考古学者らは、洞穴群は断崖の所にのみあり、廃墟の近くの泥土の露台にはないものと決めてかかっていたようである。

タアミレー族のベドウィンは第四洞穴の発見の顚末を語った。部族の一人の長老の回想によれば、若かったときの彼は狩猟をしていてヤマウズラをクムランの地域の穴の中に追い込んだ。その穴を降りて行くと洞穴があり、その中に燭台や陶器などいくつかの日用品が転がっていた。部族の若者たちはこの長老の指示にしたがい、すぐにその場所を突き止めて、おびただしい数の断片的な写本を発見する。彼

▲1954年にベドウィンによって発見された第4洞穴の開口部。
◀第4洞穴に至る発掘隊員用の入口。すべての洞穴がこのような形をしているのではない。いくつかの洞穴は、この第4洞穴のように、クムランの人びとによって掘られたものであろう。

らはエルサレムで、そのうちのおよそ一五〇〇点の断片を売ろうとするが、自分たちの新しい収入源を秘匿するため、洞穴の所在に関しては偽りの情報を与える。だが事実はやがて明らかにされ、洞穴は、一九五二年の九月二二日から二九日にかけて、ハーディング、ドゥ・ヴォー神父、J・T・ミリク神父らによって発掘される。その洞穴は二つの室《むろ》から成っていたが（それぞれ第四洞穴a、第四洞穴bと呼ばれることになる）、ベドウィンたちがこの二つの洞穴から出土した断片をいっしょくたにしてしまったため、それらは、以後つねに、洞穴のどちらの室から出土したかを特定せずに、第四洞穴出土とされる。考古学者たちは、全部で五〇〇から六〇〇の写本が残されていたその洞穴から約一〇〇の写本の断片を取り出すことができた。ベドウィンが所有していた断片は、最終的にはヨルダン政府や外国の諸機関によって購入される。考古学者らは、第四洞穴で作業しているとき、その隣に第五の洞穴があるのを発見する。だがそこには若干の文書（二五は数えられると思われる写本の断片）しか残されていなかった。そのときベドウィンも、その近くで、三一本かそこらの写本の断片が残されていた第六の洞穴を発見する。

相次ぐ発見から、廃墟が引き続き調査されるのは当然の成行きだった。第二期の発掘調査が、第二から第六の洞穴が発見された後の、一九五三年の二月九日から四月の四日まで行われる。第三期の調査は一九五四年の二月一五日から四月一五日にかけて、第四期の調査は一九五五年の二月二日から四月六日にかけてそれぞれ行われる。この第四期の調査で、考古学者らは第七から第一〇の洞穴を発見するが、それらはすべて泥土の露台にあった。一部が崩れ落ちているこれらの洞穴からは、写本の類は多く出てこなかった。第七洞穴からは、どれもがギリシア語で書かれてあるばらばらとなった約一九の写本が、第八洞穴からは損傷した五つのテクストが、第九洞穴からはいまだ同定されていないパピルス断片がひとつ、そして第一〇洞穴からは刻文された陶器の破片がひとつ出てきたにすぎなかった。タアミレー族はまたまた、一九五六年の一月に、第一一洞穴を突き止める手柄を立てる。彼らは二月まで待ってその洞穴についてのニュースをもたらすが、それは大きな発見となる。そこからはわずか二一のテクストしか取り出せなかったが、そのいくつかは、第一洞穴出土の最初の七つのテクストのように、完全に近いものだったからである。その発見につづいて、第五期の調査がただちにその場所で行われる（一九五六年の二月一八日から三月二八日まで）。探査はまた、クムランの南のアイン・フェシカでも行われる。アイン・フェシカの発掘に限定された第六期の、そして最後の調査は一九五八年の一月二五日から三月二一日まで行われる。

これらの発掘調査の結果、一九四七年から一九五六年までに、古い文書やその他のものを含む一一の洞穴が廃墟の近くの比較的小さな場所で発見されたのである。同じ類の出土品は廃墟と洞穴を結び付ける。ベドウィンは写本発見のレースでは一方的な勝利者だった。彼らは出土品の多数出た三つの洞穴（第一洞穴、第四洞穴、第一一洞穴）と他にも二つの洞穴（第二洞穴と第六洞穴）を突き止めるのに成功したからである。他方、考古学を専門とする者たちは第三洞穴、第五洞穴、第七から第一〇までの洞穴を発見するが、そのどれにも見る者を驚かせるような写本は残されていなかった。

さらに多くの写本を発見しようという期待から、洞穴探しはつづくが、いずれもが失敗に終る。今や開口部が埋まっている土中の穴を探索するソーナー共鳴装置のような先進技術をもってしてもである。発見された断片的な文書類は約八〇〇点、これは古代のテクストなど残されていないと考えられた地域から出土した信じがたい財宝だった。しかし、写本や断片を探したり購入したりすること――それ自体長い困難な過程であるが——と、それらを準備し解釈することは別の事柄であり、そして廃墟から出た証拠を理解することはさらに複雑である。

3　クムランの廃墟

既述のように、考古学者は五期におよぶ調査で、洞穴群の近くの平坦地を占めている廃墟を発掘調査した。この一連の発掘の指揮を取ったのは、エルサレムのドミニコ派の神学校である聖書考古学研究所のローランド・ドゥ・ヴォー神父である。ドゥ・ヴォーは聖書学者として、また考古学者として卓越しており、一九四九年までに研究所の所長に任命されていた。研究所は、大主教サミュエルが自身で購入した巻物の正体を確かめようとして接触していた機関のひとつである。実際、そこを訪問していた研究者、オランダのナイマイゲン大学のJ・ファン・デア・ポレーグは巻物のひとつがイザヤ書を含んでいることを認めた最初の専門家であったように思われる。

a　建造物群

五期におよぶ発掘調査で発見された証拠にもとづいて、ドゥ・ヴォーは学術雑誌「レビュー・ビブリーク」誌に一連の論文を書き、後になって一冊の単行本を著す。彼はその中で、現在一部の研究者の厳しい批判にさらされているが、それでもなお多くの支持者をもつ説を詳しく展開する。ドゥ・ヴォーは、その場所が占有されていた時代を次の二つの時期に大別する。（一）第一期は前八世紀から七世紀にかけてである。この時期に町がそこに立っていた。その町は、ヨシュア記一五・六二でエン・ゲディ（クムランのすぐ南に位置する）の次にあげられている「塩の町」と呼ばれる町だったかもしれない。方形の建造物の跡はこの時期のものである。（二）第二期はそれから何世紀か後の宗派時代、すなわち巻物に関わる人びとがその地域を占有した時期である。ドゥ・ヴォーはこの第二期の二〇〇年を二つの時期に分け、そのうちの第一期をさらに二つに細分する。この第二期につづくのは、第三期の短い期間である。

第一期a――この時期の初期の再占有時代の遺物はほとんどない。後の時代の建設作業や破壊がそれらの大半を取り除いてしまったからである。ドゥ・ヴォーは、次の時期の貨幣やその他の証拠から、第一期aが前一四〇年から遠くない時代にはじまったが、長くはつづかなかったと結論する。だが、前者は後者に先行しなければならないという意味で、この第一期aを次の時期と関連で年代づけることは可能である。

第一期b――ドゥ・ヴォーは、第一期bがハスモン朝の支配者で大祭司だったヨハネ・ヒュルカノスの時代（前一三四―一〇四年）にはじまったであろうと論じる。この時期に上の間が古い構造物に付け加えられ、建造物群は西や南の方面に拡大される。あの有名なクムランの配水装置はこの時期に拡張され、丘陵地帯から建造物群に水を運ぶ導水管が敷設される。この装置全体に漆喰がかぶせられる。この第一期bの遺構は、建造物群と関わりのある人びとの数が第一期aの非常に小さな数から劇的な増加を見たことを示唆する。この時期が終わりを見たのは火事と地震のためだが、それを示す証拠がある。とくに北や北西の地域における堆積した灰土は第二期（以下を参照）の証拠にはならない。この二つの災禍が関連するかどうかは確かでないが、ユダヤ人史家ヨセフス（三七―一〇〇年ころ）は、地震が前三一年にその地域を襲ったと報告している。この前三一年は、ドゥ・ヴォーが第一期bの終わりとする年代である。

第二期――ドゥ・ヴォーは、その場所は地震の後に放棄され、前四年のヘロデ王の死まで占有されることがなかったと主張する。彼は、ヘロデと少なくとも若干のエッセネ派の人びとが友好関係を保っていたというヨセフスの著作に見られる小さな証拠を示すことができた。その場所は、ヘロデの死の前後に再建される。第二期は後六八年までつづく。六八年とは、ドゥ・ヴォーによれば、その地域でユダヤ人の叛乱（六六年から七〇年までつづいた）を鎮圧していたローマ軍の部隊が建造物群を攻撃し破壊した年である。火事が発生した証拠もある。後六八年という年代は、クムランで発見された貨幣のうち八三枚が叛乱の第二年のもので、わずか五枚のものが第三年のものである事実と調和する。この違いを説明する決定的な出来事が起こったに違いない。ローマ軍の矢じりも発見される。

第三期――第二期の終わり以降にクムランに駐屯したローマ軍の兵士は、中央の建造物の南西端に二、三の兵舎を建てたと思われる。バル・コホバの叛乱時代の貨幣とされる若干のものは、この後の時代の叛徒もクムランを使用したことを示唆するが、この時期に属する一連の貨幣は九〇年ころまで使用されたものである。

ドゥ・ヴォーは、建造物群が住居棟として使用されたものではないと結論する。廃墟はかなりの大きさの集会所と食事の場所を備えた共同体のセンターのような印象を与える。その場所と結び付く人びとは、多分、その地域か洞穴の中で、簡易住まいしていたであろう。彼らは共同体のさまざまな目的のた

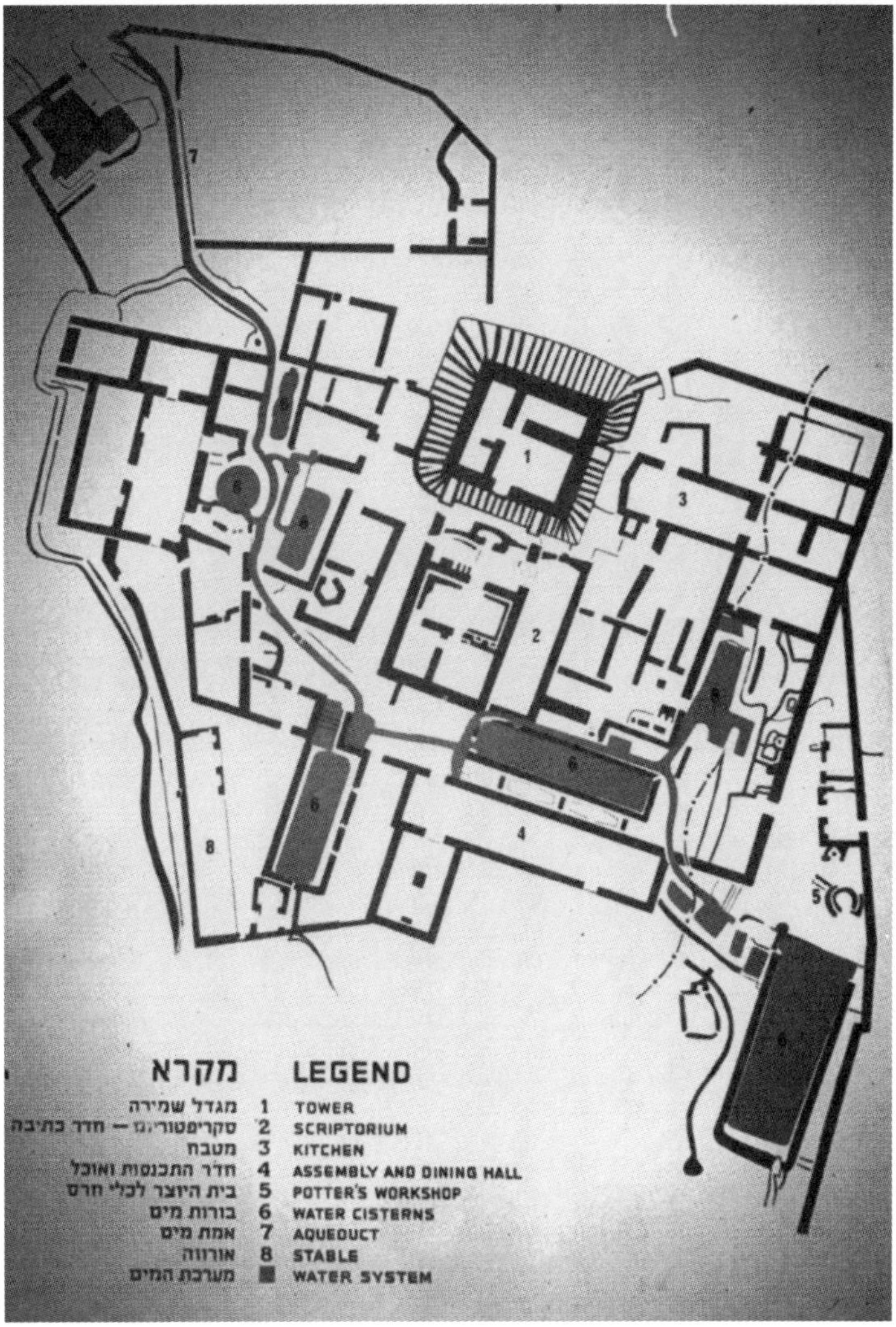

クムラン共同体の建造物群

めだけにその建物群の中で集会をもった。彼は上の間（考古学上の用語で locus 30 と呼ばれる）から崩れ落ちた石片を写本の転写が行われた工房《スクリプトリウム》からのものだとする。その部屋の中で見つかった家具の破片や二つのインク壷などは、洞穴群から出土した文書類が書かれた場所はそこだったと彼に確信させる。

建造物群の跡からは一本の写本も発見されなかった。しかし、考古学者らは壷や文字の刻まれたオストラカを発見する。発見された七〇〇枚以上の貨幣には文字などが刻まれていた。

b 墓地

クムランが二〇〇年以上にわたり人が住んだ場所であれば、当然予想されることだが、そこにはいくつかの墓地があった。建造物群の東、約五〇メートル離れた所に大きな中心的な墓地がある。そこには約一一〇〇基の墓があり、きちんとした列をなし、その間を走る路によって三つの部分に分かたれている。墓石はどれも南北に向けて並べられ、頭部は南向きだった。ドゥ・ヴォーはこの墓地の異なる場所をいくつか選び、二六基の墓だけを掘り起こす。どの遺骨も男女の区別がつくもので、墓地のきちんとした部分から出たものは、いずれも男子のものだった。他の墓から離れている所にある一基の墓には、女性の遺骨が収まっていた。東の方にさらに伸びた地域にある六基の墓からは、四人の女性の遺骨と一人の子供の遺骨が出てきた。ドゥ・ヴォーはまた、彼が「二義的な重要性のある二つの墓地」と呼ぶ、その場所の北にあるひとつの墓地とワディ・クムランの南にあるもうひとつの墓地を調査する。北の墓地では、二基の墓だけが掘り起こされたが、そこには男子と女子の遺骨が入っていた。南の墓地で調査された四基の墓は、一人の女性と三人の子の最終の憩いの場（墓）となっていた（第3章では、クムランの独身制度との関連で、これらの発見の意味するものが論じられる）。

ドゥ・ヴォーの復元は、その細部において批判を受けたが、概して受け入れられるものだったと言えよう。前二世紀のどの時期に人びとが再びその場所を占有するようになったかに関しては、今日でもまだ不確かな点が残されている。だが、それは当然である。何しろ、第一期aの現存する証拠が非常に乏しいからである。一部の研究者は、前三一年から前四年まで――これはヘロデの治世（前三七年から前四年まで）のほぼ全期間にあたる――、その場所には誰も住んでいなかったとするドゥ・ヴォー説に疑

共同体の墓地。1100以上の墓が数えられている。

貯水槽に降りて行く階段に認められる亀裂跡。この亀裂跡はヨセフスの記す前31年の地震を裏付け、共同体の歴史の第１期の同定を可能にする。

▲前8世紀に掘られたと推定される円形貯水漕。これはクムランの共同体の生命線である導水施設の一部となる。
◀沐浴場と貯水槽に至る導水管。

問を呈した。一部の研究者はまた、この場所の完全な考古学的報告がこれまで公刊されていないことに不満を表明した。ドゥ・ヴォー自身は多くの学術的な論文を書き、出土品に関する情報を研究者に提供しつづけたが、収集された情報に関する最終的で包括的な報告書が出版されることはなかった。そこでの証拠とドゥ・ヴォーの解釈に関するもっとも包括的な説明は、彼が一九五九年に行なった「シュヴァイヒ講義」で配布された印刷物の中においてなされている。それに手を加えた英語版の『考古学と死海の巻物』は、一九七三年、彼の死後二年経ってから出版された。

4　発見された巻物の年代決定の方法

クムランの居住区に関するドゥ・ヴォー説にたいしてなされた最近のいくつかの批判を取り上げる前に、クムランから出土した巻物やその他の年代決定のために使われてきた方法を概観しておこう。二つの種類の出土品にたいして用いられたいくつかの方法が区別されねばならない。

a　巻物の年代決定の方法

クムランの廃墟が大がかりに調査されるかなり前から、研究者はすでに、第一洞穴から出土した写本の年代に関してさまざまな提案を行なっていた。これらの結論や後になってなされた結論はいずれも、文書資料の年代を決定するための技術を応用した結果にもとづくものである。

（1）書体学

書体学とは、古代の書体の研究、すなわち筆写生が書いたり転写しているテクストの文字の書き方についての研究である。長い年月のうちに、書体は少しずつ変化していく。書体学者はその変化を観察し、そうすることによって、調査対象の文書が、発展の線上のおよそどこにあるかを決定する。その線上の相対的位置を年代学上の年代に直すために、研究者は、その著作年代を調べようとしている文書のために推定可能ないくつかの定点として、それ自体の年代を含んでいるテクストをもたねばならない。幸いなことに、年代を確定できる古代のヘブル語やアラム語のテクストは増えている（この種のギリシア語の文書資料はそれ以上に多い）。たとえば、エジプトにつくられたユダヤ人の軍事植民地から出土したアラム語のテクストであるエレファンティネ・パピルスのあるものには、ペルシアのダリウス二世の治世の期間（前四二三―四〇四年）におさまる年代が記されている。パレスチナのワディ・エド・ダリイェー出土のパピルスは、その中で言及されている年代により、アルタクセルクセース三世の治世時（前三五八―三三八年）のものであることが知られている。後の時代のパピルスも存在する。そのよい例は、マサダから出土した文書類で、それはマサダがローマ軍の手に陥落した後七三年か七四年より後のものではあり得ないし、ムラバアートやナハル・ヘベル出土のものには第二次ユダヤ叛乱の時期（後一三二―一三五年）におさまる年代が記されている。

書体学者は、年代の分かる手書きのテクストを調べることにより、その書体に生じたさまざまな発達に注意しながら、年代不明のテクストを年代の分かるテクスト間のある時点に位置づけることができる。その時点は、その書体がより一般的に類似している既知の書体の定点に比較的近い所となる。現代ではなく古代の文字サンプルを研究する書体学者には有利な点がいくつかある。それらは、通常、職業的な筆写生によって書かれたものなので、書体は約束ごとにしたがう傾向があり、その結果、そこには漸進的な変化しか認められない。年代の分かるテクストの数が増えるにしたがい、書体から決定される年代の精度は高くなる。だがここで覚えておかねばならぬ事実は、書体のみから決定されるテクストの年代はあくまでも相対的なものであり、厳密ではないことである。

ハーバード大学のフランク・ムーア・クロスは、一九六一年に、クムランとその写本の書体に関する標準的な研究書を出版する。彼は巻物の書体学上の年代を三つの時期、すなわち古典古代期（前二五〇—一五〇年）、ハスモン期（前一五〇—三〇年）、ヘロデ期（前三〇年—後六八／七〇年）に区別し、さらにこれらの時期の中により小さな区分をもうけ、また諸種の書体、すなわち通常の書体、半通常の書体、草書体、半草書体を区別する。彼はこの区別により、若干の写本、たとえば第四洞穴出土のサムエル記の写本（4QSamuel^{b}）などが年代的に古典古代期のものであることを発見する。これらの写本は、ドゥ・ヴォーの第一期aより古いものなので、外部からクムランに持ち込まれたと想定された。これ以上の多くの写本がハスモン期からのものだったが（そのよく知られた例は、第一洞穴出土の宗規要覧やイザヤ書などである）、大半のものは、たとえば註解の類は、ヘロデ時代に転写されたものだった。クロスは、これらのテクストの書体学上の分析が非常に高い精度のレベルに達しているので、書体学の専門家ならば、写本の年代を二五年ないしは五〇年の誤差の中にとどめることができると信じた。

第４洞穴からは１万5000以上の巻物の断片が発見された。写真は断片を分類整理しているところのものだが、断片は後にガラス板でプレパラートして保存された。

（2）加速器質量分析

書体学上の証拠だけにもとづいて年代を決定し、それが正確であると申し立てることにたいしてはさまざまな批判がある。書体学者の立場を取ろうとしない者は、もっと細心の注意が必要であると信じている。彼らは、書体分析のデータは、外部からの分析によっても補われねばならないと主張する。そのような分析法のひとつは、今や利用可能な加速器質量分析（AMS）を使用するもので、それはカーボン一四による年代決定の方法よりも前進したものである。カーボン一四によるテストは、最初の巻物が発見された一九四七年に開発されたものである。しかし、はじめの何年かは、いかなる巻物もカーボン一四によるテストで調べられることはなかった。テスト用に供される試料が破壊され、そのため、写本のあまりにも多くの部分が失われる恐れがあったからである。テストに必要な一グラムないし三グラムは、断片的なテクストのあるものの重量以上のものだった。一九五〇年から一九五一年にかけて、巻物が包まれていた麻布がテストされている（後述）。最近開発されたAMS法は改良され、それを使ってのテストには、旧来のカーボン一四テストで必要とされた量よりも微量の〇・五ないしは一・〇ミリグラムの有機物の試料ですむ。一九九〇年、イスラエル古物局の局長アミール・ドローリと巻物諮問委員会は、クムランから出土した巻物のうち八本と、近くの他の場所から出土した六本をAMSテストに委ねる。テスト過程での精度をチェックする目的で、年代の知られている四つの資料（以下の表1の星印のついたもの）もテスト対象とされる。このテストを行なった科学者たちは、これら四つの試料の年代も、その年代を書体学者らが決定した資料も事前に教えられることはなかった。表1は公表されたテスト結果である（ある写本の場合には、異なる条件下で、二回のテストが行われたため、二つの年代が記される）。

表1

	テクスト	内証による年代	書体学上の年代	AMSによる年代
1	ダリイェー証書★	前三二五／三五一年		①前四〇五―三五四年 ②前三〇六―二三八年
2	4Q534（カハトの遺訓）		前一〇〇―七五年	前三八八―三五三年
3	4Q365（5のパラフレーズ）		前一二五―一〇〇年	①前三三九―三二四年 ②前二〇九―一一七年
4	1QIsa（イザヤ書の巻物）	前一二五―一〇〇年	前三三五―三二七年	前二〇二―一〇七年
5	4Q213（レビの遺訓）		前二世紀／前一世紀	①前一九一―一五五年 ②前一四六―一二〇年
6	4QSam^{c}		前一〇〇―七五年	前一九二―六三年
7	マサダ出土のヨシュア記		前三〇―一年	前一六九―九三年
8	マサダ・テクスト		前三〇―一年	前三三―後七四年
9	11QTemple（神殿の巻物）		前一世紀／後一世紀前半	前九七―一年
10	1QapGen（外典創世記）		前一世紀／後一世紀前半	前七三―後七〇年
11	1QH（感謝の詩篇）		前五〇―後七〇年	前二一―後六一年
12	ワディ・セイヤル証書★	後一三〇―三一年		後二八年―一二二年
13	ムラバアート証書★	前一三四年	前一三四年	後六九―一三六年
14	キルベト・ミルド出土の手紙★	前七四四年		後六七五―七六五年

一四の文書資料のうち、AMSテストによる四つの資料の年代は、その上限と下限の中に、書体学上の年代や内証による年代を含んでいない。1には二年ないしは三年の年代差が、2には二五三年の年代差が、7には六三年の年代差が、そして12には八年の年代差がそれぞれ認められる。これらのうち1と12の年代差は小さいので、無視することができる。他の二つ、とくにクムランの写本である2の年代差はかなりのものである。クムランの写本に関して言えば、書体学上の八つの年代のうち七つは、AMSテストによって決定された年代の中におさまっている。他のひとつの写本の場合、AMSテストによる年代は書体学上の年代よりもはるかに古い。4Q534に見られるこの大きな年代差の説明はまだなされていないが、未検出の化学汚染物に起因するかもしれない。

これらのデータは書体学上の年代が正確そのものであることを証明しないが、それらは、AMSテストが示し得るのと同じ程度に正しいことや、控え目になる傾向があることさえ示している。われわれは写本の正確な年代を知らないが、古書体の研究者がこれらのデータを適切な年代の中に置いたと確信できるのである。そのような情報は、巻物が紀元前の最後の数世紀や紀元後の最初の一世紀からのものであること、ドロプシー大学のソロモン・ツァイトリンのような研究者が、四〇年代の後半や五〇年代のはじめに主張した中世からのものでないことを証明する。

(3) 内証によって知られる年代

巻物の書かれたおよその年代を知るための第三の方法は、その中に登場する既知の人物(たとえば「ナボニドスの祈り」の中のナボニドス)や民族への言及によって与えられる。もしテクストが確認可能な個人の名をあげていれば、そのテクストは、その人物の時代より前に書かれたはずがない。これらの言及は、貨幣のようにどのくらい後のものであるかを示していないが（以下の4・b・（3）参照）、テクストが書かれた「いつ以降」の年代を決定する。だが、もしクムランの写本が後六八年以前に書かれたものであれば、ある人物の名をあげている写本は、その人物の生きていた時代と後六八年の間に書かれたということになる。

ナホム書註解は若干の人物の名をあげているが、他のいくつかのテクストの場合も同じである。その註解は、ナホム書二章一一節bの解釈で、次のように述べる。「滑らかなるものをもとめる者たちの助言で、エルサレムに入ろうとしたギリシアの王［デメ］トリウス。［しかし神は、］アンティオコスの時代からキッティームの支配者たちが来るまで、ギリシアの王たちの手に［都が引き渡されるのを許されなかった］。だが、その後で、彼女は彼らの足で踏みつけられるであろう」（一・二―三）。ここでのデメトリウスは、ほぼまちがいなくデメトリウス三世エウケルスである。パリサイ派の一部の者は、前八八年ころ、ユダヤの王アレクサンドロス・ヤンナイオス（前一〇三―七六年）に反対するために、デメトリウスを招いて彼の支援を得ようと画策した（ヨセフス『ユダヤ古代誌』一三・三七五―七六、『ユダヤ戦記』一・九〇―九二参照）。ここでのアンティオコスは、前一六八年にエルサレムを荒らしたアンティオコス四世であろう。セレウコス王朝の王（ギリシア人）にはデメトリウスやアンティオコスの名の人物が何人かいるので、この言及には不確かさがつきまとうが、右にあげた二人は、もっとも蓋然性の高い人物である。いずれにしても、この二人の王は、セレウコス王朝が終焉を見た前六五／六四年以降の者ではない。もしデメトリウスとアンティオコスの関わる出来事が註解者が記述するようなものであれば

（一・六—八に見られる十字架刑への言及は、この同定の正しさをより確実なものにする）、この一節は、「滑らかなるものをもとめる者たち」が、ヤンナイオスがある日彼らのうちの八〇〇人を十字架にかけたパリサイ派の者であることを明白に示すものとなろう。大半の研究者は、ここやその他多くの一節に見られるキッティームがローマ人、とくにポンペイウスとその軍隊であることに同意するだろう。実際、彼らは前六三年にエルサレムを蹂躙したのである。

これ以外の個人の名は、他の箇所でも若干言及されている。一人はシェラムツィオン（アレクサンドラ・サロメ）である。彼女は、前七六年から前六七年まで、ユダヤの女王だった（4Q322 の二・四は、破損した文脈の中で、「シェラムツィオンが来た」と述べている）。一人はヒュルカノスである。これはヨハネ・ヒュルカノスかヒュルカノス二世である（後者は前七六年から前六七年まで母と共同統治を行い、前六三年から前四〇年まで単独支配を行なった。4Q322 の二・六に「王ヒュルカノス」とあるが、この称号はヒュルカノス二世にだけあてはまる）。もう一人はエミリウスである。この人物は、前六五年から前六二年までシリアのローマ知事だったマルカス・アエミリウス・スカウルスであるように思われる（4Q324 の二・四と二・八は、「アエミリウスは……殺した」と述べている）。最近大きな関心を集めているテクスト（4Q448）には「王ヨナタン」とある。彼の名であると確実に思われるものは一度だけだが、そして多分そうだと思われるものも一度だけ現れる。ユダヤ史における「王ヨナタン」はただ一人しかおらず、それはアレクサンドロス・ヤンナイオスである。貨幣に刻まれた彼のヘブル語名はヨナタンである。後一世紀に生きた人物の名は巻物の中であげられていない。

b　他の考古学的発掘物の年代決定の方法

(1) カーボン一四テスト

既述のように、第一洞穴から出土した麻布の一部は――それはその洞穴の発掘者G・ランケスター・ハーディングによって提供された――、カーボン一四テストで測定された。その試料は、一九五〇年の一一月一四日に、年代測定のためのカーボン一四テストの技術を開発したシカゴ大学の化学者W・F・リビーに与えられた。彼は翌年の一月九日に、カーボン一四テストによる麻布の年代は後三三年で、それにはプラス・マイナス二〇〇年の誤差があると報告する。測定結果は正確そのものであるというわけではないが、少なくともそれは、麻布が、それゆえにそれに包まれていた巻物(多分)が古代のものであることを確かなものにした。誤差の中央に置かれる後三三年は、他の方法によって分かった範囲の中に適切にもおさまる。われわれは麻布や、その年代とその中に保護されていた巻物の間の関係に疑問を呈するかもしれないが(古い麻布がより新しい巻物を包むために使用された可能性はないのか?・あるいはその反対の場合はないのか?・)、このカーボン一四テストは、巻物が紀元前から紀元後へと移る世紀の変わり目ころのものであるという確実性を高めるもうひとつの証拠となるものだった。

(2) 陶器類

廃墟の中や洞穴の中で見つかったおびただしい数の陶器類の破片は、後期ヘレニズムや初期ローマ時代、すなわち紀元前の最後の数世紀と紀元後の最初の数世紀に見られる陶器の型に属している。ドゥ・ヴォーはいかなる陶器類をも確信をもってクムランの第一期aのものとすることができなかったが、第一期bにはじまる宗派の期間中に属する陶器類は非常に多い。洞穴と廃墟の中で同じ種類の壷が発見された事実は、最初から二つの間の関係を示唆するものだった。

(3) 貨幣

何百という貨幣が居住地区の廃墟の中から発見されたが、洞穴の中からは一枚も発見されなかった。現代と同じく古代においても、通常、貨幣にはその鋳造者である王の治世年が刻印されている。ある特定の時代の年代が刻印されることもある。貨幣にはしばしば年代がつけられているため、ある場所で発見された貨幣は、その場所が占有されたおよその時期を示す。もちろん、それらの存在は年代を特定するものではないが、貨幣に刻まれた年代は、それが使用された年代か使用後の年代だけを示している。もし王の何某が治世の第三年に貨幣を鋳造したら、その貨幣はそれ以前のものではなく、その年かそれ以降のものである。年代決定のための貨幣の証拠の使用におけるひとつの重要な限界は、われわれが、どれほどの期間それが流通したかを正確に知らないことにある。しかし、それにもかかわらず、貨幣は、ある場所が占有されていた期間に関して、およその道知るべとなる。

ドゥ・ヴォーが報告する、特定の統治者や出来事と結び付いていると思われる貨幣は以下のものである。

一　セレウコス貨幣

a　銀貨——三枚の貨幣にはアンティオコス七世の治世（前一三八—一二九年）中の年代が刻印され、

他の二枚には年代が刻印されていないが、多分、彼の時代のものである。もう一枚はデメトリウス二世の治世時代（前一四五―一三九年）のものと思われる。

b　青銅貨――五枚にはアンティオコス三世（前二二三―一八七年）、四世（前一七五―一六四年）、七世（前一三九／一三八―一二九年）の年代が刻印されており、一枚には年代がないが、それは多分、アンティオコス四世の時代のものである。

二　ユダヤ貨幣――ヨハネ・ヒュルカノスの治世時代（前一三四―一〇四年）にはじまる。

a　ヨハネ・ヒュルカノス時代のもの、一枚

b　アリストブルス時代（前一〇四―一〇三年）のもの、一枚

c　アレクサンドロス・ヤンナイオス時代（前一〇三―七六年）のもの、一四三枚

d　アレクサンドラ・サロメとヒュルカノス二世の共同統治時代（前七六―六七年）のもの、一枚

e　ヒュルカノス二世時代（前六三―四〇年）のもの、五枚

f　アンティゴヌス・マタティアス時代（前四〇―三七年）のもの、四枚

三　ヘロデ貨幣

a　ヘロデ時代（前三七―四年）のもの、一〇枚

b　ヘロデ・アルケラオス時代（前四年―後六年）のもの、一六枚

四　ローマ総督時代の貨幣

九一枚、うち三三枚はネロ時代（後五四―六八年）のもの

五　アグリッパ一世時代（後四一―四四年）の貨幣

七八枚

六　第一次叛乱時代（後六六―七〇年）の貨幣

a　叛乱の第一年次のもの、なし

b　叛乱の第二年次のもの、八三枚

c　叛乱の第三年次のもの、五枚

d　叛乱の第四年次のもの、なし

他にも多くの貨幣が見つかったが、その中には、前一二六年から前九年ないしは前八年までの年代の刻印のある大量のツロ貨幣五六一枚が含まれる。廃墟の第三期のレベルから出土したものも若干ある（それらは、ローマの守備隊がクムランに駐留したときに、そこに残されたものである）。一三枚はネロ時代に鋳造された貨幣で、当時まだ使用されていた。一枚は後八七年からのものと思われる。その場所が、明らかに短期間であったが再使用された、ローマにたいする第二次ユダヤ叛乱の時代（後一三二―一三五年）からのものも若干ある。

ドゥ・ヴォーは、多くの問題を議論するのに貨幣上の証拠を使用する。その中には、宗派時代に結び付く建造物の起源をヨハネ・ヒュルカノスの治世時よりもはるか前に置くことなどできないとか、クムランは後六八年に破壊されたが、それはその年以前か以後に鋳造された貨幣の数に見られる大きな違いによって示唆される、という議論があった。ドゥ・ヴォーの結論のすべてを受け入れるかどうかはともかく、異なる時代の貨幣の数もまた、クムランが占有された時期として、紀元前の最後の二世紀と紀元後の最初の一世紀を指し示す。

5　他の仮説

ドゥ・ヴォーの復元の大まかな所は受け入れられてきたが、その場所については別の解釈をする研究者もいた。第一洞穴が発見されてから程なくして、スケーニクは、それがゲニザ（使用済みの古い写本を入れておく場所）だったと主張したが、他にも一〇の洞穴が発見されると、その説は支持できないものとなる。

ここで過去四〇年の間に捨て去られた諸説を復活させる意味はないが、今日でもまだ議論されているクムランの廃墟に関わる二つの解釈に簡単に触れて、この章を締めくくろう。

a　要塞の廃墟

既述のように、クムランを訪れた者の中には廃墟を要塞のそれだと想像した者がいた。その一人はほかならぬドゥ・ヴォー自身だった。もっとも彼は、廃墟をより徹底的に発掘した後には、まったく違う結論に達したが……。過去、この要塞説はその支持者にこと欠かなかった。最近では、シカゴ大学のノーマン・ゴルブが一連の出版物の中でそれを唱えている。この場所についての彼の理解はより大きな仮説の一部であり、それは第3章で分析されるので、ここでは次のように述べておくにとどめる。ゴルブによれば、洞穴の巻物はキルベト・クムランの建造物群と不可分の関係などなかった。ローマにたいする叛乱の時代（後六六―七〇年）、巻物を安全に保管するために、それはさまざまな宗派の人によってエルサレムから持ち込まれ、洞穴の中に隠された。要塞はこの出来事が起こる前から立っていた。ゴルブはその議論の中で、他の何にもまして、塔の厚い壁と建造物群が軍事的攻撃を受けて破壊された可能性に注目する。

ゴルブ説を支持する者はあまり多くはない。一般論として言えば、もしクムランが要塞であれば、それは特異な形状を取ったであろう。その場所の地取りは、当時の他の要塞のそれには見られないものであり、塔の周辺の場所は別にして、外側の壁の厚さは軍事的な防備の上では十分なものではない。確かに、多くの貯水槽は何か月も持ちこたえるに十分な水を蓄える容量を保証しただろうが、この導水管は敷地の外では無蓋のまま長く伸びているので、敵は簡単に水の補給を絶つことができただろう。要塞はそんなに不注意に建てられたのであろうか？　軍事的な安全面から見れば、建造物群はお粗末な場所に位置しているように見える。ドゥ・ヴォーの主張するように、もしクムランがローマ軍の部隊によって破壊されたとしても、ローマ軍が要塞のみを攻撃し、民間の施設を攻撃目標にしなかったのでなければ、それが軍事施設だったことにはならない。最後に、古代の文献がクムランの地域での要塞に何の言及もしていない事実もあげておかねばならない。廃墟が軍事施設だったことを示す明白な証拠がない以上、ゴルブ説は、あり得ないものとして峻拒される。

b　食堂を備えた別荘

既述のように、ドゥ・ヴォーやその他の研究者は、諸種の出土品とそれらの解釈について多くの論文を書いてきたが、クムランの発掘調査についての完全な報告書はいまだつくられていない。そのため最近、この欠けを補うために、考古学者のグループが任命された。その中にはポーリン・ドンシール＝ヴテとロベール・ドンシールのような夫妻のチームもある。二人は、クムランが金持ちの所有する別荘だったことを、陶器類の証拠やその他の情報が示唆すると考えているようである。筆者はまだこの説を擁護する論文を目にしていないが、ドンシール＝ヴテはすでにそれに関する論文を一本著し、ローカス三〇が上層のレベルに写本工房を含んでいたとするドゥ・ヴォー説に異を唱えている。彼女は諸種の情報からその場所が食堂と同定されると主張し、客人はその食堂で横臥して食事を取り、南や南東にひら

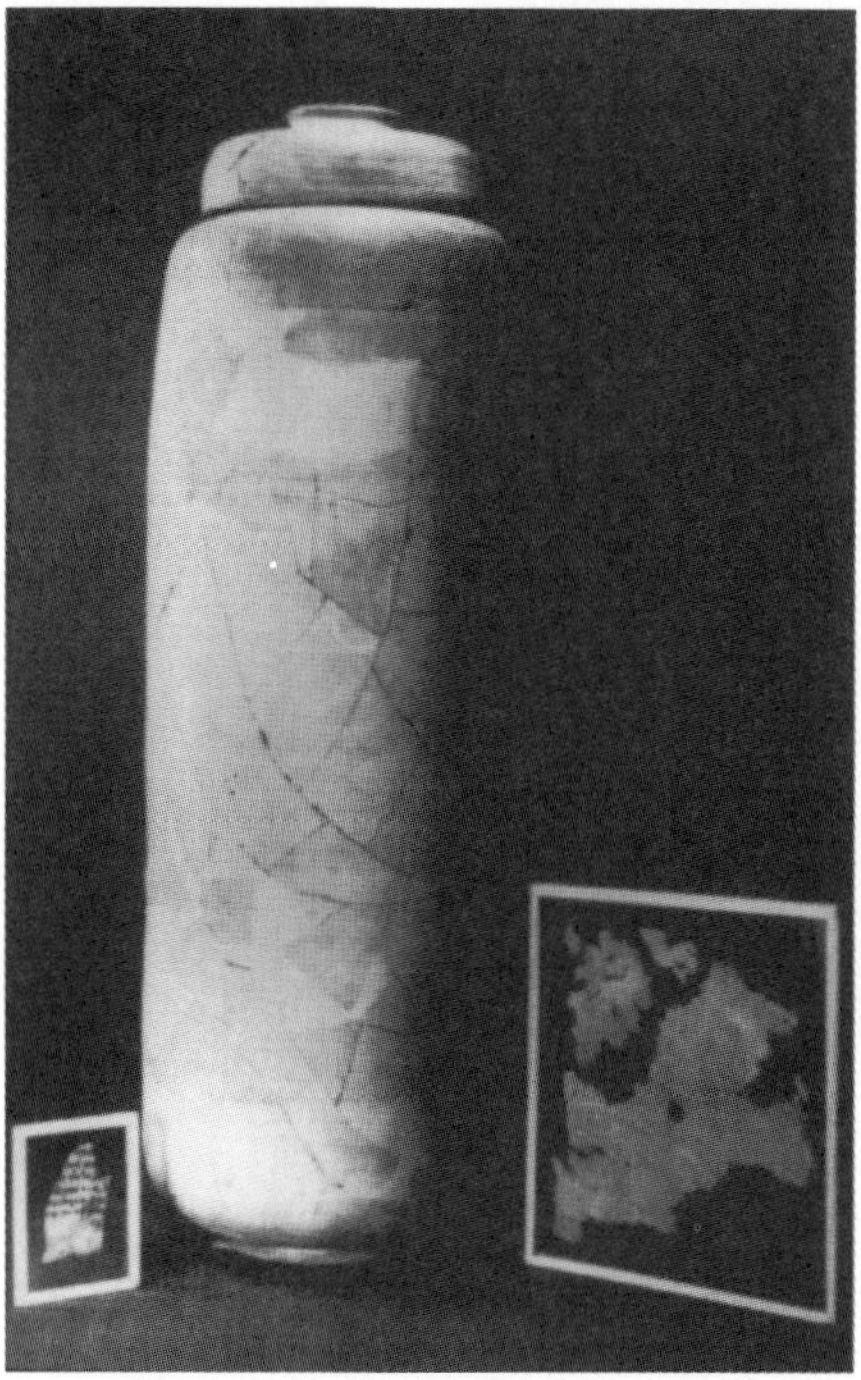

巻物の断片［左下］、巻物が収められていた壺［中央］、巻物を包むために使用された麻布［右下］。

けた景色を何にも妨げられずに楽しむことができたと想像する。彼女は、地上で見つかった家具類の破片や、互いの関係、ヘレニズム・ローマ世界の他の場所で見つかったものとの類似関係を詳しく調べ直してみたのである。

彼女の議論を背景に、これらの粉々になった家具類の破片や、それらがどんなものだったかについてのドゥ・ヴォーの説明を読むのは面白い。

こうして、それらからテーブルを組み立てるのが可能であることが分かった。……長さは五メートルを少しばかり越え、横幅は四〇センチ、高さは五〇センチしかなかった。これ以外にも二つの小さなテーブルの破片があった。これら二つのテーブルは、長い方のテーブルが東の壁に沿って平行に置かれた上の間の床面からまちがいなく落ちたものだった。それらは上の間でこの壁に固定された低い長椅子と一緒に使用されたものだった。これは食堂の家具を示唆するものだったかもしれないが、われわれはすでにテーブルを含まない建物の別の部分を食堂としていた。(『考古学と死海の巻物』二九頁)

ドゥ・ヴォーは、この付近で見つかったインク壺についても言及している。家具類の破片は、エルサレムのパレスチナ考古学博物館(現在のロックフェラー博物館)の中に、長椅子つきのテーブルとして復元されて置かれている。その説明は、筆写生は長椅子に座り、テーブルの上で巻物を転写したというものだった。ドゥ・ヴォーは、古代の筆写生の作業姿が普通そのようなものではなく、膝の上に書字板を置き床の上か長椅子の上に座ったまま筆写するのを知っていたが、彼らがテーブルやデスクに向かって作業する例があることをいくつもあげることができた。

われわれは、ドンシール＝ヴテによる出土品の読み方（とドゥ・ヴォーの発掘報告や論文についての彼女の解釈）を正しく検証するためには、専門の考古学者の判断を待たねばならないが、若干の一般的なコメントは許されるであろう。第一は、緑の生い茂るエリコのような場所が近くにあるとき、金持ちがクムランに別荘を好んで建てたとは思われないことである。ドンシール＝ヴテはクムラン共同体における富や私有財産の性格（これについては3章でより詳しく論じられる）を誤解した結果、クムラン出土の陶器類の価値を読み誤ったように見える。第二は、写本工房か食堂である建造物に関してであるが、ドンシール＝ヴテは、食堂の長椅子と考えているものの正確な形状が他の所で証拠立てられていないことを自身で認めている。インク壷は写本の転写以外の仕事にも結び付くと彼女が言うのは正しいが、明白な事実は、ドゥ・ヴォーがローカス三〇に割り当てた筆写生の仕事にそれがよく調和することである。

これらの説に関しては、考古学の専門家の議論にしたがう方がよいが、現在の所、ドゥ・ヴォー説は他の説よりも説得力をもつように思われる。

第2章

写本概観

クムランの一一の洞穴からは、およそ八〇〇本の写本の断片が発見された。もちろん、そのすべてではないが、多くはクムランで転写されるか書かれたもののようである。書体学を根拠にすれば、若干の写本は前三世紀か前二世紀の早い時期に、ドゥ・ヴォーの第一期aよりもかなり前の時期に遡る。それらは他の場所から持ち込まれたものに違いない。同じことが他の多くの写本についても言えよう。だが、残念なことに、それがどれであると断定するのは難しい。

われわれはすでに第1章で一部の写本について語ったので、この第2章では、発見されたテクストを概観し、またわれわれにとってとくに興味深く重要でもある若干のテクストの内容について概観しておこう。この通覧はテクストの大半を含むが、すべてではない。

A　聖書関係のテクスト

われわれが扱う時代の枠組の中で「聖書」という言葉を使用するのは、時代錯誤的であるように思われる。なぜなら、われわれが知るかぎり、紀元前の最後の数世紀と紀元後の一世紀においてどの文書が「聖書」で、どの文書がそうでないかについて、定着した最終的な権威ある理解がなかったからである。さまざまなユダヤ人グループが、どの文書が神の啓示を受けたものであるかについて独自の見解をもっていたように思われる。どの文書がヘブル語聖書（プロテスタントの旧約聖書）を構成するかに関する最終的な合意内容は不明であるが、その合意は、多分、後の時代になってなされたものである。しかし、最終的に聖書を構成するものと見なされるに至ったかなりの数の文書の権威的地位に関しては、多くのグループがすでに合意していたと言えよう。それらは、モーセの律法を構成する五書（創世記から申命記までのトーラーと呼ばれるもの）、歴史的・預言者的な文書、そして詩篇である。他の若干の文書に関しては問題が残った。とくにエステル記や、ソロモンの歌（歌々の歌、カンティクルとも呼ばれる）、シラ書（シラの子イエスの知恵の書とかエクレシアスティクスとも呼ばれる）がそうである。これから先で「聖書」という言葉が使われるが、それは後になってヘブル語聖書を構成することになる文書に言及するための便宜的なものにすぎない。その言葉が使用されても、ここで扱う時代の人びとが権威ある文書について同一のリストをもっていたことを意味しない。第5章において、クムランから出土した巻物の聖書のテクストに関わる意義が、また他の個所では、どの文書が死海の巻物を書いたり転写したりした者によって、至上の権威を有するものと見なされたかが論じられる。

1　聖書関係の巻物

公刊された最新の写本リストによれば、聖書関係の諸文書の写本の数は次のとおりである（ヘブル語聖書の諸文書の順番にしたがう）。

創世記	一五本
出エジプト記	一七本
レビ記	一三本
民数記	八本
申命記	二九本
ヨシュア記	二本
士師記	三本
サムエル記（上下）	四本
列王記（上下）	三本
イザヤ書	二一本

エレミヤ書	六本
エゼキエル書	六本
一二小預言者	八本
詩篇	三六本
箴言	二本
ヨブ記	四本
ソロモンの歌	四本
ルツ記	四本
哀歌	四本
コヘレトの言葉	三本
エステル記	なし
ダニエル書	八本
エズラ記	一本
ネヘミヤ記	なし
歴代誌（上下）	一本

各洞穴から出土した聖書関係の写本の数は次のとおり。

第一洞穴	一七本
第二洞穴	一八本
第三洞穴	三本
第四洞穴	一三七本
第五洞穴	七本
第六洞穴	七本
第七洞穴	一本
第八洞穴	二本
第九洞穴	なし
第一〇洞穴	なし
第一一洞穴	一〇本

これらの数には、一書以上（たとえば、出エジプト記とレビ記を組み合せたもの）を含む巻物がいくつか含まれており、また洞穴の中で発見されたギリシア語で書かれた聖書関係の巻物の七つの写し（それは七つ以上かもしれないが、その確定はまだなされていない）も含まれている。一部の断片はその同定をめぐって論争されているが、それは断片が小さすぎて、そのためそれが聖書の一書の写しなのか、それとも聖書の一書をたまたま引いている別の文書の切れ端なのか、よく分からないからである。

右にあげた数を足せば、聖書関係の写本の総数は二〇二本、すなわちクムランで発見された八〇〇本の写本の四分の一となる（他にも一九の写本がユダ砂漠の他の場所で発見されている）。この総数は、そこに居住した者が聖書関係の諸文書を重要なものと見なしていたことを裏付ける。われわれはまた、クムランの文書からも、聖書研究がグループのメンバーにとって重要な日課の一部だったことを知る。この実数はまた、どの文書が頻繁に使用されたかを示している。詩篇の写本の数が最大で（三六本）、その次に多いのは申命記（二九本）とイザヤ書（二一本）である。他の文書の中では、出エジプト記（一七本）、創世記（一五本）、それにレビ記（一三本）だけが二桁台である。他方の極端にあるのはエステル記の写本で、それと識別できる断片はひとつとして突き止められてはおらず、同じ事がネヘミヤ記についても言える。研究者はしばしば、クムランでは、ヘブル語聖書の中においてのように、エズラ記とネヘミヤ記がすでに単一の文書と見なされていたと想像する。もしそうなら、エズラ記のひとつの写しは二つの文書を代表するものと理解されよう。しかし、二つの文書が一書扱いされた証拠が何もなければ、後の時代の公認のヘブル語聖書（この聖書はクムランの洞穴群からは出土していない）の中でひとつの文書として扱われた唯一の二つの文書のように、ネヘミヤ記がエステル記と一緒になっていると言う方がより安全であろう（以下のB・2・a―bで説明されるように、クムランでは、公認のヘブル語聖書の中に入り込まなかった他の文書の写本が、ヘブル語聖書のほとんどすべての文書の写本よりも多く存在する）。

この数を眺めるだけでも、クムランのグループがその強調をどこに置いていたかがよく分かる。詩篇はさまざまな理由から使用されただろう。たとえば、礼拝のため、黙想のため、論証のためにである。法規関係の文書である出エジプト記や、レビ記、民数記、申命記などは、グループ独自の生き方の権威ある根拠として使用されただろう。それらの文書はまた、創世記とともに、聖書時代の歴史的事例を提供したたろう。いくつかの写本では、モーセ五書（と、モーセと結び付けられていたと思われるヨブ記）が旧字体のヘブル語（当時すでに古くさいものとみなされていた字体）で転写されているが、それはそれらの文書に払われた敬重の念を表明する手段だったかもしれない。イザヤ書の預言は、グループについてや、近未来に現れるメシア的指導者についての、数々の予告の豊かな宝庫だったろう。クムランでもっとも多い写本の数で出土した三つの文書が新約聖書の中でもっとも頻繁に引かれる三つの文書であったことは、多分、不思議ではないだろう。歴史書（ヨシュア記、士師記、サムエル記上下、列王記上下、エズラ記、ネヘミヤ記、歴代誌上下）の写本の数は相対的に少ないが、それはそれらの文書がクムランでは控え目な役割しか演じなかったことを示している。プリム祭の由来を説明するエステル記は、その欠落がまったくの偶然の結果でなければ、明らかに使用されていなかった（クムランのテクストは聖書中の他の祝祭すべてに言及しているが、この祝祭だけは言及していない）。

2　タルグム

紀元前の最後の数世紀の間、徐々にではあるが、ヘブル語は大半のユダヤ人にとって話し言葉でなくなり、礼拝で朗読されるヘブル語聖書はよく理解できないものとなる。現代のローマ・カトリック教会は、ラテン語を理解する信者がほとんどいないという理由から、礼拝でその使用をやめ、それに代わるものとしてその国の言語を使っている。古代のユダヤ教においては、シナゴーグでの礼拝のために、この困難は少しばかり異なる仕方で解決される。すなわち、聖書の章節がヘブル語で朗読されると、それはただちに口頭でアラム語（パレスチナの大半のユダヤ人が話していた言語）に翻訳されたのである。このアラム語への翻訳はいつしか書き留められるようになり、その多くが現在でも残されている。それらは聖書のヘブル語テクストへのもうひとつの証言となり、そしてまた、どのようにして聖書が紀元後の最初の数世紀に理解されたかの証言にもなっている。今日まで繰り返し論争されてきた事柄は、いつこれらの翻訳、すなわちタルグム（タルグムはヘブル語で「翻訳」を意味する）が最初に存在するようになったかである。ある研究者はタルグムが非常に古いものであると主張するが、他の研究者は、現存するタルグムの写本の年代が比較的遅いことから、そのような文書に早い時期を措定するのは危険であると結論する。だが今や、聖書関係の二つの文書、すなわちレビ記とヨブ記のタルグムの断片がクムランで発見されたため、その論争は新たな局面を迎えたのである。レビ記のタルグムの断片は第四洞穴から出土したもので、非常に少量である。それはレビ記一六・一二―一五と一六・一八―二一の数節だけを翻訳している（4Q156）。その小さな断片の年代は前二世紀とされる。ヨブ記の二つのタルグムも発見されている。第四洞穴出土の断片（4Q157）は、後一世紀に転写されたものであるが、ヨブ記三・五―九と四・一六―五・四のアラム語訳を保存する。第一一洞穴も、タルグムの主要な写本を出している。その中で発見されたヨブ記のタルグムは、クムランの洞穴群から出土したもっとも保存状態のよい写本のひとつで、その年代は前一世紀の最後の半世紀に置かれる。それはヨブ記一七・一四から四二・一一までの大半の章節の全体か部分のアラム語訳を含んでいる。クムランの洞穴群で発見されたタルグムの数は大きなものではないが、それらはタルグムがキリスト教期以前に書き留められていたことを裏付ける。

第11洞穴出土のヨブ記のタルグム［11Q10］の37欄。

3　テフィリンとメズゾート

テフィリンとメズゾートは、厳密な意味では、聖書関係の諸文書の写本ではなく、出エジプト記と申命記の章節が記されている小さな羊皮紙である（出エジプト記一二・四三―一三・一六、申命記五・一―六・九、一〇・一二―一一・二一。申命記三二章が記されていることもある）。テフィリンは過去においてそうだったように現在でも、額や左腕に結び付けられた小箱の中に収められているもので、他方、メズゾートは家の戸柱につけられる。この二つは、神がイスラエルに命じた言葉を心に留めよ、という聖書の要求を満たすためにつくられたものである。「これをしるしとしておまえの手に結び、覚えとしておまえの額につけ、おまえの家の戸口の柱や門に書き記すのだ」（申命記六・八―九）。これらは大量にクムランやユダの荒野の他の場所で発見された。第四洞穴からは、全部で二一のテフィリン（4Q128-48）が、第一洞穴からはひとつが、第五洞穴からは五つが（これらは開けることができない状態にある）、そして第八洞穴からもひとつが発見されている。メズゾートの数はこれよりも少ない。第四洞穴からは七つ（4Q149-55）、第八洞穴からはひとつだけである。その中に収められた聖句の語順は、伝統的な《マソラ》ヘブル語テクストに見られるものとは異なり、聖書の他の古代の版の読み方と同じであることが多い。

B　外典と偽典のテクスト

このカテゴリーに入る諸文書を適切に表現する言葉を見つけることは難しい。それらは聖書の一書でもなければ（ヘブル語聖書の一部にならなかったという意味で）、とくに宗派的な文書であるというのでもない（宗派的な文書とは、他とは隔絶してクムランで生活したグループのために書かれたものを指す）。以下ではまず、外典や偽典の伝統的なカテゴリーに属する文書の写本が概観され、次に、いかにしてクムランの文書群が、われわれが外典とか偽典と分類する文書類の数を増し加えていったかが示唆される。

1　外典

アポクリファもまた時代錯誤的な、しかし便利な術語である。その意味は、それを口にする者がプロテスタントであるか、カトリックであるかで変わる。ここではプロテスタント的な意味で、すなわちカトリックの旧約聖書の中に含まれるが、プロテスタントのそれには含まれない文書に言及するために使用される。カトリックの聖書の中に見いだされるこの聖書外の文書はセプチュアギント（旧約聖書のギリシア語訳）に由来する。宗教改革のとき、これらの文書の権威はプロテスタントによって否定されたが、カトリックによって再確認される。今日このカテゴリーに属すカトリック聖書の文書は、トビト記、ユディト記、マカベア第一書、同第二書、（ソロモンの）知恵の書、シラ書（シラの子イエスの知恵の書とか集会の書とも呼ばれる）、バルク書（その第六章はエレミヤの手紙と呼ばれる）、エステル記の八つの付加部分とダニエル書の三つの付加部分（スザンナ、アザリヤの祈りと三人の若者の讃歌、ベルと竜）である。もしわれわれがアポクリファという術語をより広い意味で使用し、ギリシア語聖書（セプチュアギント）の中に収められているがヘブル語聖書の中に見いだされない文書のすべてを意味するなら、このリストに詩篇一五一（と他の若干）を加えることができるだろう。

これらのアポクリファの中の四つが死海の巻物の中にあることが確認されている。

a　トビト記

この文書はイスラエルの北王国出身のユダヤ人流浪者トビトにまつわるドラマチックな物語を含んでいる。彼はアッシリア帝国の官僚機構の中で高い地位に昇りつめるが、それを失う。彼は落ちぶれても敬虔な業を実践しつづけるが、やがて貧乏のどん底に陥り、そしてある偶然的な出来事で失明する。彼は親族に預けておいた金を取り戻そうと息子のトビアを使いに出す。トビトとトビアはその正体を知らなかったが、トビアの旅の道連れは天使のラファエルだった。さまざまな冒険を重ねた後、トビアはサラという名の親族の娘と結婚し、父の盲目を癒す薬を見つける。万事めでたしで終る。この娯楽的な読物は前三世紀につくられたと思われる。トビト記がクムランで発見される前、現存する最古の版はギリシア語聖書の中にあるものだった（一部の研究者はそれがセム語からの翻訳だと考えていた）。研究者はクムランで見つかった写本のうち四つがアラム語で、ひとつがヘブル語で書かれているのを確認している(4Q196―200)。もしこの確認が正しければ、われわれは翻訳された文書の早い時期の例か、二つの言語で流布した文書の例をもつことになる。アラム語の写本はその文書のテクスト批評のために重要であり、その四つのすべてがその文書のより長い版のギリシア語テクストに一致し、それゆえトビト記が最初アラム語で書かれた可能性を示している。トビト記の全一四章の諸部分がクムラン出土の写本に見られる。

b　シラ書（集会の書／シラの子イエスの知恵の書）

シラの子イエスは、前一九〇―一八〇年ころに、格言や教えの書を著したユダヤ人教師である。それはヘブル語で書かれ、後になって、著者の孫によってギリシア語に翻訳されるが、孫は自分のなした翻訳に序を付す。ラビの文書がこのシラ書に言及しているので、ヘブル語のテクストは何世紀か生き残っていたように思われるが、大半のユダヤ人共同体では、それは使用されなくなり転写されることもなかった。現代になってはじめて、いくつかの発見から、失われたヘブル語原本が明るみに出された。すなわち、今世紀のはじめに、そのテクストの大きな部分がカイロのゲニザ（ゲニザとは、シナゴーグで使用済みとなった写本を収納しておく場所を意味する）で発見される。マサダでは、ここは九〇〇人以上のユダヤ人叛徒が後七三年か七四年に集団自決をはかった有名な要塞であるが、ヘブル語で書かれた何章かの写しが発見されている。クムランは、これらの発見にいくつかの小さな断片を加える。第二洞穴からは、その文書のわずかな一節と読み取れる小さな断片（2Q18）がいくつか出土する。第一一洞穴からは、その書の他の部分が発見されるが、それは驚くべき箇所からだった。何と詩篇の写本（11QPs^{a}）に、現在のシラ書五一章に見いだされる詩文が入っていたのである。その詩文の存在が二つの文書の中で証言されている事実は、それがまだ固定されてなかったことを示している。本来それがどこに属していたかは、未解決の問題である。

c　エレミヤの手紙（バルク書六章）

一章分しかないこの手紙は、もっぱら偶像崇拝を攻撃したものである。バルク書の最初の五章はクムランからひとつとして見つかっていないが、このエレミヤの手紙は、第七洞穴出土のギリシア語で書かれたひとつの写本（7Q2）の中に見られる。この文書は本来ギリシア語で書かれていたようである。付言すれば、第七洞穴は、クムランでギリシア語の写本の断片が見つかった数少ない場所のひとつである。実際のところ、第七洞穴出土の判読可能な断片はすべてギリシア語で書かれている。

d　詩篇一五一

セプチュアギントの中にも見られるこの詩篇は非常にダビデ的な作品で、詩人であり楽人でもあった王に結び付けられている詩篇に適切な結末部分を形成する。この詩篇は、伝統的なヘブル語聖書の中の詩篇の一部ではなく、第一一洞穴出土の詩篇の巻物（11QPs^{a}）の中における一篇である。それはセプチュアギントと同じく、第一一洞穴出土の詩篇の巻物においても、（全篇を）締めくくる詩文となっている。

2　偽典

「偽典」は、紀元前の最後の数世紀および紀元後の最初の一世紀か二世紀に書かれたが、ヘブル語聖書やセプチュアギントの一部とならなかったユダヤ人の宗教的な文書を包括する術語である。これらの文書の著者のある者は、聖書時代のよく知られている権威ある者（たとえばアダムや、アブラハム、モーセ、エリヤ）の名を借りて自分の正体を隠したが、この術語自体はその慣行に由来する。この手続きは剽窃の裏返しのものであると特徴づけられよう。著者は自分自身の名で他人の文書を出すのではなく、自分の文書を他の人の名で出すからである。研究者はこの慣行が旧約聖書や新約聖書の中に見られるかどうか論争してきたが、古代においてそれが盛んに行われていたことは議論の余地のないところである。このカテゴリーに属す文書の定義は漠としたものなので、どの文書がそれに属すかに関しては意見の一致を見ていない。ジェームス・H・チャールスワースが編集して最近出版された二巻本の『旧約聖書の偽典』は、「偽典」（Pseudepigrapha）のカテゴリーの要求を満たすものとして、五〇以上のテクストを含めている。

これまで知られていた偽典文書のうち、クムランで浮上したのはわずか三つしかなく、それらはいずれもテクストについてわれわれに何がしかのことを教えてくれるが、それはそれぞれ独自の仕方においてである。

a　エノク（第一エノク書）

一九四七年以前に知られていたテクストは五つの単位（または小冊子）から成るものであり、そのそれぞれが、アダムから数えて七代目のエノク（創世記五・二一—二四）に与えられたとされる啓示を含んでいる。本来セム語（ヘブル語かアラム語）で書かれた一〇八章の全文は、ギリシア語訳から翻訳されたエチオピア語の重訳で残されている。各小冊子における主要なテーマのひとつは、天から降りてきて、女たちと結婚し、巨人族の子孫の父となるみ使いたちにまつわる話である。これらの巨人は大きな災いや暴力沙汰を引き起こしたために、神は彼らを罰するために洪水を送られる。この物語は創世記六・一—四に見られる人の娘たちと結婚した神の子らの話を下敷にしている。「神の子ら」という語句は「み使いたち」を意味するものと解されたが、それと同じ例は聖書の他の箇所でも見られる（たとえばヨブ記三八・七は、ほとんど同じヘブル語の表現を使用している）。他方、「人の娘たち」は字義通りに理解されている。創世記におけるこれらの節は洪水物語の直前に置かれているため、それに関係するものと信じられた。エノク文学におけるこのみ使い物語は、アダムとイブと蛇の物語以上に、いかにして人間の罪が爆発的に大きなものとなり、人類を絶滅させるような洪水を神が送らねばならなかったかを説明するファンダメンタルな方法として奉仕する。このエノクの小冊子においては、人間が犯した大きな罪とそれにたいする神の審判という組み合せが、来るべき審判の警告として機能する。実際、洪水は最初の審判として言及され、それは神が跳梁する悪に応答する仕方の例とされている。その勧告の中で、エノクは、新約聖書（ペトロの第二の手紙やユダの手紙）の著者のように、この例を盛んに引いている。このエノクの小冊子群には、他にも多くの重要な特色がある。そのあるものは、人類史をそのはじめから終わりまで通覧するユダヤ的黙示録の最古の例と思われるものを提供し、またそのひとつは天文学に関する情報を与えてくれる。それはこの種のユダヤ側のテクストの最古のものである（前三世紀）。

第四洞穴で発見された多くの断片の中には、かなりの数のエノクの写本があった。そのすべてがアラム語で書かれている。その七つの写本は三つの小冊子、すなわち警護者の書（一―三六章）、夢の書（八三―九〇章）、エノクの書簡（九一―一〇七章）の諸部分を含み、四つの写本はもうひとつの小冊子である天文の書（七二―八二章）の諸部分を含んでいる。研究者にとって興味深いのは、一一の写本のどれにもエノクの譬えや寓話（三七―七一章）がひとつも含まれていない事実である。これらの章は、そこにおいて「人の子」と呼ばれる人物が中心的な役割を演じているため（その者は最後にエノクであると分かる）、新約学者にはとくに興味あるものだった。研究者は長いこと、最後の審判のときに関わるこの人間を越える「人の子」という観念が、人の子としてイエスを描く福音書記者の念頭にあったのではないかと議論してきた。だが、今やその論争は新しい転換を迎えたのである。一部の研究者は、エノクの断片を編纂したJ・T・ミリクを含めて、クムランではエノクの譬えが欠けるが、第一エノク書の他のすべて部分は存在するので、譬えは後の時代につくられたものであると結論する。もしそうなら、それは、多分、福音書の後に書かれたものとなり、福音書記者が資料として使用できるものでなかったことになる。他の研究者は、譬えはクムランではなくユダヤ教の別の層からのものであり、テクストの年代はキリスト教期以前であると考える。歴史に関わるこれらの問題の答えが何であれ、譬えは、第一エノク書の他のすべての部分とは異なり、クムランの写本群の一部ではなかったようである。

エノク写本の一部からさらに、次のような興味深い主張をすることは可能であり、事実そうであったとさえ思われる。それは、クムランで知られていた第一エノク書の譬えの箇所にはまったく異なるもの、すなわち巨人族の書と呼ばれるものが入っていた、というものである。おそらく、クムランの九つの写本にはそれがあり、既述のエノク写本のうち二つがそれを含んでいただろう。巨人族の書は、み使いの子らである巨人族について語る。このこと自体はどうということではないが、この巨人族の書は驚くべき歴史をもつことになる。何世紀か後に、ゾロアスター教や、ユダヤ教、キリスト教などのさまざまな要素を統合したバビロン出身の宗教指導者マニが登場するが、巨人族の書は、マニによって改作され、マニと彼の信奉者にとって正典的・聖書的な文書となるのである。もし巨人族の書が第一エノク書のクムラン版の中での第三の文書であれば、それは後になってエノクの非常に異なる譬えに取って代わったことになる。

天文の書の四つの写本もそれ自体で興味深い歴史をもっている。そのひとつは前二〇〇年以降の早い時期のものであるが、そのことは、その小冊子自体が、この写本がつくられる前のある時期に書かれたことを示している。それゆえ、エノクの天文の書は、おそらく前三世紀にまで遡る現存するユダヤ側の数少ない作品のひとつなのである。この写本と他の三つの写本は、アラム語版とエチオピア語版のテクストに大きな違いがあることを示している。天文の書は、月ごとや年ごとのさまざまな日の太陽や月の位置や、太陽によって毎夜照らし出される月の表面部分などに関する天文学的な情報の詳細なリストを含んでいる。翻訳者か筆写生なる人物は、ある箇所まで来ると、こうした情報にうんざりしているようで、それを端折っている。その刈り込み版はエチオピア語の写本に見られるもので、アラム語版は、読む者の気力を萎えさせてしまうほど冗長な原本の範囲をとどめている。その小冊子は一年が三六四日の太陽暦と三五四日の太陰暦について記述している。

b ヨベル書

この書の著者は自分の作品を、み前の天使（神のみ前で奉仕する天使）を介して与えられた神からの啓示であるとうたっている。神はそれをモーセに語り、モーセはそれを書き留める。本書の大部分は、創造のとき（創世記一章）から、イスラエルびとがシナイ山に到達してモーセが神の言葉を受けるために山に登る（出エジプト記一九章と二四章）までの聖書物語の再話である。著作年代は前一六〇年ころ、クムランの共同体が形成されてしばらくしてからのことであろう。著者は媒体として聖書のテクストを使用し、神学的な事柄や法規的な事柄に関する彼自身の見解を伝えている。本書の書名「ヨベル」は、そこで扱われている歴史がそれぞれ四九年から成る五〇の単位に分けられていることに由来する。すなわち、著者は「ヨベル」という語を、五〇年目を意味するものではなく（レビ記二五章はそのように理解する）、五〇年目によって分かたれる四九年の期間を意味するものと理解している。著者は、法規的な事柄のひとつとして、真実な暦は一年が三六四日から成る太陽暦（エノクの天文の書やクムラン共同体の諸文書の中で見いだされるものと同じ暦法）であると強調する。この巻物が発見される前までは、ヨベル書は最初ヘブル語で書かれ、後になってギリシア語に翻訳されたと一般に信じられていた。これらの版は消滅し、ギリシア語からの重訳だけが生き残っていた。エチオピア語に訳された全文とラテン語に訳されたおよそ五分の二の部分である。

第一洞穴の調査後程なくしてから、考古学者は、ヨベル書の二つのヘブル語写本の断片がそこで発見されたと報告した。後に第二洞穴からも二つの写本の断片が、そして第三洞穴からも二つの写本の断片が出土する。六つ目は第一一洞穴からである。第四洞穴には、他の写本の場合と同じく、もっとも多くの写本が置かれていた。そこからはヨベル書の九つ（ないしは一〇）の写本の断片が出土する。ヨベル書の写本が全部で一五（ないしは一六）出土した事実は、われわれを圧倒する。もしわれわれがその総数を既述の聖書の諸文書の写本の数と比較するなら、詩篇、申命記、イザヤ書、創世記の写本だけがヨベル書のそれより多いか同じなのである。いったいこれは何を意味するのだろうか？　それについては、クムランの正典文書を扱う第5章で論じられる。

第一エノク書の諸部分に関してわれわれが学んだ事柄とは対照的に、クムランのヨベル書の写本は、エチオピア語訳やラテン語訳に近いテクストの存在を明らかにする。章節全体が多くの箇所で逐語的に一致し、逸脱箇所はわずかである。それゆえいかなる証拠も、後の翻訳が原本の何箇所かの全体を欠いていることや、原本を著しく拡大したりしたことを示唆しない。その理由が何であれ、この文書のテクストは細心の注意で転写されたのである。ヨベル書はクムランで典拠として使われ、そして共同体の中心的な法規文書のひとつであるダマスコ文書の中でも、そういうものとして引かれている。

c　一二族長の遺訓

この書名の一二族長とは、ヤコブの一二人の息子のことである。この偽典文書の中では、一二人の息子の一人ひとりが、彼らの父ヤコブが創世記四九章でそうしたように、臨終のときに自分の子たちを呼び集め、生前に獲得した知恵の果実を彼らに与える。この手の遺訓は、古代において好んで読まれたように思われる。臨終の場面は、道徳的な教えを垂れるには格好の道具立てとなる。研究者は、長い間、一二族長の遺訓がユダヤ側の文書なのか、それともキリスト教側の文書なのか盛んに議論してきた。現存するさまざまな遺訓には、紛れもなくキリスト教的な章節が見られるからである。それらはユダヤ人の文書へ加筆したものなのか、それともユダヤ側の資料を使ったキリスト教徒によって書かれた遺訓なのか？　どちらの見方をするにせよ、この遺訓にはユダヤ的な素材が詰まっていることや、キリスト教徒の貢献が小さなものであることは明らかである。研究者はしばしば、この遺訓がユダヤ人の著したものであれば、その著作年代は前二世紀の後半であると示唆する。

クムランの洞穴からは、一二族長の遺訓のいかなる部分の写しも出土していないが、ここではそれを扱う。個々の人物の遺訓の材料となるものがそこから出土したからである。ひとつの非常に断片的なテクスト（4Q215）がナフタリの遺訓であるとされ、他にも非常に小さな断片でのみ代表される二つないしは三つの写し（3Q7; 4Q484, 538）がユダの遺訓と命名され、さらにもうひとつの写し（4Q539）がヨセフの遺訓と命名されている。これらの素材の中でもっとも興味深いものは、研究者が相も変わらずレビの遺訓と呼んでいるが、「アラム語のレビの文書」とでも呼ぶべき文書である。この文書は第四洞穴出土の二つの写本（4Q213–14）の中に見られるが、おそらく第一洞穴出土のひとつないしは二つの断片（たとえば 1Q21）の上にも認められるものである。レビはヤコブの第三子で、すべての祭司の出身であるレビ族の先祖である。そのような信用証明があれば、彼が聖書の中で高い賞讃を得るか英雄的に行動することが期待されるが、事実は正反対である。彼がある役割を演じている物語がひとつだけあるが、彼はそこで批判されているのである。彼は兄弟のシメオンと一緒になってシケムの男たちを殺し、凌辱された姉妹のディナの復讐をはたすが、男たちは割礼のおかげで生き返る。そのため彼らの父ヤコブは、土地の人たちの間で悪い評判を残してくれたと二人を非難し（創世記三四章）、二人への最後の言葉の中では、同じ思いを繰り返して兄弟たちを呪う（創世記四九・五—七）。だが後のテクストにおいては、彼らの評判はよいものに改められている。たとえば、ヨベル書においては、レビとシメオンはシケムでなした行為を賞讃されている。ヨベル書とレビの遺訓の中でも、シケムでの出来事は、なぜレビ自身が祭司になり（マラキ書二・四—七と比較してほしい）、その一族のために永遠の祭司職の約束を受けたかの理由のひとつになっている。

クムランのグループにとって重要だったこれらの考えは、「アラム語のレビの文書」の一部でもある。シケムの挿話はテクストのはじめの方の箇所、すなわちレビが祭司に叙任されるに至る箇所を形づくるものとなっている。このアラム語のテクストをレビの遺訓（その最古の版はギリシア語で書かれている）と注意深く比較すると、二つは似ているが、その違いもかなりのものである。このアラム語の文書はすでに前三世紀に書かれていたようである。それからすると、それが一二族長の遺訓の一部分であるレビの遺訓の著者によって直接的にか間接的に使用された資料のひとつだったことはほとんど確実である。

以上あげた三つのテクスト（第一エノク書、ヨベル書、一二族長の遺訓）は、クムランでひとつの形ないしは別の形で浮上したものである。ヨベル書のヘブル語テクストと後の時代の諸訳は互いに非常に似ている。第一エノク書のアラム語原本は、後の諸訳とはあまり似ておらず、別種の文書（巨人族の書）をテクストの第三の部分としてもっていたようである。繰り返すが、一二族長の遺訓自体は出土せず、それらの著者たちが引いたと思われる資料だけが出たのである。

d　新しい偽典

一九四七年以前に知られていた偽典はスリムなものだったが（右では五〇以上の文書群から、およそ四〇の写本で代表される三つのテクストを取り上げた）、クムランの洞穴群は、ユダヤ人が残した古代の偽典文書を専攻する者に、それまで知られていなかったこのカテゴリーに属する多種多様なテクストを供した。その多くはまだ公刊されていないが、それらを一瞥すれば、われわれがこの種のテクストをどんなに多くもっているかが分かる。ここで留意しておかねばならぬのは、その大半の保存状態が芳しくなかったために、これらのテクストの正しい確定がなかなかできぬことである。以下は、このカテゴリーの多様性と大きさを示すためのサンプリングであるが、包括的であることを目的としていない。

1　外典創世記――

アラム語で書かれたこの著作は、最初に発見された七つの写本のひとつであり、創世記の物語を再話し脚色している。テクストの現存する部分は、ノアの誕生と結び付けられている天使の結婚物語を語っている。ノアは非常に不思議な少年だったので、父は妻が堕天使の一人とつき合っていたのではないかと疑う。テクストは、創世記一五章の神の約束の所までは、ノアと箱舟、ノアの子孫の間での大地の分割、そしてアブラ（ハ）ム物語とともに進行する。かつてその写本はもっと多くの物語を含んでいたが、最初に発見された七つの写本の中ではもっとも劣悪な状態の中で出土したものである。九〇年代になると、最先端の撮影技術のおかげで、さらに少しばかりの文字や言葉が解読されるに至ったが、その著作の大半部分が復元されるかどうかは疑わしい。この生き残ったものは、ヨベル書にしばしば似ている。

2 ノア・テクスト——1Q19; 4Q246（?）, 534

3 ヤコブ・テクスト——4Q537

4 ヨセフ・テクスト——4Q371-73

5 カハト（あるいはコハト）・テクスト（出エジプト記六・一八によれば、カハトはモーセの祖父）——4Q542

6 アムラム・テクスト（出エジプト記六・二〇によれば、アムラムはモーセの父）——4Q543-48

7 モーセ・テクスト——1Q22, 29; 2Q21; 4Q374-75, 376（?）, 377, 388a, 389, 390

8 ヨシュア・テクスト——4Q378-79

9 サムエル・テクスト——4Q160; 6Q9

10 ダビデ・テクスト——2Q22（第二洞穴出土の詩篇の巻物をも参照してほしい）

11 エレミヤ・テクスト——4Q383-84（?）（385b, 387b をも参照してほしい）

12 エゼキエル・テクスト——4Q384（?）-90, 391

13 ダニエル・テクスト——4Q242（ナボニドスの祈り）, 243-45, 551（?）

14 エステル・テクスト——4Q550（?）

これらのテクストの同定であるが、あるものは誤っているかもしれない。どのテクストも完全なものからほど遠いのである。だが洞穴から、とくに第四洞穴から出土した断片類は、少なくともクムランのグループにとって、聖書の英雄たちのペンに帰せられた文書のカテゴリーが、かつて知られなかった多くの項目《エントリー》をもつ大きなものであることを示している。ある意味でそれらはすべて、聖書関係のテクストの中の何かを敷衍したり、独自の方向へ向かうための跳躍台としてそれを使用しているという点で、聖書解釈の例として分類できるものでもある。

C　他のテクスト

この漠とした表題のもとに、クムランの土地に住む隔絶されたグループの独自の見解が表現されているテクストのすべてが扱われる。ここではまた、クムランの共同体との結び付きが論争されている文書もいくつか扱われる。今一度繰り返して言うが、クムランのグループや当時パレスチナに住んでいた他のグループに関するわれわれの知識は非常に乏しいので、この種の文書の正確な領域は確かなものではない。だがそうではあるが、大半の洞穴は、共同体のさまざまな目的のために書かれたと思われる文書を出土しているのである。ここでのリストは残存したテクストのサンプリングにすぎず、そのほとんど大半は、一九四七以前には研究者に知られていなかったものである。

1　聖書関係の文書の註解

われわれは、クムランの人びとが一日のある部分を聖書関係の文書の研究にあてたことや、古代の啓示が共同体の生活や教えの中心にあったことを知っている。宗規要覧が言うように、「また一〇人いる所では、その中に、仲間の者との正しい振舞いに関して、昼も夜も絶えず律法を研究する者が欠けることがあってはならない。会衆は一年の毎晩の三分の一のために共同体の中で寝ずにおり、[聖]書を読み、律法を考究し、ともに祈らねばならない」（六・六―八）。その生活が聖書を中心としたものだったことは、多くの文書から明らかにされるが、もっとも明白な事実は、一一の洞穴の中で発見された聖書関係の文書の写本の量であり、もうひとつの事実は、そこで発見された聖書関係の文書の註解である。これらのテクストの中で繰り返し使われている術語はヘブル語のペシャー（複数形はペシャリーム）であり、それは「解釈」を意味する。それは以下で扱う第一の型の註解の中でとくに見いだされる類の解釈に研究者が与えた包括的な術語である。

a　連続的註解

クムランの洞穴群は、聖書解釈のひとつの型を明らかにする。それは現代の連続的註解の最古の先例となるものである。現代の註解者と同じく、クムランの註解者も取り上げるテクストの冒頭の語句からはじめ、それを引き、その一節についての理解を加える。ついで、次の一節か数節に向かい、それ

（ら）を引き、そして説明を与える。註解者はこのような仕方で註解を施している文書の全体か、少なくとも彼の興味が命じる所まで進むのだった。註解者はテクストから離れると、自分の解釈を一語か「その解釈は……に関わる」という語句ではじめる。註解者はテクストを引くので、註解は聖書関係のテクストについてのもうひとつの情報源となる。

巻物の研究の非常に早い時期に、少なくとも二つの基本的な前提がクムランの釈義の根底にあったことが明らかにされる。第一の前提は、聖書記者はその預言の中で、彼自身の時代ではなく、後の時代に言及していたとするものである。第二の前提は、註解者は自分がその「後の時代」に生きており、それゆえ古代の預言は彼自身の時代に向けられたものだと想像したことである。そこで註解者の務めは、預言者の奥義的な言葉の秘密を解き明かし、自分たちの状況に語りかける神のメッセージを見つけることにあった。註解者は、預言が対象としていると考えられた民族や出来事に言及するので、その註解はグループとそれが生きていた時代についての歴史的な手がかりを与える数少ないテクストのひとつになる（第1章、B・4・a・（3）参照）。

クムランの註解者は、その独自な解釈を行うにあたり、第二の前提に助けられている。彼らによれば、神はご自身の僕《しもべ》である預言者たちの奥義を義の教師に啓示していた。この教師はクムランのグループの創設者かその早い時期の指導者である。この信念はハバクク書註解、とくにハバクク書二・一―二の説明の中に見られる。

わたしは見張るために立ち、わたしの砦の上に身を置き、神がわたしに何と言われるか、またいかに［神が］わたしの訴えに［答えられるかを］見るために見張る。主はわたしに答えて［言われた］。「幻を書き記せ。読む者が］瞬時にそれを読めるように板の上に［はっきりと記せ］（ハバクク書二・一―二）。

……そして神はハバククに最終の世代に起こることを書き記すように言われたが、いつ時が終わるかは明かされなかった。そして神が言われた事柄、「読む者が瞬時にそれを読めるように」についてであるが、解釈すれば、これは神がご自身の僕《しもべ》たちである預言者たちの奥義すべてを明かされた義の教師に関わる。（1QpHab 6.12-7.5. 二八六頁）

ひとつの霊感に満ちたテクスト（聖書）と一人の霊感に満ちた解釈者（義の教師）をもったので、クムランのグループは、自分たちが、聖なる預言を読む他のいかなる者よりも有利な立場にいると確信した。彼らは自分たちだけが、自分たちの指導者の霊感を介して明らかにされた預言の経緯を知っていると思い込むのである。

連続的な註解の若干のものはまずまずの状態で保存されてきたが、その大半は断片的である。一七ないしは一八のテクストは断片的であるが（そのひとつはペシャーかもしれないが、確認されていない）、それらの分布状況はなかなか興味深いものである。イザヤ書に関するものは六つ、詩篇のさまざまな箇所に関するものは三つ、ホセア書、ミカ書、ゼファニヤ書に関するものはそれぞれ二つ、そしてナホム書とハバクク書に関するものはそれぞれひとつである。ここでもまた、聖書関係の巻物の場合と同じく、イザヤ書と詩篇の註解の数が目立つ。他のすべては預言者の文書についてなので、詩篇に連続的な註解があったことは驚きとなるかもしれない。だがクムランのグループが、ある意味で詩篇を預言者的なものとして見なしていた可能性もある。第一一洞穴出土の詩篇の巻物がダビデについて何と言っているかに注意してほしい。

YHWH［ヤハウェ］は彼に理解力に富むすばらしい精神を与えられた。彼は詩篇を三六〇〇、一年の毎日のために、日々欠かさずに捧げる犠牲のために、祭壇の前でうたう歌を三六四、安息日の献げ物のための歌を五二、そして新月のための、祝祭のための、贖罪の日のための歌を三〇書いた。彼が口にした歌は全部で四四六、そして［悪霊に］苦しめられている者たちに代わってつくった歌は四。これらすべてを合わせると四〇五〇である。

彼はこれらすべてを、至高なるお方から与えられた預言を介して口にしたのである。（11QPs^{a}27. 4-11. 二二四頁）

新約聖書もダビデを預言者として語り、その詩文をイエスの生涯の出来事と初期の教会の出来事を指し示すものとして解釈している（使徒行伝二・二九―三一。同書一・一五―二六をも参照）。

テクストと註解の関係は節ごとに変わる。聖書の語句にかなり忠実にしたがう場合もあるが、その中の一語か二語に（多分、それを象徴と解釈して）拘泥する場合もあり、またその関係があまり明瞭でない場合もある。保存状態のもっともよかった註解は、ハバクク書のペシャー（これは最初に発見された七つの巻物のひとつである）、ナホム書註解、そして詩篇三七を中心とする註解である。イザヤ書の註解はクムランのメシア信仰についての重要な情報源である。

（1）ハバクク書註解（1QpHab）

この巻物は、ハバクク書一―二章のテクスト、およびそれに付随する註解を含んでいる。ハバクク書三章の詩文は説明されていない。写本の最終部には余白があるが（最終欄の三分の二は、次の欄と同じく、余白となっている）、ペシャー（註解）はその部分を埋めないままで終っている。この余白は、註解者が好きなだけ書くことができたことを示している。第三章の詩文は彼の目的にかなっていなかったのである。

ハバククは、前六五〇年から六〇〇年までのある時期に活躍した人物である。彼は、主が気まぐれなユダを罰するために、カルデア人（バビロニア人）を駆り立てているのだと預言する。彼はこれらの侵入者の力と暴力を述べながら主に向かって訴えるが、主は、将来カルデア人を罰すると約束される。クムランの註解者はこのカルデア人をキッティームと解釈する。そこでのキッティームは明らかにローマ人を意味している。預言者ハバククは、自分が見た幻を書き記すように命じられる。「定められた時のためにもうひとつの幻があるからだ。それは終わりについて語り、偽ることはない。なかなか来ないように見えても、それを待つのだ。それは必ず来る。遅れることはない」（ハバクク書二・三）。こうして主ご自身がハバククに、幻が終わりのときに関わると告げられたため、註解者は、歴史がハバククの時代にまだ終っていないことを知る。ここにおいて彼は、預言者ハバククが語りかけている時代への手がかりを見いだすのである。ハバククはまた、二、三の節を費やして義人と悪しき者を対照させる（一・

一三、二・四）。これらの節も註解者にとっては暗号だった。

ここでその二、三節を引いて、註解者がどのような註解を施したかを見てみよう。最初に引くのは、ユダで起こることを驚く諸国について語るハバクク書一・五である。「というのもわたしはおまえたちの時代にひとつのことを成しとげるが、おまえたちは、それを告げられても信じない。」註解者はこの一節に彼のグループの歴史の中で起こった出来事の預言を見る。

> ［解釈すると、これは］彼らが神の口から義の教師［によって受けとられた言葉を聞か］なかったということで、偽りの人とともに信じようとしなかった者たちに［関わる］。そしてそれは、彼らが神の契約を信じず、神の聖なるおん名を［汚した］ということで、新しい［契約］に忠実でない者たちに関わる。また同様に、この言葉は終わりの時に忠実でない［者たちに関わると］解釈できる。彼ら、暴力の人にして契約を破る者たちは、祭司（義の教師）から最終の世代［に起こる］ことすべてを聞いても信じようとしない。神はその者たちを介してご自身の民と［ご自身の土地］に起こるすべてのことを予告されたご自身の僕《しもべ》たちである預言者たちの言葉をすべて解釈できるよう、［この祭司の心の中に理解力を］置かれた。（一・一七—二・一〇、二八四頁）

偽りの人とは、義の教師が申し立てたものを受け入れなかったグループの一員であったように思われる。同じことがハバクク書一・一三bの註解においても強調される。

おお、裏切り者よ。悪しき者たちが彼よりも義しい者を呑込んでいるときに、あなたは目を留めながら、沈黙しておられるのですか？　解釈すると、これはアブサロムの家やその一党の者に関わる。彼らは義の教師が懲らしめられたときに沈黙し、全［会衆］のただ中で律法を足蹴にした偽りの人に抗して彼を助けたりはしなかった。（五・八―一二、二八五頁）

他の者たちも、義の教師のグループが新しい契約と見なしたものに忠実ではなく、またある者は終わりのときに忠実ではないであろう。ここで真に問題にされている事柄は、義の教師の権威と、彼がなした申し立てである。一部の者がそれらを受け入れなかったことは、預言者の文書の中で予告されていたのだ。われわれはここで、この預言の歴史的環境とはまったく関わりのない解釈に出会う。それは明らかに他の関心事によって駆り立てられている。

第二の例は、聖書関係のテクストが自分たちの時代について語っているという前提から、註解者がどのようにして歴史的に有益な情報の断片を供するかを示している。註解者は、ハバクク書のカルデア人をキッティームであると理解する。キッティームとは海沿いの国から出てパレスチナの西にやってきた民族を指す言葉である（創世記一〇・四）。だがこの註解者は、いくつかの箇所で、ハバクク書のテクストからより特定の詳細を引き出している。

やがて風が襲い、過ぎ去る。そして彼らは自分たちの力を自分たちの神とする（ハバクク書一・一一）。

解釈すると、［これは］キッティームの指揮官たちに［関わる］。彼らは咎の家の助言から他の［家の］前を通りすぎる。［彼らの］指揮官たちは大地を荒らすために次から次にやってくる。（四・九―一三、二八五頁）

ここでのキッティームは、その指揮官（執政官）が毎年交替し元老院（咎の家）の掌握下にあるローマ人なのである。先に進むと（ハバクク書一・一六）、預言者ハバククは、敵が網に向かって犠牲を捧げると述べる。

そして、神が言われた「それゆえに彼らは彼らの網に犠牲を捧げ、引き網に向かって香をたいております」であるが、解釈すると、これは彼らが彼らの軍旗に犠牲を捧げ、戦いの武器を礼拝していることを意味する。（六・二―五）

軍旗礼拝は明らかにローマ人の慣習である。
他の章節も引こう。それはクムランの文書の中でもっともよく知られたもののひとつである。

災いあれ、彼らのお祭り騒ぎを見ようと、その隣人たちに酒を飲ませ、毒を注ぎ出して彼らを酔わせる者は！（二・一五）。

解釈すると、これは悪しき祭司に関わる。彼は義の教師を流刑の家にまで追いかけた。その有毒な怒りで混乱させるためである。そして休息や贖罪の日のために定められた時に、彼らを混乱させるために、また彼らの憩いのシャバットや断食の日に、彼らをつまずかせるために、彼らの前に現れた。(一一・二—八、二八八—八九頁)

ここでの悪しき祭司は大祭司であったかもしれない。第四章では、宿敵同士だった義の教師と悪しき祭司が登場するこの一節の意味が論じられる。

(2) ナホム書註解(4Q169)

ナホムの預言も、前六〇〇年代の後半でアッシリアがまだ生き延びていた時代、つまり前六一二年か六〇九年以前のものである。預言者ナホムは、主がアッシリアの首都ニネベへの審判をくだすためにやってくる、その急速に迫りつつある時を見据える。彼はその都をライオンの穴にたとえ、その若獅子たちが殺されるため、彼らはこれ以上餌食を取ることはないと語る。彼はまたニネベを、その淫乱ゆえに、すべての者の前で辱められる娼婦にたとえる。ナホムの預言はニネベにたいする審判の詩文であり、その破滅を祝う歌である。「おまえの苦痛を和らげることはできない。おまえの傷は重い。おまえの噂を聞く者はみなおまえに向かって手を叩く。いったい誰がおまえの際限なき残忍さから逃れただろうか?」(三・一九)

ナホム書註解の保存状態は、ハバクク書のペシャーほどにはよくないが、それもまた、クムランのグループが存在していた時代についての重要な歴史的な鍵をいくつか与えてくれる。その残存する部分は、

第一章と第二章、および第三章の一二節ないしは一四節までである。この註解も、ハバクク書註解と同じくキッティームに言及するが、ハバクク書の註解とは違い、註解者は個人の名をあげている。

獅子の行く所、そこには若獅子がいる。［それを脅かすものは何もない］（ナホム書二・一一b）。［解釈すると、これは］滑らかなるものをもとめる者たちの助言にもとづき、エルサレムに入場しようとしたギリシアの［デメ］トリウス［に関わる］。［しかし神は］アンティオコスの時代からキッティームの支配者たちが来るまで、ギリシアの王たちの手に［都が引き渡されるのを許されなかった］。だがその後で彼女は彼らの足で踏みつけられるであろう……。（断片三—四、第一欄、一—四、二八〇頁）

ここでのデメトリウスは、エルサレムを攻撃したデメトリウス三世エウケルス（前九五—八八年）であるように思われる。「滑らかなるものをもとめる者たち」とは、多分、パリサイ派の者たちである（「滑らかなるもの」と訳された語は「律法」をあらわすパリサイ派の用語にかけた言葉遊びである）。彼らパリサイ派の者たちは、他にも何度かその註解の中で批判されている。またここでのアンティオコスは、アンティオコス四世エピファネス（前一七五—一六四年）であろう。彼は、前一六〇年代に、一時的にではあるがユダヤ教の実践を禁じている。

次の一節も貴重な歴史的な鍵を与えてくれる。

［そしてその雌獅子のために獲物を締め殺す。そしてそれは］その洞穴を［獲物で］、その住処《すみか》を犠牲の肉で満たす（ナホム書二・一二）。

解釈すると、これは滑らかなるものをもとめる者たちに［復讐し］、かつてイスラエルにいた……男たちを生きたまま吊す猛り狂った獅子に関わる。木の上に生きたまま吊された男のゆえに、彼は宣言する。「見よ、わたしは［おまえに敵対する、と万軍の主は言われる］」。（断片三―四、第一欄、四―九、二八〇頁）

ここで言及されているのは、ユダヤの王アレクサンドロス・ヤンナイオス（前一〇三―七六年）の行為である。あるとき彼は八〇〇人のパリサイ人を木に架けている（彼らが「滑らかなるものをもとめる者たち」とされていることに注意してほしい）。註解は義の教師も悪しき祭司にも言及せず、彼ら以後の時代を扱っているように見える。

（3）詩篇三七の註解（4Q171, 173）

詩篇三七の註解は、その詩篇よりも多い聖書の章節を扱っているが、残存する断片の大半は詩篇三七の別々の箇所を扱っている。註解者は詩篇を解釈するにあたり、彼と同時代の出来事について数多くの預言を発見する。詩篇三七は、義人が悪しき人の手で苦しめられる苦難と、義人が忍耐強く主を待ち望むときに受ける救いについて語る。「義しい」と「悪しき」がこの註解者の符丁《コード》なので、彼はその言葉の中に義の教師とその敵対者を見いだしている。とくに次の一節に注意してほしい。

人の一歩一歩は主によって定められ、主は人の道すべてに喜ばれる。［人はつまずいても、倒れることはない。主がその手を支えてくださるから］（詩篇三七・二三―二四）。解釈すると、これは神がご自身の前に立たせるために選ばれた［義］の教師、祭司に関わる。というのも神はご自身のために……（欠落）の会衆をたてるために彼を任命されたからである。悪しき者は義しい人を見張り、［彼を殺そうと］する。［主は彼をその者の手の中に打ち捨てられず、また］その者が裁かれるときには、罰せられない（詩篇三七・三二―三三）。解釈すると、これは彼が彼に送った［掟］と法［のゆえに］、彼を殺そうと［義の教師を見張っていた］悪しき［祭司］に関わる。しかし神は［彼を打ち］捨てられず、そして裁かれる［ときにも、罰さない］。そして［神は］、彼らが［審判を］行うことができるよう、その者を諸国民の暴力的な者たちの手に引き渡し、彼に報われる。（断片一―一〇、第三欄一四―一六、四・七―一〇、二九二頁）

註解者は二人の指導者の間の激しい敵対関係を描き、さらに「彼（義の教師）が彼（悪しき祭司）に送った法」に言及する。彼らの間の不一致はこの文書の中で述べられていたかもしれないし、そのテクストが巻物の中にあったことも考えられる。この問題は、以下の3（法規関係のテクスト、一一三頁以下）で扱われる。

b　主題別の註解

クムランの洞穴群で発見された他の多くの文書は、連続的註解の形式を取っていないが、何らかの仕方で聖書関係のテクストに基礎付けている。それらは単一の主題か二、三の主題に関連するテクストの章節をひとまとめにする傾向がある。その章節は異なる文書から取られることもあるし、同一文書の別の部分から取られることもある。以下は、その四つの例である。

(1) 詞華集 (4Q174)

この詞華集は、とくにサムエル記下七章（ダビデのための永遠の王朝の約束）および詩篇一と二をめぐるものである。それとともに、他の章節も註解と明確化のために引かれている。サムエル記下七・一〇は、神がご自身の民のために、彼らが安全に住み着くことのできる場所を定めると語っている。クムランの註解者は、その場所を主が最後の日にご自分の民のために建てられる家であると理解する（そのため、出エジプト記一五・一七―一八が引かれる）。

［その栄光は］とこしえに［つづく］。それはその［栄光の］上に永久に現れるであろう。そして見知らぬ者たちは、その罪ゆえにかつてイスラエルの聖所を荒らしたようには、それを二度と荒らすことはない。彼（主）は人びとの聖所をご自身のために建てるよう命じられた。彼らが香の煙のように、律法の働きを［天に］あげることができるようにするためである。（一・五―七、二九三頁）

この箇所は、人間ではなく神が建設される終末の日の聖所について語っている。それは「人びとの聖所」であり、ひとつの建物ではない。そこにおいて捧げられる犠牲は動物や穀物の献げ物ではなく「律法の働き」である。換言すれば、主の聖所はクムランの共同体か、多分それに近いものなのである。研究者はこの詞華集に関心を寄せてきたが、それは霊的な神殿という観念のためだけではなく、グループが待望した終末論的な性格について重要な詳細を明らかにしているからである。

わたしはおまえのために家を建てる、と主はおまえに宣言する（サムエル記下七・一一）。わたしはおまえの後におまえの種を育てる（七・一二）。わたしは彼の王国の王座を［とこしえに］据える（七・一三）。わたしは彼の父［となり］、そして彼はわたしの息子となる（七・一三）。彼はときの［終わりに］シオンで［支配するために］律法の解釈者と一緒に興るダビデの子孫である。わたしはダビデの倒れた仮庵を起こす（アモス書九・一一）、と書かれてあるように。すなわち、ダビデの倒れた仮庵とはイスラエルを救うために興る者である。（一・一〇—一三、二九四頁）

「律法の解釈者」がダビデ一族出身の一人のメシアに同伴することへの期待については、先に進んでから（第4章・B・6）、具体的に検討される。

（2）証言（4Q175）

この短いテクストは、四つの部分に分けられている。それぞれの部分は、聖書関係の文書からひとつないしは二つのテクストを引き、それに焦点を絞っている。第一の部分は申命記から二つのテクスト（五・二八―二九、一八・一八―一九）を引き、第二の部分は民数記のバラムの箇所（二四・一五―一七）を引き、第三の部分は申命記三三・八―一一（レビに与えたモーセの祝福）を引証し、第四の部分はヨシュア記六・二六（エリコを再建する者への呪い）を扱っている。最初の三つのパラグラフは将来の指導者という主題をめぐる。その指導者とは、モーセのような預言者、イスラエルから興る星（それは明らかにダビデ一族出身のメシアである）、そして祭司（または祭司たち。レビのような人物か、彼の子孫たち）である。第四のパラグラフはあまり明瞭ではないが、そこでは兄弟たち（マカベア一族？）によるエルサレムの要塞化と彼らを待ち受けている呪いが語られているように思われる。証言のテクストの特異な性格は、それがほとんど引用であることである。第四の部分においてのみ、引用に解釈が施されている。

（3）メルキゼデク・テクスト（11QMelch）

第一一洞穴出土の巻物は、メルキゼデクをその関心の中心に据えている。メルキゼデクは、王たちを破ってロトを救出した後のアブラムに会ったサレムの祭司・王である（創世記一四・一七―二〇）。アブラムは彼に略奪品の十分の一を贈り、メルキゼデクはアブラムを祝福する。詩篇一一〇・四は、メルキゼデクの永遠の祭司職について語る（この箇所はヘブル人への手紙の中で巧みに使われ、キリストは、メルキゼデクと同じ永遠の祭司として描かれる）。メルキゼデクは、旧約聖書の中に突然姿を現し、次にはそこから忽然と消えてしまう謎の人物である。

クムラン出土のメルキゼデク・テクストの保存状態は悪かったが、それにもかかわらず、彼がこのグ

証言［4Q175］。

ループの想像の対象だったことを示すに十分な断片類は生き残っており、それらは明らかに彼を最後の審判に加わる天使的な人物と見なしている。テクストの残存部分は、ヨベルの年と負債の免除に言及するレビ記二五・一三と申命記一五・二ではじまり、その二つの章節に、終末のときに語りかけているとして理解されるイザヤ書六一・一（「捕らわれ人に自由を告知するために」）が加えられている。

［その解釈は、主は］彼ら（捕らわれ人）に天の子らをあてがい、またメルキゼデクの相続をあてがう。［なぜなら、主は］彼らの［運命］を、メルキゼデクの分け前の中に投げ込まれるからである。［その者は］そこに彼らを戻し、彼らの不義すべてを許して、彼らに自由を告知する。これは、九度目のヨベルの年につづくヨベルの年の最初の週に［起こる］。そして贖罪の日は、一〇度目の［ヨ］ベルの終わり、［すなわち、光の］子らとメル［キ］ゼデクの運命の者たちすべてが贖われるときである。ひとつの戒めは彼らに関わるが、それは彼らに報酬を与えるためのものである。というのは、これはメルキゼデクのための恩恵の年の瞬間であるから。［彼は］彼の権能によって、神の聖なる者たちを裁き、「エロヒームは神聖な会議の中に立ち、神々の間で裁きを行われる」（詩篇八二・一）と述べたダビデの歌の中で彼について書かれてあるとおりに、その裁きを行う。「諸国民の集まりを彼らを越えた高い所に戻してください。エル（神）は諸国民を裁く」と言われたが、それは彼に関わることであった。また、［「いつまでおまえたちは］不正に裁き、悪しき者たちに味方するのか？　セラー」（詩篇八二・二）と言われたことに関してだが、その解釈は、サタンと、神の掟から外れることによって……（欠落）反逆した彼の運命の霊たちに関わる。メル

キゼデクは神の審判のうらみを晴らす。……（欠落）そして彼はサタン［の手から］、また彼の［運命の］霊たちすべての手から［彼らを］引きずり回す。［正義の］神々は、サタンを破［滅］させるために彼の支援に来る。（二・四―一四、三〇〇―三〇一頁）

著者は、「神」をあらわす語（エロヒーム）が天使を指すのに流用できる事実を踏まえている。それゆえ彼は、詩篇八二・一のような箇所でその語を見つけると、その一節を神自身ではなくて、天使のメルキゼデクに言及するものとして説明できるのである。メルキゼデクの裁きの仕事は、サタンの破滅をもたらすものなので、明らかに時の終わりのことと されている。著者は、聖書のさまざまなテクストを織り合わせ、彼独自の仕方でそれらを解釈することにより、興味深いメルキゼデク像を仕立てている。それはヘブル人の間でのメルキゼデク像とよく一致するものではないが、それにもかかわらず、それはメルキゼデクがひとつのユダヤ人サークル内で享受した地位のようなものを示している。ここで注意しておきたいのは、時の終わりについて語ってはいない聖書関係のテクストが、このテクストにおいては、そしてまたクムラン出土の他のテクストにおいては、それを語っているかのように説明されていることである。

（4）創世記註解（4Q252）

読む者を魅了するこの文書のテクストは、最近になってはじめて利用できるようになった。その断片は創世記の何章かを引いて、解釈している。著者はときにひとつの章節（洪水物語）を長々と語り、ときに長い物語（アブラハム、イサク、ヤコブ物語）を手短に語って先に進み、最後に創世記四九章で語られている息子たちへのヤコブの「祝福」に到達する。この文書は、聖書関係のテクストと密接に結び付いている巻物の中では珍しいものである。それは、テクストの諸部分を順を追って再生産したり説明したりしていないという意味でペシャーの型にはまらず、しかしすべての章節が創世記からであり、しかもその順序にしたがっているので、主題別の註解のカテゴリーに属すものでもない。たとえその選ばれたテクストすべてから一貫性のある主題が現れるとしても、それは断片からでは明らかではない。先に進んでから、その文書の最後に置かれているメシアについての章節を取り上げるので、ここでは洪水物語を扱う著者がそこでもっとも強調しているもの、すなわち年代を要約するにとどめよう。

1　創世記六・三の一二〇年は、その一節に含まれている警告が発せられたときから洪水のはじまるまでの時間である。この時間枠は、その警告をノアの四八〇年目に置くことにより示される。

2　洪水は創世記七・一一に見られる日と同日、すなわち第二の月の一七日にはじまる。他の数も同一である。

3　洪水は翌年の第二の月に終るが、このテクストはその終結の日を二七日とする創世記八・一四とは異なり、一七日とする。そのため、洪水は丸一年つづいたことになる。

4　その年は正確に三六四日つづいたものとして説明されているが、クムランのグループによれば、それは太陽年の丸一年である。この点でヨベル書や、第一エノク書の天文の書と一致する。

2　パラフレーズ

若干の写本だけは、聖書を「パラフレーズしたもの」と呼ばれている。聖書関係のテクストの他の似たような取り扱いからそれらを区別するのは、それらが正確にテクストを再現していないからか、再現しているものの、随所に他の資料を組み込んでいるからである。「パラフレーズしたもの」と呼ばれるテクストは、4Q123（ヨシュア記について）、127（出エジプト記について。これはギリシア語である）、158, 364–67（モーセ五書について）である。これらの文書を確定した研究者たちが、なぜずばりと聖書関係の文書の写本と呼ばないで「パラフレーズしたもの」と呼ぶのかは必ずしもつねに明らかではないが、その呼称が何であれ、それらは聖書関係のテクストがクムランでいかに重要だったかを示すもうひとつの証拠でもある。

3　法規関係のテクスト

一九七七年以降になってはじめて、クムランの法規関係の文書の真の範囲と重要性が明らかになる。クムラン研究のはじめから、研究者は、洞穴群が聖書関係の文書から引かれたり、聖書解釈から引かれた多くの法規を含むテクストを出土したことを知っていた。そして、七〇年代後半以降に公刊されたり利用できるようになったいくつかの主要な文書は、法規をクムラン研究の中心的領域のひとつにするものだった。それはユダヤ人研究者の独壇場となった分野で、彼らはこの新しい資料群を分析し、クムランが破壊されてから数世紀後に編纂されたラビの法規との類似や違いなどの研究を重ねている。以下では、もっとも重要な四つのテクストを取り上げる。

a ダマスコ文書

この文書にはいくつかの通り名がある。「ザドク派断片」と呼ばれることもあるし、またその中でダマスコが何度か言及されているので、「ダマスコの契約」とか「ダマスコ文書」と呼ばれることもある。この文書は、一九四七年以前に知られていたので、クムランで発見された共同体のテクストの中では珍しい歴史をもつものである。一九世紀から二〇世紀への世紀の変わり目ころのユダヤ人学者、ソロモン・シェヒターは、一八九六年に、カイロ旧市のエズラ会堂のゲニザ（古くなって使用できなくなった写本が置かれる保管室）でこの文書の写し二つを発見し（ここからカイロ・ダマスコ文書＝CDの呼び名が生まれた）、一九一〇年にそれを公刊する。写本Aと呼ばれるものには一六欄があり、もうひとつの写本Bには二欄がある（この二欄は第一九—二〇欄と呼ばれ、写本Aの七欄と八欄とかなり重複する）。この二つの写本の年代はそれぞれ一〇世紀と一二世紀である。このダマスコ文書は、しばらくの間、非常に熱心に研究されたが、その断片的な写本が第四洞穴（4Q266-73）や、第五洞穴（5Q12）、第六洞穴（6Q15）から出土するに及んで、それへの関心が再び新たにされる。第四洞穴出土の写本のひとつの年代は、前七五—五〇年以降であり、それまで中世の写本からのみ知られていたこの文書が実際に古代のものであることが示されたのである。

ダマスコ文書は二つの主要な部分から成る。ひとつは勧告部分（第一欄から第八欄までの大半と第一九欄と第二〇欄）であり、ひとつは法規部分（第五欄と第六欄、および第九欄から第一四欄）である（欄数は中世の写本から）。第四洞穴出土の五つ目の写本は、第一五欄と第一六欄がAテクストの第八欄と第九欄の間に置かれるものであることを示している。クムラン出土の証拠は、そこで使用された版が資料を少しばかり異なる仕方で並べたばかりか、ゲニザで発見された写本よりも長いテクストをもつことを示している。ダマスコ文書の中の法規は、他のどんな主題にもまして、祭司の聖潔、犠牲の献げ物、病気、結婚、農事、十分の一税、非ユダヤ人との交わり、誓約共同体への入会とそれに伴う誓い、共同体内での生活、安息日、共同体の組織などに関わるものである。

著者はその勧告の中で、「義を知るあなたがたすべての者」（一・一、八二頁）、「契約に入るあなたがたすべての者」（二・二、八三頁）、「わが子ら」（二・一四、八四頁）に呼びかけ、「ダマスコの地」（六・一九、八七頁）において新しい契約に入る者として神の道にしたがうよう彼らを奨励する。研究者は、この「ダマスコ」の意味について論争を重ねてきた。それはシリアの都のことか？　その名は、アモス書五・二七のように、流浪の土地を象徴的に示すものなのか？　誰もその答えを知らないが、その名がテクストの中に七度も現れるため、研究者の特別の注意を引き、そのためダマスコ文書とかダマスコの契約と呼ばれるようになったのである。このテクストの中で語りかけられている者は、新しい契約の戒めにしたがって生きるばかりか、「ベリアルの三つの網」、すなわち姦淫と富と聖所を汚す（四・一四―一八）悪を避けるよう奨励されている。ここから察するに、誓約者の中には、なした決意から外れる者もいたのかもしれない。「契約に導かれた者は誰も、彼（主）の祭壇に空しく光をともすために神殿に入ってはならない」（六・一二）とある。この命令は、グループがエルサレムの神殿祭儀に参加していなかったことを意味するであろう。彼らは自分たちを残れる者と見なしており、まさに彼らのために、神は彼らを正しく導くために義の教師を興された（一・一〇―一一）とするのである。著者はその勧告の中で聖書関係の文書の章節を頻繁に引き、読む者のためにそれらを解釈している。

著者はまた「陣営（複数形）」（七・六）、「陣営（単数形）」（一〇・二三）、「イスラエルの町々の集会」（一二・一九）、「陣営（複数形）の集会」（一二・二三）に言及する。多くの研究者は、これらの言及や、語りかけられているグループが他の人びとに混じって暮らしているというテクスト上の前提から、ダマスコ文書は、クムランで生活しているグループのためではなく、同じような信仰や慣習を受け入れたがクムランにはまだ流れ込んでいない者たちのために書かれたと結論する。彼らは町や村で他の人びとと一緒に生活し、ユダヤ人やそうでない者たちと接触していたのである。テクストの中でしばしば言及されている一人の傑出した指導者は守護者であり、その者は、他のどんな仕事にもまして、グループに加わろうと志願する者たちの資格審査を厳しく行い、グループの者たちに神の働きについて教えた。

見てきたように、法規の部分はさまざまな主題を扱っている。それらは、多くの詳細において、クムランの文書の中の法規についての説明と一致するが、そうでない場合もある。もっとも大きな部分のひとつは、安息日に関する法規にあてられている。

b　宗規要覧

宗規要覧（共同体の規則）は最初に発見された七つの巻物のひとつであり、それは研究者がクムラン

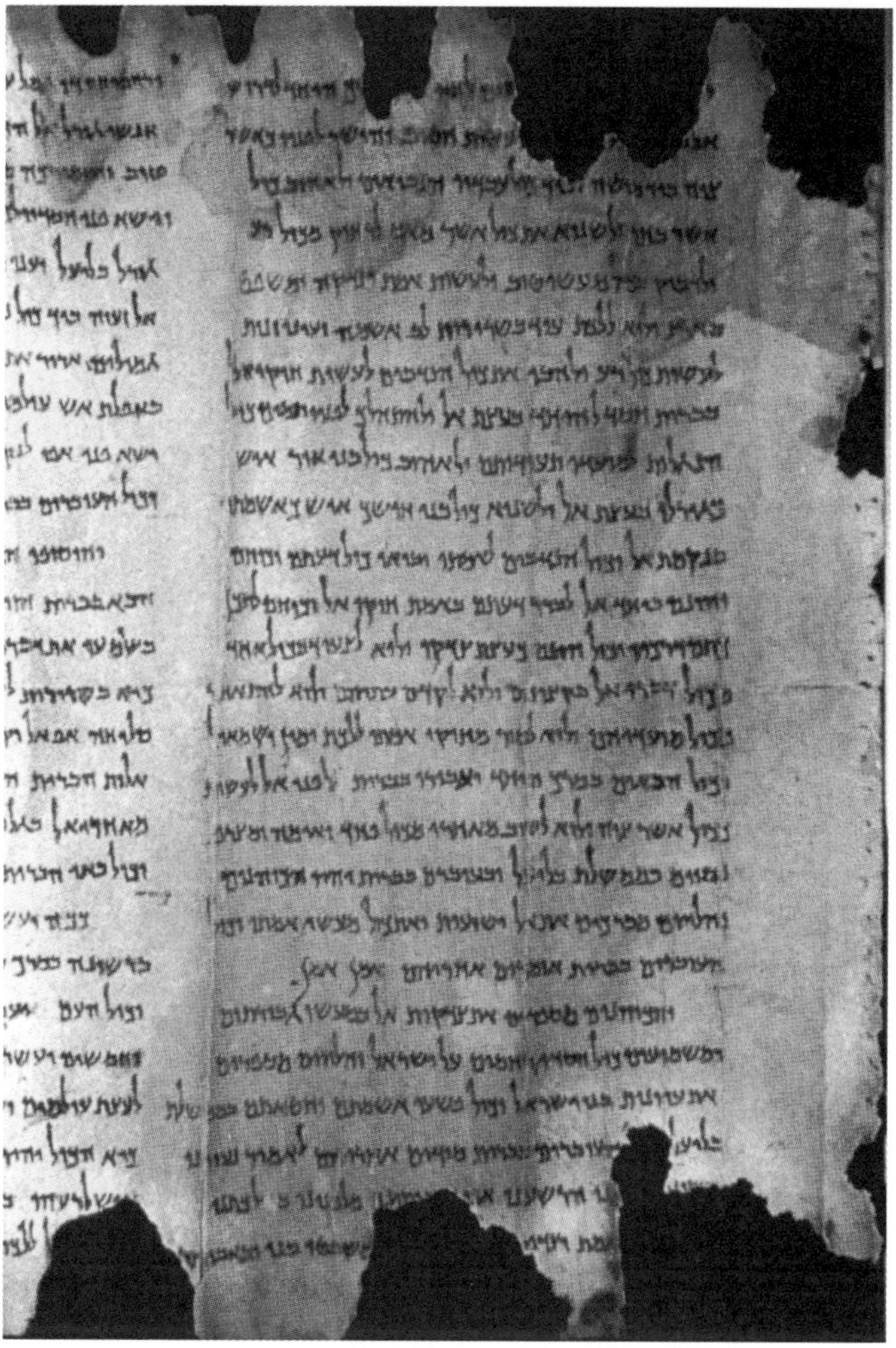

第1洞穴出土の宗規要覧（1QS Manual of Discipline Scroll)。この巻物は荒野の宗派のための規則などを含むもので、クムランに居住した人びとについて知るのに重要である。

のグループを理解するための中核的な文書として機能してきた。第一洞穴出土のほぼ完全な写本のほかに、第四洞穴出土の一〇の重要な断片的写本(4Q255-64)、第五洞穴出土のひとつか二つの断片(5Q11と、たんに三・四―五から引いているのでなければ5Q13)、それに宗規要覧とダマスコ文書の諸部分を合わせているように見えるひとつのテクスト(4Q265)が存在する。

この宗規要覧を「クムラン共同体の憲法」と呼んで差し支えないであろう。それは共同体への入会を志願する者に指導者が何を教えるべきかについての説明ではじまる。

　彼は神の規律の遵守に自発的に専念してきた者たちすべてを恩恵の契約に入れねばならない。彼らが神の会議に連なり、その定められた時に関して啓示されたすべてにしたがってみ前で落度なく生活し、それぞれが神の企図の中で割り当てられたものにしたがって光の子らすべてを愛し、それぞれが神の報復の中で、その罪に応じて、闇の子らすべてを憎むためである。(一・七―一〇、六二頁)

この冒頭の言葉につづくのは、グループへの入会の儀式と、毎年執り行われる契約の更新式に関する記述である。人が二つの陣営(光の子らの陣営と闇の子らの陣営)に峻別されていることは、しばしば引用されるこの巻物の三・一三―四・二六で詳述されている。

　今あることも、将来あることも、すべては知恵の神から出る。それらが存在する前から、神は、それらの全体を計画された。そして、定められたとおりに、それらが存在するようになると、それらは、その方の栄光ある計画どおりに、自らの仕事を何の変更もなく成しとげる。万物の法はおん方のみ手にあり、おん方は、それらにそれらが必要とするいっさいのものを与えられる。（三・一五―一七、六四頁）

第五欄、第六欄、第七欄は、主に、共同体の生活に関するものである。その中に含まれるのは、交わりに連なるために必要な規則やグループの集会のための規則、それに罪を犯したときの罰則のリストで

1956年にベドウィンによって発見された第11洞穴。ここからは最長の巻物となった神殿の巻物が出土した。

ある。ついで宗規要覧は正規のメンバーについて語り、今の世における正しい生き方について述べ、そして神を賛美する長文の詩文で締めくくる。宗規要覧は、ダマスコ文書と同じく、その法規資料を他の文学形式を取っている箇所の中か、その箇所の次に置く。

第一洞穴出土の写本には二つの文書がついている。ひとつは会衆規定（1QSa）と呼ばれる二欄から成るテクストで、それは世の終わりに備える規律と、そのときもたれる集会とメシアが臨席する宴のための規律を記している。もうひとつは祝福の規則（1QSb）と呼ばれるもので、それは共同体のさまざまな指導者ための祝福について記している。宗規要覧の他の写本には、これらの文書のどちらも含まれていない。

c　神殿の巻物（11QTemple）

神殿の巻物は、一九七七年に、イスラエルの学者であり、軍人であり、政治家でもあったイーガエル・ヤディンによって公刊されたものである。それは、クムラン研究に新しい局面を開くものになり、共同体の生活や思想の中心に律法が置かれていたことがはじめて認識される。二つの写本のうちのひとつ（11QT[a]）は、少なくとも六五欄から成っていたらしく、それゆえ、死海の巻物の中でもっとも長いものである。神殿の巻物とクムランのグループの教えの間には、いくつかの点に関して、違いがある。そのため一部の研究者は、神殿の巻物が書かれたのは共同体が形成される前だったと考え、また一部の研究者は、それをとくにクムラン的な文書の重要な一部だったと見なしている。

ヤディンはこの巻物の存在を、ヴァージニア州（アメリカ）の牧師との書簡を介して知った。一九六

第11洞穴出土の神殿の巻物［11Q19Temple Scroll］。

七年の六日戦争の後、彼は古物商のカンドー（この人物は第1章に登場した）からその巻物を手に入れる。カンドーには、金は支払われたが、ヤディンに引き渡す以外の選択の余地は与えられなかった。この強引なやり方は、その善し悪しをめぐっていまだに議論されている。それはともかく、それ以来、新たな巻物は古物市場に出なくなっている。

神殿の巻物の断片的な冒頭部分には、シナイ山でなされた第二の契約（出エジプト記三四章）を想起させる言葉がいくつか見られる。それにつづくのは神殿（第三欄から第一三欄まで）やそこで執り行われる祝祭と犠牲（第一三欄から第二九欄まで）に関する長い記述である。そこで描かれている神殿はイスラエルの歴史の中で存在したいかなる聖所とも一致しない。それは義しい人びとが支配する未来に建てられる新しい神殿の青写真なのである。祝祭の日付の裏にある暦は、ヨベル書や、第一エノク書、その他のクムランのテクストから知られる一年が三六四日の太陽暦である。これにつづく長い記述（第三〇欄から第四五欄まで）は、神殿域内の大きな内庭に言及し、これよりも短い記述（第四五欄から第四七欄）は、汚れなき神殿から排除される人間と物品に言及する。最後の欄は、多種多様な主題に関わる一連の法規を扱っている。それらは、概して、申命記から引かれた法規である。祝祭や法規を集めた部分は研究の対象とされ、テクストをユダヤ法の歴史の文脈の中に位置づけるために、ユダヤ法の他の体系と比較されてきた。その巻物は、ラビの法体系となったものとは明らかに一致せず、エッセネ派のような、古代の他のユダヤ人グループの見解について知られているものと興味深い一致を見せている。この文書の顕著な特色のひとつは、神の言葉が三人称で語られている聖書の一節（「そして神は言った」）を引くとき、それが一人称（「そしてわたしは言った」）に変えられていることである。著者は、その著作が霊感

トーラーの著作の一部［4Q394MMT と 4Q395MMT］。
この断片へのアクセスをめぐって論争が起こった。

によるものだなどとは、ずばり言い出せなかったであろう。

d　トーラーの著作の一部（4QMMT）

神殿の巻物がクムラン研究に新しい時代を切り開いたとすれば、六つの写本（4Q394-99）で残されている「トーラーの著作の一部」（ヘブル語でミクサト・マアセー・ハトラーと呼ばれ、そこから4QMMTの略号が与えられる）とか「ハラハー（法規）的書簡」と呼ばれる文書は、クムラン共同体の性格や歴史の研究の中心に法規への関心を持ち込むものになる。このテクストもまた、他の何にもまして、そのアクセスをめぐるはなはだしい意見の不一致のために、今日論争のただ中に置かれている。その編者たちは、それがクムランのグループから出た書簡であり、多分、義の教師とその同志たちによって、大祭司（悪しき祭司）を含むエルサレムの反対者たちに宛てたものであると示唆する。書簡の目的は、両者の間の見解の違いを明確にして、その生き方を改めさせるために反対者たちを招集することにあった。これらの手続きはすべて、驚くほど穏やかな仕方でなされている。もし言われるようなシナリオどおりであるとすれば、ひとつの重要な結論が現れる。すなわちそれは、両者の間の相違は厳密に法規に関するもので、今日のわれわれの多くにとって取るに足らぬように思われる事柄に関係するものだった、というものである。この文書は詳細な年間の暦ではじまるが、それもまた一年を三六四日とする太陽暦である。著者は、法規をめぐって相手とは意見が異なる二二の点を提示する。法規についてのこれらの文面も、他の法規関係のテクストと比較されてきた。ここでもそれは、ラビやパリサイ派の見解とは相容れず、エッセネ派の立場や、ある場合には、サドカイ派の立場と一致している。

4　礼拝のための文書

洞穴群から出土した多種多様なテクストは、神を礼拝する共同体とその個々のメンバーに奉仕したように見える。当然のことながら、聖書関係の諸文書はそのために機能したが、とくに、誰でもが考えるように、詩篇はそうだったろう。聖書関係の諸文書は別としても、新しく発見された多くの文書は、礼拝とか典礼という幅広い領域の中でのさまざまな表題の下に包括されるだろう。

a　礼拝の周期

聖書はイスラエルが週ごとのシャバットを安息の日として遵守すべきことを定めている。その日は神殿で特別の犠牲を捧げて記念された。だが聖書は、イスラエルびとがその日神殿にいなければならないとは要求していない。聖書の暦（たとえば、レビ記二三章に見られるようなもの）は、過越の祭（第一の月の一四日）や巡礼の行われる三つの大祭、すなわち種なしのパンの祭（第一の月の一五日から二一日）、七週の祭（第三の月）、仮庵の祭（第七の月の一五日から二一日）に言及している。巡礼の祭の祝日の期間中、イスラエルの男子は聖所に旅をし、そこで収穫の初穂を捧げることになっていた。聖書はまた贖罪の日（第七の月の一〇日）とその儀式や、プリム（くじ）祭（第一二の月の一四日か一五日）について記述している。クムランの人びとは、プリム祭を除いて、これらすべての祝祭日を守った。プリム祭はエステル記にもとづくものだが、それは、いかなる写本も洞穴群から発見されていない聖書関係の二つの文書のひとつである。クムランの人びとはまた、聖書に定められているものから引き出したと思われる祭をいくつか加えている。ぶどう酒の初穂の祭、油の祭、それに木祭である。

(1) 典礼への言及

第一一洞穴から最初に出土した詩篇の巻物は、ダビデ王が「シャバット(安息日)の献げ物のために五二の歌」(二七、七、二一四頁)をつくったと言っている。これによれば、ダビデは太陽暦による一年間に、シャバットごとにひとつの歌をつくったことになる。「天使の典礼」とか「シャバットの犠牲のための歌」(4QShirShabb)と呼ばれてきたもうひとつの文書は、一年の四分の一を埋めるにたる、そのような詩文を一三含んでいる。このテクストは、第四洞穴出土の八つの写本や、第一一洞穴出土のひとつの写本、マサダ出土の写本のひとつの中に存在する。シャバットの日付はどのテクストでも一年が三六四日の太陽暦にしたがっている(この暦についてはすでに何度もふれた)。そこでは、たとえば、最初のシャバットは第一の月の四日とされている。この日が選ばれたのは、創世記一章によれば、太陽がつくられた週の四日目に、時が計測されはじめたからであり、それゆえ、最初のシャバットは第一の月の四日となるのである。シャバットの犠牲のための歌に見られる、神への憧憬の言葉や、神を讃美するための呼びかけ、そしてどのようにしてその讃美がなされるかの記述は、通り一遍のものではない。その顕著な特徴のひとつは、天の聖所で天使たちによって捧げられる礼拝と地上で人間たちによってなされるそれとの間に措定されている対応関係である。この文書の中の天上の神殿像は、戦車の上に鎮座する神をイメージするエゼキエル書一章の言葉で描かれている。

（2）暦のテクスト

多くのテクストは、一年を三六四日とする暦に言及するかそれを前提とするもので、聖書や外典の祝祭日をそれに一致させている。この太陽暦がクムランの共同体がつくられる前から存在していたことは、第一エノク書の天文の書やヨベル書のような、より早い時期の文書にそれが見られることから言える。エノクは太陽暦を宗教的な祝祭日と結び付けていないが、ヨベル書はそうしている。この傾向は、祝祭の日を一年が三六四日の太陽暦によって決めているばかりか、その暦を神殿で奉仕する祭司団の週番制と調和させている一連のクムラン・テクストの中で終わりをみる（4Q317-30 は暦に関わっているのを特徴としている）。歴代誌上二四・七―一九は、聖所での奉仕を輪番制で行う二四組の祭司のグループの名をあげているので、祭司たちはみな毎年、自分たちの日々の仕事の時間をあまりさかずに、その聖なる務めをはたすことができたであろう。通常の年であれば、祭司が当番にあたるのはわずか二度、多くても三度である。ミシュマロート（当番）と名付けられたクムランのテクストは、歴代誌のリストを使用し、それを週の日や年の日と調和させている。そのリストは、七日つづく祭司の当番日、太陽暦による当番日、それに対応する太陰暦の月における当番日を一致させていることもある。一部のテクストは、当番表がつくられていたため、どのグループが四九年周期（ヨベル）の中の、いやそれどころかその周期を三倍した周期（三四三年）の中のどの年のどの日に当番であるかをチェックできたことを示している。その当番表からは、どのグループがどの祝祭の当番にあたるかも知ることができる。神殿写本（前出C・3・cを見よ）は、祝祭の日に聖所で捧げる献げ物について詳しく規定している。それもまた一年が三六四日の太陽暦にしたがってこれらの祝祭日を決めている。

b　詩文で書かれた文書

いくつかの巻物は、詩篇の中に見いだされるような詩文を含んでいる。

(1) 感謝の詩篇

最初に発見された七つの写本のひとつには、ホダヨート(感謝の詩篇)という名が与えられた。名詞ホダヨートは、そこでの詩文を導入する動詞オデカー(「わたしは感謝する」の意)に関係する。現在ではさらに、第一洞穴出土の写本に第七洞穴出土の七つの写本(4Q427-33.このうちの最後のものはたんに類似の文書かもしれない)が加えられているが、このことは、クムランの文書群の中でそれが重要な作品だったことを意味する。テクストの中に含まれたおよそ二五の詩篇の性格は個人的であり、共同体的ではない。すなわち、それらはグループではなく一人の人物の感情を表現するものなのである。

テクストの中の詩文は、少なくとも二つのカテゴリーに分けられる。ひとつのグループの中では、自分の感情や信仰を口にしている「わたし」が、自分自身と神の使命を力強く申し立てている。彼はまた自分や自分の個人的な申し立てにたいする恐ろしい反対について力をこめて語っている。たとえば、彼は次のように訴える。

そして彼ら、欺瞞の教師、偽りの先見者どもは、

わたしにたいして悪魔的な陰謀を企み、
あなたによってわたしの心に刻まれた律法を
あなたの民に［彼らが語りかける］滑らかなるものに変えた。
そして彼らは、乾いた者に知識の飲物を与えず、
彼らの渇きには酢を飲ませる。
道に迷うことや、祭の日の愚行、彼らの罠に落ちるのをみるために。（1QH4.9-12. 一七五頁）

この詩人の心の中に「刻まれた神の律法」への言及や、彼の敵対者が「滑らかなるもの」と取り引きしている事実、彼らの祭を「愚行」と結び付けていることなどは、この語り手や、彼のグループ、そして彼らの敵対者たちの性格を理解するのに興味深い箇所となっている。先に進んでこの詩人は、どのようにして神がご自身の律法をご自分の中に隠されたか（五・一一）や、どのようにして誓約者たち、すなわち神の道にしたがう者たちが彼に尋ね彼に聞くのかをうたっている（四・二三―二四。七・二〇―二二に見られる父のイメージを見よ）。だが、それにもかかわらず、彼の中に隠された奥義は彼の友人たちとさえ問題を引き起こすものとなる（五・二二―二五）。一部の研究者は、このような手がかりから、この語り手がほかならぬ義の教師であり、その人物は、その確信の深さとその召命ゆえに耐えねばならぬ抗争の重荷を自伝的な詩文の中で語っているのだと結論する。これはなるほどそうだと思わせる結論である。

感謝の詩篇に見られるもうひとつの詩文のセットの中で、この語り手は、共同体の正規のメンバーに

よくあったと思われる体験を露骨に述べている。われわれはその中に、この詩人にとっては決して突飛ではない申し立てを読む。われわれはしばしば、これらの申し立ての中で、次にあげる第一のタイプのような、一連の小さな基本的な主題にぶつかる。（一）神は造り主であり、その方の前では、人間は土くれの生き物にすぎず、卑小で不完全である。（二）悪しき者は義しい者を攻撃し、後者はひどく苦しめられるが、神は彼らをその苦難から救い、悪にたいして審判をくだす。（三）神は義しい者に知恵を、すなわちご自身とご自身のみ心についての知識を与え、彼らと契約を結ぶ。（四）それゆえ、義しい人は神を讃美する。

この詩篇の集成の中では、聖書関係のテクストからの引用やそれへの言及が散在する。加えて、感謝の詩篇は、その作者が永遠の高みにまで引き上げられ、そこにおいて天使たちとの交わりを楽しんでいることを表明している（たとえば、三・一九—二九、六・一三）。

（2）他の詩文のテクスト

洞穴からは感謝の詩篇の写本の他にも、神を讃美し感謝する多くの詩文の文書や、毎日か特別の機会に捧げられる祈りと祝福の記述や引用の見られる文書（たとえば、安息日の犠牲のための歌）が出土している。「ヨシュアの詩篇」と呼ばれる文書の写しは二つ（4Q378-79）、「アポクリファ的な詩篇」を含む写本は二つ（4Q380-81）、「典礼的な文書」と呼ばれているものは二つ（4Q392-93）、「わが魂よ、祝福せよ」ではじまる詩文の作品の写本は五つ（4Q434-38）あり、それ以外にも、数多くの祈りや詩文のテクストがある（4Q286-93, 439-56）。これらに類似する文書も第一一洞穴で四つ発見されている（11Q11,

14‐16）。その中のあるものは、聖書の詩篇と比較すると、創造が神を讃美する理由としてより強調され、また知識や、知恵、教えなどが語られる傾向がより強い。これらの詩篇はしばしば、祭儀的な状況の中で使用されたことを示すものを欠いている。

5　終末論的な文書

終末に言及するか、それについてのまとまった章節を含むクムラン・テクストのカテゴリーは非常に広い。共同体が死海の近傍に落ち着く前に書かれたもので、クムランの書庫の一部となった多くの文書は、終末論的な章節を含んでいる。このことは第一エノク書の諸部分、たとえば「一〇週の黙示録」（九三章と九一章）や「動物たちの黙示録」（八三章から九〇章まで）について言える。そのどちらも、最後の審判や死後の生についての予告でクライマックスに達している。ヨベル書もまた未来に関わる章節を含み（たとえば二三章）、ダニエル書に至ってはそれで充満している。われわれはこれらに、聖書関係のテクストの章節をしばしば終末に結び付けている註解や、悪にたいする神の最終の勝利を語る宗規要覧（第三欄と第四欄）を含めることができるだろう。会衆規定（1QSa）は、宗規要覧の補遺と呼ばれたりすることがあるが、それは「終末の日におけるイスラエルの全会衆のための規定」（一・一、一〇〇頁）であることを強調する。それを締めくくるのは、一人のメシアと一人の祭司的メシアが臨席する宴についての記述である。われわれはこれらに、一人のメシアか複数のメシアに言及するテクストを含めることができるだろう（これらのテクストは第4章で扱われる）。神殿の巻物のような完全に法規的な文書でさえ、神ご自身が新たな創造において建設する最終の神殿について一度は語っている（二九・八―一〇）。これらはいくつかの例にすぎない。クムランの人びとが書いたり読んだりした文書の多くは終末に関係するものだが（彼らは自分たちが終末に生きていると考えた）、一部の文書は、その焦点を「終わりの時」に絞り込んでいる。

a　戦いの書

終末論的な文書の中でもっとも有名なものは、第一洞穴出土の戦いの書（ヘブル語ではミルハマーと呼ばれるため、1QM と略記される）であろう。これは一九四七年に第一洞穴から最初に発見された七つの巻物のひとつである。これは他のどの巻物よりも損傷がひどかったが、それでも一九の欄の諸部分が残されている。第四洞穴からはさらに六つの写本の断片（4Q491-96）が出ている。これらの写本のあるものは、テクストの転写の過程で編集や再編集のあったことを示している。戦いの書の冒頭部分は、「光の子ら」と「闇の子ら」と呼ばれる者たちの間で戦われる四〇年戦争の経緯を要約している。第一欄は、その戦争が普通のものではなく、最終戦争であることを明瞭に宣言する。

これは神の民にとっては救いの時、神の一団の者たちすべてにとっては支配の時、サタンの一団のすべてにとっては永遠の破滅の時……。キッティームの支配は終わり、不正は跡形もなく消え去る。闇の［子らにとって］逃れる術《すべ》はない。［義の子らは］地の果てまで輝きわたる。闇の季節がすべて尽きるまで、彼らは輝きつづけ、そして神によって定められた季節に、その方のいやましに高められた偉大さが、すべての光の子らの平安、祝福、栄光、喜び、そして長寿のために代々にわたって輝く。(1QM1.5-9. 一〇五頁)

この戦争は、他の章節においては「報復の日」(七・五)とか「神の戦闘」(九・五)と呼ばれたりしている。いくつかの行でも、光の子らは単独で戦うのではなく、彼らの同盟者である天使たちと戦う、と述べられている。だがあいにく、闇の子らも天使たちを味方につけるため、その衝突は最後の戦闘まで引き分けに終る(第一二欄と第一七欄を参照)。第一欄は、光の子らが闇の子らに優勢になる三度の「割り当て」と、闇の子らが優勢となる三度の「割り当て」について語る。これは明らかに、どちらの側もその戦闘で三度勝利者になることを意味する。三勝三敗の戦闘の後、「七度目の割り当てのとき、神の力強いみ手が[サタンの軍勢と]彼の王国の天使たち[すべて]と[彼の一団の]成員すべてを[永遠の破滅の中に]打ち倒す」(1QM1.14-15)。この終末論的な戦争は、人類史における善と悪、光と闇の間で進行中の抗争を反映させる。ただ神だけが正義に味方してその均衡を破ることができる(宗規要覧の第三欄と第四欄を比較せよ)。

戦闘の年代的順序や区分についての手がかりは、必ずしもすべてが明白なわけではないが、その四〇年の区分は次のようなものである。(一)この四〇年間には安息年が五度ばかりめぐってくるが、その安息年には、いかなる戦闘も許されない。(二)残りの三五年は二つの期間、すなわち(a)全軍がイスラエルの宿敵と戦う六年と、(b)軍隊の一部だけが他の敵と戦う二九年である。これらのことはすべて、悪を滅ぼす時を神がはるか昔に定めておられたので、予告できるものだった。

この著者はかなりの紙幅をトランペットや、軍旗、軍隊の編成、戦闘で使用される武器などの記述にさいている。彼はまた、戦闘のための身体的条件や年齢、戦闘の儀式で指導的祭司（やレビ人）がになう役割などを詳述する。テクストのもうひとつの実質部分は、過去の歴史においてイスラエルを助けた神を讃美する詩文や宣言で占められている。それらの部分は、神を勝利の唯一の源泉として讃美し、過去においてそうだったように、神が今行動を起こされるよう訴え、大勝利をもたらしてくれるよう神の栄光を讃美している（一〇―一四欄）。

b　新しいエルサレムについてのテクスト

第一、二、四、五の洞穴、および第一一洞穴からは、未来の新しいエルサレムを描いている文書の写しが七つ出土した。それらは断片的であるだけに、その解釈は多くの点で不確かなものであるが、テクストの断片の順序を追う限り、そこではイスラエルの外や、エゼキエル書四〇―四八章とヨハネの黙示録二一章の素描の中に、古代の類似例らしきものをもつ都市計画がレイアウトされている。われわれは、神殿が述べられている事実からのみ（その神殿門には一二部族の名がつけられている）、著者の念頭にある都市がエルサレムであると推理できる。テクストは、幻を見る者に都の中の人家や、通り、門、塔、入口、階段などを示すガイドの説明形式を取る。ガイドは自分が示す個々の物にその寸法を与えている。

6　知恵のテクスト

知恵のカテゴリーに入る断片的な文書（箴言や、ヨブ記、コヘレトの言葉、シラ書、ソロモンの知恵などに類似する文書）について多くを語るのは時期尚早である。これらのテクストの大半はまだ公刊されていないが、その数はかなりのものであるように思われる。われわれはここで、クムラン出土の詩文や讃歌の多くには知恵の言葉が入っていることを想起しておきたい（前出C・4・b・2）。現在利用できる二つのテクストについて述べる。

a　4Q184

このテクストは、正しい道を歩もうとする義人を誘惑する女性に焦点をあてている。彼女は、箴言七章で描かれている、浅はかな男を娼婦の奸計で誘惑する見ず知らずの女や姦淫する女を想起させる言葉で描かれている。

b　4Q185

著者はそれを読む者に、賢くなるよう、そして出エジプトのときの奇跡を思い起こすように訴えている。古代の知恵の教師と同様に、彼はそれを読む者を自分の息子扱いしている。彼らは、あらゆる祝福がそこから流れ出る神の知恵をもとめるよう教えられる。

そして神はご自身の知恵を憎む者たちを殺される。
それをもとめよ、そしてそれをみつけよ。それをつかめ、そして所有せよ！

それと一緒にあるのは、日の長さ、骨の厚さ、心の喜び、そして……
幸いなるかな、そのために労する者は。(二・一一―一三、二四三頁)

c　その他の文書

知恵の書のカテゴリーに属する文書がどんなに多いかは、その確かさの程度に差こそあっても、4Q408, 410–13, 415–22, 423–26, 472–76, 525, 560(?)のすべてが、知恵の書と見なされてきたことからも分かるであろう。

7　銅の巻物(3Q15)

第三洞穴の中で、銅板に刻みつけられたひとつのテクストの二つの部分が発見されている(3Q15)。それはクムランで獣皮やパピルス以外のものに書かれた唯一のものである。発見時に銅板の腐食が著しかったので、開いてみることなどできなかった。洞穴から取り出されてからおよそ四年後、イギリスのマンチェスター大学の専門家、H・ライト・ベーカー教授は、それを縦に切断して細長の断片として切り離した。J・T・ミリクは、一九六二年に、叢書《シリーズ》「ユダ砂漠での発見」の第三巻『クムランの小洞穴』の中で、テクストの一二の欄を公刊する。しかし、ジョン・アレグロは、一九六〇年にすでに、彼の編纂した『銅の巻物の財宝』の中で、そのテクストを翻訳していた。

この巻物は、今日までクムラン研究における判じ物である。それが何であるのか、いや著者がいった

▲1952年に銅の巻物が発見された第３洞穴。
◀銅の巻物［3Q15］の断面16、第９欄の一部。

い何を伝えようとしたのか、まるで分からないからである。研究者の中にはそれを、クムランで発見された写本群の性格を知るために非常に重要であると考える者がいるが、財宝探しのことしか頭にない想像力から生まれた、荒唐無稽なものとして退ける者もいる。ミリクはその著作年代を、クムラン共同体が破壊されてからかなり後の後一〇〇年ころとする。もし彼の推定が正しければ、それはクムランの共同体からのものではなくなり、誰かがそれを第三洞穴の中に置いたことになる。

内容はこれといったものではない。巻物は財宝が隠されているとされるパレスチナの土地の名を六四あげている。財宝は金銀やその他の価値あるもので、その中には他の財宝の近くに隠されているとされる文書も含まれている。それらの価値を計算することは難しいが、たとえば、隠されている金銀は何トンという仰天ものである。テクストを文字どおりに信じる者たちがしばしば擁護するひとつのテーゼは、ローマにたいする第一次ユダヤ叛乱のときに神殿の財宝がローマ兵の目から隠された場所か、第二次叛乱のときにバル・コホバとその同志たちが彼らの富を置いた場所を、それが数え上げているというものである。ミリクの年代は後者の可能性を除外する。もし書き手がわざわざその多言を銅板に刻んだのなら、彼はそれを後の時代まで残る記録としようとしたように見える。

もちろん、巻物の中で述べられている財宝の在処《ありか》を探そうとする試みがなされてきた。たとえば一九六二年に、アレグロは調査隊を率い、巻物が言及しているように思われる場所を何箇所か発掘した。だがそれは、予想されたことだが、失望に終る。そのような隠し場所が実際にあったとしても、それはとっくの昔に掘り起こされていたであろう。それはともかく、現在ヨルダンのアンマンに置かれている銅の巻物の研究は、分からないことだらけである、と言うのが正しいであろう。

8　記録文書的なテクスト

クムランで発見された断片的文書のリストには、商取引に関わるものが多数含まれている。第四洞穴出土の断片の中には、手紙（4Q342-43）や、借金の確認書（344）、土地売買の書類（345-46）、商取引の証書（347-48）、財産売買に関する書類（349）、穀物取引の記録（350-54）、勘定書（355-58）などがある。多分、まだ確認されていない断片の中には、まだまだあるだろう。先に進んでから述べるように（第3章・C・(2)）、これらの文書は、読んで面白いものではないが、巻物に結び付くであろうグループの性格を決定するのに重要である。ここで覚えておかねばならぬのは、これらの存在が最近になってはじめて一般に知られるようになったことである。

クムランの洞穴からは、もっと多くの断片が出土したが、そこで発見されたものについておよそのことを知るには、以上で十分であろう。三つの主要なカテゴリーの中で概観したテクストは、総数およそ八〇〇のクムランの写本のうちの約五三〇を数える。残りのものの多くは、小片すぎるか、破損がひどくて同定できないものであり、ここで提供した情報に多くを付け加えるものではない。次の第3章では、誰がこれらの写本を書いたのかが論じられる。

第3章

クムラン・グループとは？

クムランの一一の洞穴で発見された巻物は誰が書いたのだろうか？　この問題は、巻物の研究の最初期から盛んに論じられてきたが、近年また論争事項となっている。

A　エッセネ派説

エレアザル・スケーニクは、一九四七年の一一月と一二月にベツレヘムの古物商から三つの巻物を購入したが、彼はその巻物がエッセネ派と関係あることを示唆した最初の研究者である（第1章参照）。エッセネ派は古代のユダヤ教の三つのグループ、もしくは歴史家ヨセフスがそう呼んで記述する三つの「哲学」のひとつである。他の二つ（熱心党を含めれば三つ）は、もっと有名なパリサイ派とサドカイ派であり、この二つは、新約聖書の福音書や使徒行伝の中に頻繁に登場する。ヨセフスはこの三つのグループを、前二世紀の中頃から後七〇年のエルサレムの陥落まで活動したグループとして語っている。

1　大プリニウスの証言

スケーニクは、荒野の宗派の生き方を規定する宗規要覧を読んだとき、クムランがエッセネ派と結び付くのではないかと疑ってみた。彼はすでに一九四八年に、古代の資料がエッセネ派の一団を死海の西岸のエン・ゲディ近くに置いているのを知っていたので、エッセネ派のことを思い付いたと書いている。彼はその資料を特定しなかったが、ローマの地誌学者大プリニウス（二三―七九年）によって、七七年ころに公刊された『自然誌』の中のとくにある章節に紛れもなく言及されていたのである。プリニウスは、その書物の中で、ローマ世界やその向こうの世界（スペインからインドまで）の土地や興味ある事物などを詳しく纏めている。その概観がシロ・フェニキア地方に及ぶと、彼は、当然のことながら、地球上のもっとも低い場所にある死海についての簡単な記述を含める。彼はその地域を描きながら、次のように書く。

> 死海の西側で、岸［から］の有害な蒸気の達しない所に、エッセネ派（Esseni）の孤立した部族が［住んでいる］。それは、世界中の他のすべての部族が及びもしない驚嘆すべき部族である。女性を入れず、性欲を断ち切り、金をもたず、棕櫚だけを伴侶としているからである。来る日も来る日も、［人生の試練から］逃れた者たちの群れが受け入れられ、それと同じ数の、人生に疲れ、彼

らの生き方に倣うために運命の大波によってそこに追いやられた者たちが受け入れられている。こうして何千年もの間（語るに信じ難いことであるが）、そこにおいて誰も生まれない種族が永遠に生きつづけている。彼らにとっては、他の者たちの人生の疲れが豊かな実りとなっている。

これらの者たちの［住む］下に横たわるのは、土地の豊かさや棕櫚の森などでエルサレムにつぐ、だが今はエルサレムのように灰土の山となったエン・ゲディの町だった。（五・七三）

プリニウスはエッセネ派の部族（gens）の居住地を死海の西岸であって、その北端とエン・ゲディの間としているが、彼はエン・ゲディを彼らの居住地の南に（「下に横たわる」）置いているように見える。研究者はしばしば、プリニウスの描く地域には、クムランのそれは別として、共同体のセンターを示す考古学上の証拠がないことを指摘してきた。一部の研究者は、プリニウスの言う「下に横たわる」はエッセネ派の居住区がエン・ゲディの上方の丘陵地帯にもとめられるべきことを意味する、と主張してきたが、彼の言葉は「……の南に」を意味するように思われる。さらに言えば、この丘陵地帯に共同体の住居址は何もないのである。

スケーニクは、間接的だったとはいえ、プリニウスの記事を巻物論争の中に持ち込んだのであり、それは今日まで、広く受け入れられている巻物のエッセネ派著者説が依りかかる二つの柱のひとつとなっている。われわれは、プリニウスの著作の中に、物語をでっち上げる理由などまったくなかった異教徒の著者の証言をもつ。プリニウスによれば、エッセネ派は、死海の西岸で、巻物が発見されたクムランの近傍と思われる地域で生活していた。

だが、この一見明白に見えるプリニウスの証言もすんなりと受け入れられたわけではない。彼は明らかに、右に引用したパラグラフの中でいくつかの誤りを犯しているか、誤りが筆写生の誤写から彼の書物の写本に入り込んでいる。たとえば、テクストは、エン・ゲディがエルサレムにつぐ豊かな土地で、棕櫚が繁茂していると言っているが、エン・ゲディがエルサレムと比較されることなどは、まったくあり得ないように思われる。プリニウスが実際にこれらの場所を訪ねたことがなく、混乱していたのであればともかく、そうでなければ、テクストには多分「エリコ」と書かれていたと思われる。

しかし、より大きな問題は、プリニウスがこの書物を著した時期である。前述のように、彼は『自然誌』を七七年かその近くに公刊している。この年代は、彼が七〇年のエルサレムの破壊のような出来事（それは第二パラグラフの中で言及されている）や、多分七三年のマサダの陥落の出来事さえ知っている事実から、そしてまたティトスが七九年に皇帝になる前にその書物を彼に献呈していることなどから推定される（プリニウス自身は、噴火中のヴェスビウス山に好奇心から接近しすぎて、七九年に落命する）。もしクムランの居住地が六八年に破壊されたとするローランド・ドゥ・ヴォー説が正しければ、プリニウスはその『自然誌』を、ローマ軍がクムランでその宗派の歴史にピリオドを打ってからおよそ九年後に公刊したことになる。ここまではまったく問題はないが、さまざま研究者が指摘するように、プリニウスはエッセネ派の居住区を現在時制で記述しているのである。「逃れた者たちの群れが受け入れられ……何千年もの間……そこにおいて誰も生まれない種族が永遠に生きつづけている。彼らにとっては、他の者たちの人生の疲れが豊かな実りとなっている。」それゆえテクストは——と議論はつづくのだが——、プリニウスが書いていたころ、すなわち七七年近く、エッセネ派が死海の西岸に住んでいたことを言っているのである、と。この証拠にしたがえば、プリニウスのエッセネ派は、その建造物がもはや存在しないクムランにいなかったか、もしいたとしたら、クムランの共同体は、一般的に主張されるような六八年か七〇年には、ローマ軍によってまだ破壊されていなかったことになる。

この議論は、プリニウスがクムランの近傍で生活していたエッセネ派を記述したという主張にたいして、説得力ある反論にはなりがたい。なぜなら、明らかなことだが、プリニウスが現在時制で何かを書いていたとしても、その書物が公刊された時点で、その何かは存在していたにちがいない、ということにはならないからである。われわれには、プリニウスが著作ノート（覚え書き）をつけていた時点で、彼がクムランの居住地——それが彼の記述しているものであっても——の破壊を知っていたかどうかを確認する術《すべ》はない。クムランは街道から外れた場所であり、エルサレムやマサダほどには知られてはいなかった。それゆえ、プリニウスが死海の西側のエッセネ派について現在時制で書いていても、それは、その書物が公刊されたとき、彼が書くエッセネ派の共同体が存在していたかどうかについて何も言っていないように思われる。それは彼がその地域を訪れて（もし訪問していたらの話であるが）、ノートを取っていたときの状況について何かを言っているのであり、必ずしも彼が『自然誌』を公刊した時点でのその状態についてではない。この場合はまた、彼は民族や、土地、事物などを現在時制で記述するいつもの形式にしたがっているにすぎないと言えるかもしれない。

その議論に少しばかり説得力のある仕方で応答するには、プリニウスが『自然誌』を編んだその仕方を問題にしなければならない。彼は、記録しようと選んだ情報のためには、資料を貪欲に渉猟する読書家だった。ほかならぬ彼自身が資料の収集を認め、その書物の中で纏めた情報の出所として約一五〇の資料をあげている。エッセネ派に関するパラグラフが見られる第五巻のために、彼は五九の資料を使用したことを認めている。だが『自然誌』は、プリニウス自身が言っている以上にはるかに多くの資料から引かれた情報を含んでいるように見える。資料中心のこの著作方法からは、エッセネ派について書き記した箇所で、プリニウスが別の著作家を引いた可能性が出てくる。もしそうなら、その書物が公刊された年代は、彼がクムランのグループを記述し得たかを決定するのに何の関係ももたなくなる。もし彼がより古い資料を引いていたのであれば、その資料の著者が現在時制でエッセネ派を語り、そして実際にクムランのグループを観察した者だった可能性が生まれる。さらに、もしエルサレムやエン・ゲディに関する誤りがテクストに属するならば、プリニウス自身はその地域を訪れていない、なぜならもしそうしていたら、その地域をもっとよく知っていただろう、と推論できることになる。だが、その誤りがエッセネ派——プリニウスは彼らについてよく知っているように思われる——についてのパラグラフの中で起こったのでなければ、それは多分、資料からのものである。それゆえ、『自然誌』がクムランの住民について語っている可能性は高いのである。

他にも古代のもうひとつのテクストが、エッセネ派を死海の沿岸に置いている。ディオ・クリュソストム（後四〇年から少なくとも一一二年まで）は、彼らについて書き残したと言われているが、その報告は、彼の著作のどこにも現存しない。だが、キュレナイカのシュネシウス（四〇〇年ころ）は、彼についての伝記の中で、次のように記している。「彼は他の所でも、エッセネ派を賞讃している。彼らはパレスチナの中心にある死海の近傍で、ソドムから遠くない所で、繁栄している町をつくっている。」ディオの言葉とされるものは、プリニウスのそれとは非常に異なる。それは多分、プリニウスの『自然誌』から取られたものではなく、エッセネ派が死海の近くで生活していたことを別個に証明するものとなっている。

以上からして、プリニウスは、クムランのエッセネ派の人びとについて、次のことを言っていることになる。（一）彼らは異臭を放つ死海の沿岸から少しばかり離れた所に居住していた。（二）彼らのもとには女性はいなかった。（三）彼らは性欲をいっさい絶っていた。（四）彼らは金をもたなかった。（五）彼らは伴侶として棕櫚しかもたなかった。（六）人生の試練から逃げ出した者たちが毎日のように彼らに加わった。（七）こうして、そこでは子供は生まれないが、グループは永遠に存在しつづけている。そしてこのリストには、ディオ・クリュソストムの「繁栄している町」が付け加えられる。

もしわれわれが、クムランのテクスト群も、それらを書き残した者たちをエッセネ派の者であるとする側についていることを示すことができれば、われわれは、エッセネ派説を確立するために、二つの非常に異なる証拠をもつことになる。

2　クムランのテクストと、エッセネ派の信仰と慣習

クムランの人びとをエッセネ派だったとする第二の主要な議論は、エッセネ派の信仰や慣習――それらは古代の資料（ヨセフス、プリニウス、フィローンほか）の中でも報告されている――が、死海の巻物の中で述べられたり反映されている信仰や慣習に非常によく一致するというものである。その共同体で生まれたテクストが語っている事柄は、他の資料がパリサイ派やサドカイ派の見解か、他の宗派のそれ

について述べているものに一致するというよりは、エッセネ派の思想や行動にはるかによく一致している。この議論のためにもっとも重要なテクストは宗規要覧である。それは利用できるようになった最初の七つの巻物のひとつで、また保存状態のもっともよい巻物のひとつでもある。この要覧は、他の何にもまして、新しいメンバーのための入会の手続きや儀式、クムラン・グループの根源に関わる信仰、その日常生活や共同体の集まりの規則などを記している。それは共同体のために憲法のようなものとして機能したので、グループのメンバーたちが誰だったかを知る主要な資料となることは誰にも了解されよう。以下では、エッセネ派についての古代の記述が、クムランの神学と慣習のいくつかの面と比較される。

a 神学

ヨセフスやその他の古代の著作家は、いくつかの主題との関わりでエッセネ派の信仰を書き留めているが、その多くは巻物の中にも見られる。その証拠の性格を示すために、ここで若干のものをあげる。

(1) 予定論的神学

エッセネ派についての記述と宗規要覧や他のクムラン・テクストの内容がよく調和しているひとつの事柄は、運命についての教え、すなわち予定論である。ヨセフスによれば、これに関して、ユダヤ教の三つの宗派はそれぞれ独自の見解をもっていた。

さて、パリサイ人の見解によれば、ある出来事は――すべての出来事ではない――、運命による業の結果である。その他は、それがおこるのもおこらないのも、われわれ［人間の側の自由意志］にかかっている、とする。しかしいっぽう、エッセネ人の宗団は、運命こそが一切の出来事の支配者であり、われわれ人間の経験するすべてのことは、運命の定めるところにしたがって生起したものだと説明する。他方、サドカイ人は、この運命というものを認めない。すなわち、この世にそのようなものは存在せず、［したがって］人間の営みがそれに支配されることもまたあり得ない。いっさいのことは、われわれ自身の［自由な意志］で定まり、われわれの幸福はわれわれ自身がつくりだし、不幸に苦しむのはこれまたわれわれ自身の無思慮の結果である、と主張している。（『ユダヤ古代誌』一三・一七二―一七三）

宗規要覧の第三欄と第四欄は、世界史と人間の営為について、完全に予定論的な神学を明確に述べているが、それは読む者にただちにヨセフスの言葉を想起させるものである。

いま存在しているものや、これからするもの、それらすべては知識の神から来る。神は、それらが存在する前に、それらの全体的な構想を考えられた。そして、定められたとおりに、存在するようになると、それらは、神の栄光ある構想にしたがい、［何の］変更もなしで、己の働きを成しとげる。（三・一五―一六、六四頁）

著者は数行先で次のように言う。

闇の天使は義の子らすべてを迷わせ、そしてその終わりまで、彼らの罪や、不義、悪のすべてが、また彼らの不法な行いのすべてが、神の秘密にしたがって、闇の天使の支配によってもたらされる。(三・二一—二三、六五頁)

ヨセフスにしたがえば、ここで表明されているクムラン・グループの信仰的感情は、サドカイ派の立場とはまったく相容れないものであり、パリサイ派のそれからは明らかに離れているが、少しばかり近く、エッセネ派のそれに完全に一致する。それゆえ、この予定論の教えは、宗規要覧の背後にある人びとを、エッセネ派を除く他の知られているユダヤ教の宗派すべてから分かつのである。

われわれは、運命についてのこの教え(予定論)が宗規要覧だけに限られていると考えてはならない。もしそうなら、われわれは、なるほど一人のエッセネ派の著者は宗規要覧を著しただろうが、クムランの他のテクストは別だ、と議論できることになる。保存状態のよい他のテクストも、それよりも断片的な多くのテクストと同様に、同じ信仰感情を表明している。前者のカテゴリーには感謝の詩篇と戦いの書が含まれる。とくに、感謝の詩篇の第一欄は予定論的な信仰感情で横溢している。

あなたの知恵により、[すべてのものが]永遠の昔から[存在し]、
あなたは、それらを創造される前から、それらの働きをとこしえまでも知り尽くしておられる。

［あなたなしでは、何も］なされず、
あなたが望まれねば、何も知られていないのです。（一・七—八、一六六頁）

同じ欄には、次のような詩行もある。

あなたは彼らの子孫すべてに、それを割り当てられました、
とこしえの世代と永遠に尽きぬ歳月のために。
あなたの知識の知恵の中で、
あなたは、彼らが存在する前に、彼らの運命を定められました。
すべてのものは［あなたの意志］にしたがって［存在し］、
あなたなしでは、何もなされないのです。（一・一八—二〇、一六七頁）

戦いの書の中のシナリオ全体も、予定論の教えを前提にしている。神は歴史がどのように展開するかを悠久の昔から定めておられた。神はすべてを掌握されておられるのだから、最終戦争はただ神の永遠の青写真にしたがって起こるのだ、というわけである。

これらの証言に、ダマスコ文書を加えることができよう。それは道から外れる者について語っている。

彼らの中には、残れる者も生き残る者もいない。なぜなら神は、その始元から、彼らを選ばれなかったからである。神は、彼らが造られる前から、彼らの行為を知っており、彼らの［現れる］世代を憎み、彼らが絶えるまでご自身の顔を［イスラエルの］土地から隠された。神は、彼らが現れる年月や、彼らの時代の長さと正確な期間を、これから来るすべての時代のために、そして永遠を介して知っておられた。神は、悠久につづく歳月を介して、彼らの時代に起ることを知っておられた。（二・六―一〇、八四頁）

このような言及は、第一洞穴出土のテクストに限られているのではない。宗規要覧や、感謝の詩篇、戦いの書、ダマスコ文書の写しは第四洞穴で発見されている。宗規要覧とダマスコ文書の写しは第五洞穴で、ダマスコ文書のそれは第六洞穴で見つかっている。他の文書も同じような思考が存在したことを裏付けている。そのひとつの例は「創造の時代」（4Q180）であるが、そこでは二つの節が、右に引いた文面の中の単語とほとんど同じものを使っている。「神によってつくられた時代、［過去］と未来［のいっさいの出来事の］成就のための全時代に関する解釈。神は、それらを創造される前に、……の働きを決定されておられた」（一・一―二、二六一頁。二―四、二・一〇をも参照）。クムランの聖書関係のテクストの解釈の背後にある理論は、これと同じ類の思考にもとづいている。すなわちそれは、終末の日の秘密は神により聖書の預言の中に隠されている、神は、将来の出来事を知っておられるばかりか、始元から計画されたとおりに、それが実際に起こるようにされる、というものである。洞穴群から出土した数多くのテクストが、すべての歴史が書き記されている天の書字板に言及する。この観念もまた、予定論的な神学の一表現である。

右に引いたり言及した章節は、クムランの予定論的神学の証拠を尽くすものではないが、それらは、この種の思考がさまざまな洞穴から出土した多種多様な文書の中に見られることを示している。その思考は、ひとつのテクストやひとつの洞穴に限定されるものではない。

(2) 死後の生

巻物と、エッセネ派に関する古代の記述を比較してみたくなる第二の神学的見解は、死後の生に関わるものである。この世の生涯を終えた人はどうなるのか? 旧約聖書(ヘブル語聖書)は、この問いについてほとんど何も語っていない。旧約時代の終わりになってはじめて、復活への言及が少しばかり現れるくらいである(ダニエル書一二・二参照)。ヨセフスによれば、この問題についても、ユダヤ教の三つの宗派は見解を異にしている。パリサイ派は死者の復活を信じたが、サドカイ派はそのような奇跡をいっさい否定した。では、エッセネ派は?

彼らは、肉体は滅びるものであり、それを構成する物質は永遠ではないが、霊魂は不死で滅びないと確信していた。これらの霊魂は、最良のエーテルから流出しているが、一種の自然の呪縛によって、いわばその中へと引きずり落とされた肉体の獄舎の中に閉じ込められているのである。しかし、肉体の束縛から解放されるや、霊魂は、奴隷の長い苦役から自由にされたかのように、それは歓喜し天上に引き上げられる。ギリシア人の子孫たちの信仰を共有しているので、彼らは、有徳

な霊魂のためには大洋の向こうに住処《すみか》があると主張する。(『ユダヤ戦記』二・一五四—五五)

この記述にはいくつかの特色があるが、そのひとつは、他の点では異教の教えに反対する者として描かれているエッセネ派が、ギリシア人と比較され、そしてグノーシス教徒のような、肉体を罪あるものとして否定する後の時代のグループと似てさえいることである。さらに言えば、ヨセフスは他の箇所で、この同じ信仰をパリサイ派に帰しているが、彼らは、他のテクストによれば、死者の復活があることを信じていた。

エッセネ派の神学に言及する古代の資料は、死後の肉体の運命について一致していない。ヨセフスは、エッセネ派が霊魂の不滅と肉体の消滅を信じていたと申し立てるが、ローマのヒッポリュトス(一七〇—二三六年)は、彼らの終末論的な観念を異なる仕方で特徴づけている。ローマ教会の長老で司教でもあったと思われるヒッポリュトスは、その著作『全異端駁論』の中で、エッセネ派をヨセフスの描くそれに非常に近いものとしているが、彼と異なるのは、死後の肉体の運命に関する記述である。「復活の教えは、彼らの間で支持されている。なぜなら彼らは、肉体がよみがえることや、霊魂がすでに不滅であるのと同じように、それが不死となることを認めているからである」(九・二七)。ヨセフスとヒッポリュトスは共通の情報源を使ったかもしれないが、両者の間の不一致は、機械的に説明できたり、律法学者のように説明できたりするものではない。どちらがより正確なのだろうか?

エッセネ派の終末論的信仰は、彼らの文書の中の表現の一部が幾様にも解釈できるために、グループの外の観察者に明白そのものでなかったとしても、それは理解できるものである。ヨセフスの報告との関連で引き出せるひとつの章節は、感謝の詩篇からである。

主よ、わたしはあなたに感謝します。
　あなたはわたしの霊魂を地獄から、また
アバドンの陰府《よみ》からあがなわれたからです。
　あなたはわたしを久遠の高みに引き上げられたのです。
わたしは果てしなき地の上を歩み、
　あなたが土くれからつくられた者のために、
久遠の評議会のために、
　希望があることを知っております。
あなたは大きな罪から曲がった霊を潔められました。
　聖なる者たちの群れに加わり、
天の子らの会衆とともに集まりに入るために。
あなたは［各］人にたいして
　知識の霊の中で、久遠の運命を割り当てられました。
共通の歓喜の中であなたの名を讃美し、
　あなたのすべての働きの前で
あなたの奇しき業を語るために。（三・一九—二三、一七二—七三頁）

ここで表明されている天の子らの共同体は、肉体の死後、霊魂が天使たちと一緒になっている様子を映していると理解されるだろうが、この詩人はここで、彼のグループのメンバーたちの現在の体験を語っているとする方が自然である。

クムランで保存状態のよかったヨベル書も、読む者を混乱させるような仕方で語っている。

そのとき主は、ご自身の僕《しもべ》たちを癒される。彼らは立ち上がり、そして大いなる平安を見る。主は彼らの敵どもを追い払われる。義人たちは［これを］見、讃歌を捧げ、久遠に至福を味わう。彼らは自分たちの敵に、あらゆる罰と呪いがふりかかるのを見る。彼らの骨は地中で憩い、彼らの霊は至福を味わう。彼らは知る。主は審判をくだされるが、何百、何千の者、いや主を愛するすべての者に恵みを示されるお方である、と。（二三・三〇―三一）

この著者は神の僕《しもべ》が立ち上がると述べているが、また同時に、彼らの骨が地中で憩い、彼らの霊が至福を味わうとも述べている。

一〇年以上も前、フランスの一研究者が、当時まだ公刊されていなかったクムランのテクストから、死者の復活に関する語句を翻訳して発表した。その翻訳で使われたテクストは、最近になって利用できるようになったが、クムランの少なくとも一人の著者は、終末時の肉体のよみがえりを信じていたことの確認を与えるものとなるだろう。このテクスト（4Q521）は、一人のメシアについて語り、先に進むと、主がなすことに言及している。これに関連する一行の中で行為する者は誰なのか? 神なのかメシアなのかは決定し難いが、文脈からすれば後者らしい。「そのとき彼は殺された者を癒し、そして死んだ者を生き返らせる」(一二行目)。動詞「生き返らせる」は、復活の意味で受け取る必要はないが、文脈の中では、それが意味されているようである。それゆえ、4Q521を根拠にすれば、ヒッポリュトスは、多分、エッセネ派神学のこの信仰箇条に関しては正しく、ヨセフスは、多分、彼らの信仰のひとつの解釈を表現しているのである(その解釈は、テクストのいくつかの表現からの、誤解を招きやすいが理解できる推量である)。ヨセフスの用語さえ、肉体の復活の信仰をエッセネ派がもっていたことを否定していない、とすることも可能である。

b 慣習

ヨセフスのエッセネ派とクムランのテクストの著者たちに共通の、神学的信仰のいくつかのセットの向こうには、慣習に焦点をあてる合意のセットがもうひとつある。ヨセフスにとってエッセネ派を特徴づける慣習のあるものも、巻物の中で規定されている。

(1) 油を使用しないこと

ヨセフスは、エッセネ派の者が体に塗布する類の油を避けることに注目する。「彼らは油を汚れたものと見なし、誤ってそれに触れた者は洗い清める。彼らは皮膚を乾燥させ、つねに白い衣を身にまとうようにする」(『ユダヤ戦記』二・一二三)。ヨセフスはここでエッセネ派の特色を観察しているが、なぜ彼らが皮膚に油を塗布しないのかを満足に説明していない。

クムランのテクストはヨセフスよりも助けとなる。それらは、液体が祭儀的に不浄なものをひとつの所から他の所へ伝える、とクムランの人びとが信じていたことを示すものである。われわれは「トーラーの著作の一部」（4QMMT）から、液体の流れは祭儀的に不浄とされるものを容器から容器に伝える、と彼らが信じていたことを知る。皮膚に油を塗ることにより、汚れた物や人間から祭儀的に不浄なものに接触する危険が増える。そこで感染を避けるために、皮膚に油を塗らなかったのである。ダマスコ文書はこの問題を扱っているように見える。「人間の穢れによって汚れた木や、石、土ぼこり［に関して言えば］、油の付着したものと同様に、それに触れる者は、その穢れの程度に応じて、汚れる」（一二・一五―一七）。ここで言っているのは、油自体は汚れてはいないが、穢れをよく伝えるものなので、それを使用してはならないということだろう。

（2）所有物

巻物とエッセネ派についての古代の記述が一致している第二の点は、エッセネ派の個々の者の所有物に関わる。プリニウスは、死海の西岸のエッセネ派のグループが「金をもたない」と述べていた。ユダヤ人哲学者フィローン（前二〇年ころ―後五〇年ころ）と同じく、ヨセフスも、エッセネ派の所有物の共有制に感心してみせる。

彼らは富を蔑視する。彼らの間での所有物の共有は真に驚嘆すべきものである。彼らの間では一人として他の者より多くのものを所有していない。この宗派への入会を認められた新入りのメンバーはその所有物を宗団に引き渡す規定が彼らにあり、その結果、どこにも極端な貧困や過度の富は見つからない。個人の所有物はひとつにまとめられ、全員が兄弟のように単一の所有物を享受する。(『ユダヤ戦記』二・一二二)

所有物の共有に関して、宗規要覧は新入りのメンバーのために次のように規定する。

共同体の中で満一年が経過すると、会衆は律法についての彼の理解と遵守に関して、資格審査する。そして、もし祭司たちとその契約に属する人びとの大半の判断にしたがい、共同体の仲間に入ることが彼に運命づけられれば、その所有物と所得は会衆の会計係りに引き渡され、会計係りはそれを帳簿に書き込むが、それを会衆のためには使うことはない。……(省略)しかし、第二年目が終ると、彼は試験され、もし会衆の判断により、共同体に入ることが彼に運命づけられれば、彼は、律法のための、正義のための、そして潔めの食事のための順位にしたがい、彼は兄弟たちの間にその名を書き込まれる。[こうして]その所有物は[他の兄弟たちのそれと]一緒にされ、彼は自らの助言と判断を共同体に与える者となる。(六・一八—二三、七〇頁)

もし自己の所有物について虚偽の申告をすれば、その者は、罰として一年間「潔めの食事」に与ることができず、食事は四分の三に減らされる(六・二四—二五)。ここで注意しておきたいのは、ヨセフスも他のどの著作家も、エッセネ派が貧しかったとは言っていないことである。彼らは個人の所有物をため込んだのではなく、それを共同体のために共有したのである。宗規要覧は、他の所でもこの原則的な規則を何度か語っている(一・一一―一二、五・二)。

だがこのような原則的な規則とともに、宗規要覧には、ある程度の私有がグループ内で認められていたことを示唆する箇所もある。「もし共同体の所有物の管理が悪く、それを失うようなことがあれば、その者は、それを元通りにしなければならない。もしできなければ、その者は、六〇日間の償いの行為をしなければならない」(七・六―八)。紛失物の弁済云々は、メンバーには弁済する手だてとして少しばかりの私有物が認められていたことを示唆する。多分、同じことが七・二四―二五(七二頁)からも言える。「さらに、もし共同体のメンバーが彼(追放された元メンバー)と、共同体の……(欠落)自分の食べ物や所有物を共有すれば、その者は、[追放]される。」これは要するに、新入りのメンバーが自分の所有物を「共同の財布」に差し出しても、その者は、その使用に関してある程度の自由をもった、ということだろう。もちろん、第一の関心事は、共同体とそのメンバーの必要をまかなうことにあったが。

宗規要覧の証言は明確さを欠くが、それでもそれはヨセフスの証言と相容れないものではない。彼は次のように記す。

> 彼らは年長者の命令なしには何事もしないが、ただ二つのことだけは個人の自由裁量に委ねられている。助けを与えることとあわれみを施すことである。メンバーたちは自分たちの意志で、その必要があれば、[助けるに]値する者を助け、乏しい者に食べ物を与えることができるが、親族へ

の贈物は執事たちの許可なしでは禁止されている。(『ユダヤ戦記』二・一三四)

施しをできるというのは、そのための個人的な手だてが彼らにあったことを示唆する。このことは、ダマスコ文書の中でさらに明確化されている。この文書は、宗規要覧の中で示されているようなクムランの交わりとは違う共同体を描くものである。ダマスコ文書においては、メンバーたちは「陣営」に属し、そして明らかにイスラエルのさまざまな町に住んでいる。その文書には遺失物や盗まれた物品についての規定がある。

何かが紛失し、陣営の所有物の中からそれを盗みだした者が不明なとき、その所有者は呪いを口にする。[それを]聞いて、知っていながら告げない者は、自らが罪を犯すことになる。所有者不明の物が戻されるとき、戻した者は、祭司に告白する。罪科の献げ物の雄羊は別にして、それはその人のものとなる。(九・一〇—一四、九三頁)

テクストの数欄先には、次のように記されている。

神の契約の一員は、支払いは別にして、滅びの子らに何も与えてはならないし、何も受け取ってはならない。

陣営の監督に通告することなくして、誰も売買のための交わりをすることはできない。(一三・

一四―一六、九八頁）

ついでこの原則的な規則が説明される。

これは、そのすべての必要をかなえるための会衆の規則である。

彼らは、毎月、少なくともその二日分の賃金を監督と裁判人の手元に置かねばならない。彼らはそこから父親の無い子に与え、そこから貧しい者と乏しい者、年老いた病人や家のない者、外国の者の手によって捕らえられた捕虜、近親者のない処女、誰も世話をしない未婚の女たちを助けねばならない。（一四・一二―一六、九八頁）

以上から、資料が示すのは、個人の所有物は共有されたが、私的な所有や所有権が完全に否定されたのではなかったことである。

（3）潔めの食事

ヨセフスは、共同の食事に与るエッセネ派の仕方を記録しておくのが適切だと考えた。彼らは一日の第五時（午前一一時ころ）まで働き、その時刻になると、

彼らは再び一か所に集まり、麻布で腰を覆った後、冷水の中に身体をつからせる。この潔めの後、

彼らは入会の儀式を終えていない者がその入室を許されない私室に集まる。今や彼ら自身が潔められているので、彼らは聖なる宮に向かうかのように食堂に向かう。沈黙のうちに席につくと、パンを焼く者が彼らに順次［パンの］塊をくばり、料理人は各自の前に一品だけを盛った皿を置く。食事の前に祭司が感謝の祈りを口にするが、その祈りが終るまで誰も食べたりはしない。朝食が終ると、祭司は再び感謝の祈りを唱える。こうして彼らは、［食事の］はじめと終わりに、生命を惜しみなく与えられる方として神に敬意を払うのである。（『ユダヤ戦記』二・一二九―三一）

エッセネ派の食事について、ヨセフスは巻物が明らかにしている事柄以上のことを知っている。巻物とヨセフスは、多くの詳細で、他のグループについて報告されている事柄ではそうとは言えない仕方で一致している。研究者はしばしば、食事の前の沐浴へのヨセフスの言及を、クムランの沐浴の証拠（文書上と考古学上の証拠）と比較する。宗規要覧のある一節は、沐浴とグループの潔めの食事を結び付けている。それは悪しき者について記述しているが、次のように厳しく宣告する。「彼らは、聖徒たちの潔めの食事に与るために水に入ることはできない。悪から立ち帰らなければ、彼らは潔められないからである。おん方のみ言葉に背く者はみな汚れているからである」（五・一三―一四、六八頁）。宗規要覧はまた、グループの一員の地位や順位に何度も言及する――それらは、ヨセフスが記すように、グループの営みにおいて重大な結果をもたらすものだった。宗規要覧の第六欄は、共同の食事のさいにしたがわねばならぬ指示をいくつかあげる。「彼らは共同で食事をする」（六・二、六九頁。この一行は、「労働と金子の事柄で、低い地位の者は高い地位の者に従わねばならない」の直後に来る）。

共同体の会議のメンバーが一〇人いる所では、彼らの中に祭司がひとり欠けることがあってはならない。彼ら全員は、その地位の順にその者の前に座り、そしてその順位により、すべての事柄について彼らの意見をもとめられる。食卓が食事のために用意され、飲料用の新しいぶどう酒が［用意されると］、祭司は、パンと新しいぶどう酒の最初の果実に祝福するために手を差し伸べる最初の者となる。（六・三―六、六九頁。筆写生は、この一節の一部を誤って二度書きしている）

ヨセフスは、正規のメンバーだけが食事に与れると述べているが、そのことは、宗規要覧の同じ欄に記されているグループへの入会手続きによって確認される。志願者は、満一年が終って試験にパスしなければ、食事のときの食べ物に触れることができない。その者は、さらにもう一年経った後にはじめてぶどう酒を飲むことができる（六・一三―二三）。宗規要覧の中であげられているいくつかの違反にたいする罰のひとつは、一定期間、食事に与れないことである。会衆規定（1QSa）は、最後の日を特徴づける宴を描いている。著者は、その宴でも、各自はその地位にしたがって座り、食事に与る前に、祭司がパンとぶどう酒を祝福すると強調する（1QSa 2.11-22）。

（4）排泄物の始末

類似関係は、所有物の共有のような高邁な原則から排泄物の始末のような卑近なものにまで及ぶ。ヨセフスによれば、エッセネ派は、他のどんなユダヤ人よりも厳しく第七日の労働を禁じている（この禁止は、いくつかの写本で容易に裏付けられる）。彼らはその日に火を点ずることのないよう、前日に食べ物を準備するばかりか、どんな器も移したりはせず、厠にさえ行かない。その他の日は、彼らはつるはしで一尺位の深さの穴を掘り――彼らが新参者に与える手斧はこんなものである――、そして神からの光の気を損じないよう、外衣で身をおおいながら、その上にしゃがむ。ついで彼らは掘り起こした土を穴の中にかぶせる。このために彼らは人気のない場所を選ぶ。この排泄は自然な働きであるが、彼らは、排泄の後、あたかも汚されたかのように、身を洗い清めることにしている。（『ユダヤ戦記』二・一四七―一四九）

ここで言及されているような手斧が第一一洞穴の中に置かれていたら、と思われるかもしれないが、手斧以上に役立つ証拠は戦いの書からのもので、そこでは、光の子らの兵士に要求される清潔が強調されている。「戦いの日に［尻の］穴が汚れている者は、彼らとともに［戦いに］赴いてはならない。聖なる天使たちが彼らの軍勢と一緒にいるからである。その中間に厠が置かれる。どの陣営間も二〇〇〇キュビットの間隔をとり、陣営の周囲で見苦しい裸姿が見られないようにしなければならない」（七・五―七、一一二頁）。著者はこれらの指示の一部を申命記二三・一二―一四から得ているが、そのすべてではない。たとえば、陣営から厠までの距離など――これはヨセフスが述べていない点である――は、聖書には見られないものである。

神殿の巻物も同じ主題に関わる規定について、聖所のある聖なる都との関連で言及する。「おまえたちは彼らのために都の外に厠を設置しなければならない。彼らは出て行って、都の北西にあるその場所に赴く。これらの厠には屋根がつけられ、汚物が落ちる穴がつくられる。その場所は都からまったく見えない三〇〇〇キュビットの所でなければならない」（四六・一三―一六、一四四頁）。これはしばしば指摘されてきた事柄だが、シャバット（安息日）に歩行を許される距離は二〇〇〇キュビットだったので、エッセネ派の者は、第七日を汚さぬよう細心の注意を払わねばならなかった。イーガエル・ヤディンは、エルサレムのエッセネ門の位置からして、それは共同体の「手洗いの場所」から適正な距離にある、と論じた。

（5）唾を吐くこと

ヨセフスと宗規要覧はともに、ある小さな詳細に言及している。ヨセフスは「彼らは人びとの集まりの中でや、右手に向かって唾を吐くことを禁じられている」（『ユダヤ戦記』二・一四七）と書く。宗規要覧は「会衆の集まりで唾を吐く者は、三〇日間償いの働きをする」（七・一三、七一頁）と規定する。ヨセフスと宗規要覧がこの些細な、だが実際的な規定に言及する理由は知られていない。もっとも、それについてあれこれ言うこと自体、おかしなことにちがいなかったのかもしれないが。この種の禁令はラビ文書でも見られるが（『エルサレム・タルムード』ベラホート三・五）、それは祈りの最中に唾を吐くことに関してである。

B　エッセネ派説の問題

言いたいことはまだあるが、古代の資料（なかでもヨセフス）がエッセネ派のものと特徴づける一連の信仰や慣習を巻物が投影していることを示す証拠は、十分に示されたと思われる。

最近、ヨセフスと巻物の中の資料を分析したトッド・ベオールは、次の結論に達した。ヨセフスと巻物の間には、類似する例が二七、類似していると思われる例が二一、ヨセフスがエッセネ派について申し立てているもので、巻物の中にその類似記事が見られないものが一〇、また双方の間に「明らかな矛盾」が見られる例が六ある。この六つの矛盾のうちの二つの場合、巻物群は同一の証言をしているわけではない。この最後のカテゴリーに属す例は、ベオールによれば、所有物の共有制の問題である。だが既述のように（A・2・b・(2)）、この問題に関しての情報は矛盾するものではない。とは言っても、その不一致の二つは考察するに値する。ひとつは、ベオールの言う「明らかな矛盾」に属すものであり、ひとつは、クムランの共同体をエッセネ派とすることには問題がある、と一部の研究者が見なしているものである。

1　入会手続き

第一の不一致は、志願者に要求される入会規定に関わる。最初の手続き期間は、ヨセフスの報告では、

宗規要覧よりも一年長いように見える。ヨセフスによれば、

この宗派への志願者はただちに受け入れられるわけではない。彼らはその者に交わりの外に一年間留まり、彼ら自身の生活の規定を守るよう要求するが、その際小さな手斧と、先に述べた腰布と、白の衣を与える。この試験期間中に、自制心の証を立てれば、その者は［彼らの］規定により近づけられ、清い聖なる水にあずかることを許されるが、それでもなお共同体の集まりの中には受け入れられない。この忍耐心の証明がなされた後、その者の性格がさらに二年間試され、ふさわしいとされたときにはじめて、その交わりに登録される。しかし、共同の食事に触れる前に、その者は重大な誓約をすることが要求される。（『ユダヤ戦記』二・一三七―三九）

これからして、ヨセフスは三年を要する最初の入会手続きを知っている。しかし一部の研究者は、すでにその一部を引いた宗規要覧の第六欄が、これとは異なる手続きを示していると主張する。

イスラエルに生まれ、共同体の会議に加わることを自らの意志で誓約する者は、その者の理解力と行為に関して、会衆の頭《かしら》である監督官によって試験される。もし訓練に適していれば、監督官は彼を契約に入れるので、彼は真理に帰依し、すべての偽りから離れねばならない。監督官は彼に共同体の規則をすべて教える。後刻、彼が会衆の前に立つとき、彼ら全員は彼の資格を協議し、そして、会衆の会議の決定にしたがい、彼は入るか離れるかする。共同体の評議会に入った後でも、満

一年を完了し、その霊と行為に関する試験を受けたのでなければ、彼は会衆の潔めの食事に触れることはできないし、また会衆の所有物に与ることもできない。共同体の中で満一年が経過すると、会衆は律法についての彼の理解と遵守に関して、資格審査する。そして、もし祭司たちとその契約に属する人びとの大半の判断にしたがい、共同体の仲間に入ることが彼に運命づけられれば、その所有物と所得は会衆の会計係りに引き渡され、会計係りはそれを帳簿に書き込むが、それを会衆のために使うことはない。会衆の人びとの間で第二年目が終るまで、彼は、会衆の飲物に触れることはない。しかし、第二年目が終ると、彼は試験され、もし会衆の判断により、共同体に入ることが彼に運命づけられれば、律法のため、正義のため、潔めの食事のための順位にしたがい、彼は兄弟たちの間にその名を書き込まれる。[こうして] その所有物は [他の兄弟たちのそれと] 所有物は一緒にされ、彼は自らの助言と判断を共同体に与える者となる。(六・一三―二三、六九―七〇頁)

この証拠を二つの資料が対立しない仕方で解釈するのが望ましい。志願者が入会するための段階は、次のように要約される。

ヨセフス

1 最初の一年間はグループの外で、その規定にしたがって暮らす期間である。
2 さらに二年間の試験期間が必要とされる。
3 それから入会が認められる。

宗規要覧

1　最初の一年間は監督官による試験から会衆による試験までの期間である。

2　さらに二年間共同体の会議で試験されるが、一年間は食事に与る権利も限定付きである。

3　一年後、再び試験を受け、食事に与る完全な権利をもつ正規のメンバーとなる。

二つの資料のうち一方の詳細が異なっていても、この手続きは同じ段階をめぐるものであるように思われる。誓約の位置づけに関しては問題だ、とする声があがった。ヨセフスはそれを三つの段階の儀式がすべて終った後に置いているが、宗規要覧は、他の章節（五・八）で、その過程のはじめに置いているではないか、というわけである。だがヨセフスは、誓約を試験期間の最後に置いているのだろうか？それは明らかではない。彼は、志願者が共同の食事に触れることが許される前に誓約が行われる、と言っているだけである。宗規要覧は、一年が完了しなければ、志願者は食事に与れないと言っているが、その一年は入会の儀式の第一段階であり、その期間に誓約がなされる。それゆえ、ここでの食い違いは確かなものではない。ヨセフスも宗規要覧も、入会の過程に関しては、多分ここでも一致しているのである。

2　結婚

一部の研究者は、女性や結婚に関する証拠が、クムランのグループをヨセフスやプリニウスほかの古代の著作家の記すエッセネ派と同定する上で障害となる、と主張してきた。既述のように、プリニウスによれば、死海の西側のエッセネ派の共同体には「女性は一人もなく、すべての性的欲望を断っている。」ヨセフスは、何箇所かで、女性や結婚へのエッセネ派の態度について語っている。たとえば、彼は次のように説明する。

彼らは快楽を悪徳として退け、節制と情熱の抑制を特別な徳と見なしている。彼らは結婚を蔑視するが、他人の子供を、まだ素直でたわめやすいうちに養子にし、自分の血族のように扱い、彼ら自身の生き方にしたがって彼らを型にはめる。これは彼らが結婚を廃して種族の保存を捨ててしまうためではなく、女性の奔放な生き方から身を守るためであり、女というものは、決して、ひとりの男性に貞節を尽くすものではないと信じていたからである。(『ユダヤ戦記』二・一二〇)

エッセネ派についての長い記述の終わりで、ヨセフスは、さらにいくつかの詳細を加える。

エッセネ派にはさらに別の宗団がある。それは、生活様式や、習慣、規律などの点で他と同じであるが、結婚観だけが他とは異なる。彼らは考える。結婚しようとしない者は生命の主要な機能である種族の増殖を断ち切っているばかりか、さらには、もし全員が同じ見解をもつに至ったら、種族全体が短期日に滅んでしまう、と。しかし、彼らは彼らの妻［となる者］にも三年間の試験期間を課し、三つの潔めの期間を終えて、子供を産む力のあることを証明したときはじめて結婚する。彼らは妊娠期間中には性行為をもたないが、それは彼らの結婚の動機が快楽のためではなく、子供をつくることにあることを見せるためである。沐浴のさい、女性は衣をまとうが、男性は腰布をつける。(『ユダヤ戦記』二・一六〇―六一)

宗規要覧は結婚については語っておらず、それに関する規定もあげていない。もしクムランのグループが独身主義であれば、この欠如は驚くべきものだろう。だが実際には、そのような現実的な重要問題に関しては、何らかの規定がつくられていたかもしれない。さらにまた、第1章で見たように(B・3・b)、クムランの墓地の墓の中からはもっぱら男性の遺骨が出てきたが――これまでの証拠では少なくともそうである――、その中に女性や子供たちの遺骨も入っていたのである。一人の女性の遺骨は第一の墓地の中の少しばかり離れた所から、七人の女性と四人の子供の遺骨はその延長上にある第二の埋葬地域から出ている。このため、研究者の中には、エッセネ派についてのプリニウスの記事とは逆に、クムランの共同体は女性やセックスを禁止していなかったと主張する者もいる。プリニウスは別の共同体について記述していたにちがいない、というわけである。そればかりでなく、他のクムラン文書も、グループの一部として女性や子供たちに言及している、というのである。これらの文書の中でもっともよく知られているのは会衆規定であり、それは宗規要覧と同じ写本の上に転写されたものである。ダマスコ文書も、家族について明確に規定し、メンバーの子供が共同体に入るための特別な規定を設けさえしている。

確かに、宗規要覧が結婚に関する規定を設けていないのは奇妙である。それは自明のことだったので、グループはそのような規定を必要としなかったとも主張できようが、少なくともその主旨の説明はあってもよさそうである。だがここで、二、三のことが注意されねばならない。第一は、プリニウスとヨセフスの証拠は、宗規要覧とダマスコ文書の中で明白な二つのタイプの共同体にも当てはまることである。宗規要覧は隔絶された男社会を治めるためのものであり、他方ダマスコ文書はエッセネ派でない者たちに混じって生活し家族をもつエッセネ派の「陣営」のための規定である。これらはヨセフスの語る二つのタイプのエッセネ派であろう。第二は、第一の埋葬地域の外で発見された女性や子供たちの遺骨の存在は、さまざまな仕方で説明できるということである。もちろん、ひとつは、共同体は独身主義ではなかったとか、その存在のどの段階にもなかったとするものであるが、女性や子供たちをクムランの共同体への訪問者——近親の者に会いにきたか、その珍しい社会を見にやってきた好奇心の旺盛な者——だったとする方が自然かもしれない。彼らはまた、草木一本生えていない土地で死んだ旅人だったかもしれない。墓がさらに開けられれば、結婚/独身主義の論争に決着がつけられるであろう。

3　エッセネ派の名称について

エッセネ派説に関わるひとつの問題は、クムランのテクストの中に「エッセネ」という語が一度として登場しないことである、としばしば指摘される。もしクムランの人びとがエッセネ派だったら、テクストはその名を一度くらいは言及しなかっただろうか？　この反対論は論理的でない。なぜなら、さまざまな綴りでギリシア語やラテン語のテクストに現れるエッセネの意味は、かまびすしく論議されているものだからであり、誰もヘブル語やアラム語で本来何と呼ばれたかを知らないからである。その名称が巻物の中に見られない、と言い張ることは、もしそれが見つかれば、エッセネ派説を承認することを前提とする。だが、もしわれわれがエッセネに該当するヘブル語やアラム語が何だったかを知らないなら、いったい誰が、その語は巻物の中に見られないなどと申し立てることができようか? 研究者は、その語とその由来に関して、さまざまな説を立てる。ある者はそれを「敬虔なる者」の意の語に、またある者は「癒す者」の意の語に結び付けるが、そのどちらにもそれなりの裏付けがある。考えられるもうひとつの説明は、エッセネが「実践する者」という語の語形に由来するというものである。もしそうなら、それは「トーラーを実践する者」のような、より詳しい内容の名称を省略したものであろう。もしこの説明が正しければ、「エッセネ」という語はクムランのテクストに頻出するのであり、反対論は消える。

以上の概観から、多くの有力な議論がクムランの人びとをエッセネ派であるとしていることや、その同定に反対する議論には確かな根拠がないことが分かった。確かに、クムランの思想のいくつかの側面は、エッセネ派についての古代の資料の記述の中に見いだせるものではない。その中には一年を三六四日とする特殊な太陽暦や、二人のメシアの到来という独自な信仰もある（第4章、B・6参照）。だが、そのような箇所では、古代の資料は沈黙しているのであって、反対しているのではない。われわれは、古代の資料がエッセネ派の信仰や慣習などすべてを包括的に扱っていると信じるのでなければ、それらが彼らの信仰の教えのある面を述べていなくても、それは必ずしもエッセネ派説に致命的なものとはならない。実際、ヨセフスは、いかなるユダヤ人グループの暦についても何も言っていないし、彼らが考えていた——考えていたとしての話だが——メシア（あるいは複数のメシア）の性格が何であるかを特定もしていないのである。

C　他の説

八〇年代と九〇年代において、他のいくつかの説が注目された。クムランの人びとをキリスト教徒とする説は一部の研究者によって擁護されたが、それは、グループがイエスの時代よりかなり前から存在したことを示す考古学上および書体学上の証拠に反するものとして排除される。他の二つの説は、少々まじめに考察するに値する。ひとつはクムランの人びとをサドカイ派とするものであり、ひとつは、クムランに定住者はなく、洞穴群の中で発見された巻物は、ローマにたいする第一次の叛乱のとき、エルサレムの住民によって安全のためにそこに隠されたとするものである。

1　サドカイ派説

クムランの人びとはサドカイ派だった、とニューヨーク大学のローレンス・シフマン教授は主張する。彼のあげる証拠は、「トーラーの著作の一部」（4QMMT. このテクストに関しては、第2章、C・3・d参照）の中で、巻物の著者たち（クムランの人びと）の見解とされている潔めに関する法規的な見解の一部が、ラビ文献がサドカイ派に帰している立場とよく重なりあうことである。もしシフマンが正しく、そしてもし4QMMTがクムランの草創期に近い時期に書かれた宗派的なテクストであれば、シフマンによれば、それは草創期の宗派がサドカイ派だったことを示唆するか、少なくともその法規的な立場に関して、サドカイ派の影響を大きく受けたことを示唆する。

シフマン説の重要な要素は、『ミシュナー』（ヤダイーム四・六―七）に記録されているパリサイ派とサドカイ派の間で何度も繰り返された論争である。シフマンの理解によれば、そこで持ち上がった四つの法規的な論争事項は、4QMMTの中に見られるものである。『ミシュナー』がサドカイ派の立場と規定しているものは、クムランのテクストの著者たちによって擁護されている。『ミシュナー』の章節の解釈は複雑なので、ここではもっとも明白な例だけを引く。

> サドカイ派の者は言う。汝らパリサイ派の者よ、われわれは汝らに反対して声をあげて主張する。というのも、汝らは、途切れなき液体の流れを汚れていないと主張するからである。汝らサドカイ派の者よ、われわれは汝らに反対して声をあげて主張する。というのも、汝らは、埋葬地から流れ出る水の流れを汚れていないと主張するからである。（ヤダイーム四・七）

パリサイ派とサドカイ派の間のこの論争は——これは、一連の論争の三番目に置かれる——、4QMMTに見られる法規上の態度《スタンス》とサドカイ派の見解が一致している明白な例である。それは不浄な所から清浄な所に汚れを伝達する、とサドカイ派が主張する液体の流れに関するものである。液体がひとつの所から他の所へ途切れなく流れ込んでいるとき、それは祭儀的に不浄なるものの伝達経路である。液体の流れをあらわすヘブル語の形は、この二つのテクストでは同一でないが、法規上の態度は同一である。パリサイ派は、汚れはこうした仕方で伝わらない、と反対の意見を表明する。次に来る一節は、サドカイ派の立場にたいして反証を引き出す。パリサイ派はここで、サドカイ派は一貫していない、なぜなら、埋葬地から流れ出る水の流れに、彼らは、液体の流れが汚れを運ぶという彼らの原則を適用していないように思われる、と非難する。

この場合、『ミシュナー』がサドカイ派に帰している法規上の厳格な態度と 4QMMT に見られる著者(たち)の立場の間の一致は紛れもないものである。サドカイ派とクムランの見解は、他の場合にも一致する。この事実は何を意味するのか?

サドカイ派とエッセネ派は、多くの法や他の事柄で、互いに一致していたであろう。彼らは、どんなことにでも不一致だったのではない。歴史的に見れば、ともに深い祭司的なルーツをもつだけに、サドカイ派とエッセネ派は、さまざまな見解を共有したと思われる。クムランのグループは、ザドク(ダビデとソロモン時代の指導的な祭司)の子らと称した祭司たちによって創設されて率いられたが、他方、「サドカイ派」の呼称もザドクの名に由来すると思われるもので、また一部の有力な祭司がサドカイ派だったことが知られている。サドカイ派とエッセネ派はともに、彼らがパリサイ派的傾向と考えるもの、すなわち一部の律法を軽いものにし、それに関連する罰則を和らげようとする傾向に反対した。彼らが法規上の見解の一部を共有したのは、法に関わる事柄で、ともに非常に保守的だったからである。

多くの研究者は、ヨセフスやプリニウスほかの著作家の情報から、クムランの人びとをエッセネ派と同定するに至ったが、『ミシュナー』(編纂は後二〇〇年ころ)の情報の性格は、これらのより早い時期の情報の量や性格にマッチするものではない。クムランの見解やサドカイ派に帰せられている見解が若干の個々の法規と対応していても、それはクムランのグループが、その名称が今日一般に使われているいかなる意味においても、サドカイ派だったことにはならない。クムランの写本は、天使の軍勢やすべてを支配する運命の力のような、明らかに反サドカイ的な教義を教えている。いったい、いかにしてサドカイ派はこのような教義を展開できたというのであろうか？　それは古代の著作家たちが云々しているものと相容れるものではまったくない。そればかりでなく、宗規要覧(転写は前一〇〇年ころ)のような初期の文書が完全にエッセネ派的であって反サドカイ派的な神学を掲げている事実は、クムランの人びとがサドカイ派起源だったことをあり得ないものにする。もし彼らがサドカイ派だったなら、彼らは、わずかな歳月のうちに、自らの基本的な神学的立場を、たとえば一例をあげれば、予定論者でない者の立場から完璧な予定論者の立場に変えることに成功したことになる。だが、そのようなシナリオはまったく考えられないものである。

シフマンはクムランのテクストがサドカイ派でない立場を表明していることに気づいている。彼は主張する。『ミシュナー』が言及するサドカイ派は、ヨセフスほかが記述する貴族的な者たちではない、彼らは、どちらかと言うと、法規へのアプローチで保守的なグループであり、そしてまた「ザドク」に由来する名前で呼ばれた、と。シフマンは正しいのかもしれないが、二つの非常に異なるグループを同じ名前で呼ぶのは、たとえ古代の著者がそうしたとしても、混乱を招くものである。多分、英語での混乱を避けるために、われわれは『ミシュナー』が言及する人びとを指してザドク派（Zadokians）という名称を使用することができるだろう。彼らはエッセネ派に非常に近い者たちだったかもしれないし、同じでさえあったかもしれない。彼らが新約聖書やヨセフスから知られるようなサドカイ派だったとするのは、明らかに間違っており、この同定は――それがどのように響くとも――、シフマンの主張するものではない。彼の研究は、初期ユダヤ教のグループの多様性や、テクストが彼らに適用する術語に関して、われわれが理解していないものが多くあることを示している。いずれにしても、シフマン説は、ただ間接的な仕方においてのみ、エッセネ派説への挑戦になり得るものであり、クムランの共同体の性格というよりは正しい用語をめぐるものなのである。

2　エルサレム起源説

シカゴ大学のノーマン・ゴルブ教授は、クムランの建造物群は実際には要塞だったのであり（これはその場所を訪れた初期の者たちによって、また一九四九年にはドゥ・ヴォーによって表明された見解である。第1章、B・1・b参照）、洞穴群とは明らかに何の直接的な関係もない、と主張してきた。彼によれば、洞穴群から発見された写本は、クムランの人びとによってではなく、第一次ユダヤ叛乱のときに迫り来るローマ軍の目から隠すために自分たちの貴重な写本を携えてエルサレムから逃れた人びとによってそこに残されたものだった。遠隔の地こそは、他の写本の発見が示すように、貴重なものを隠すのに絶好の場所と考えられた（第1章Aでのオーリゲネースやティモテウスについての報告参照。それ以外の隠し場所もその地域にはある）。安息日の犠牲のための歌の写しがクムランやマサダで発見された事実は、そのような文書がクムランだけのものではなく、異なる宗派の人びとの間でも見いだされたことを示している。クムランから出土したテクストの数はおびただしいものであるが、その事実は、それらが小さな単一のグループから出たものでないことを示唆する。エルサレムこそは、そのような多数のテクストを出し得る知的センターとして考えられる唯一の候補地である、と。

ゴルブは、エッセネ派説における一連の変則的な問題と彼が見なすもの（たとえば、結婚／独身主義のような問題）に光をあて、すべての証拠を説明するより満足のいく仕方として、自説を提示するのである。もしゴルブが正しければ、テクストは単一のグループの書庫を代表するものではなく、ユダヤ教文献の横断面を代表するという理由から、写本間に見られる不一致や矛盾はいかなる問題提起もしなくなるであろう。彼はプリニウスの『自然誌』に見られるエッセネ派についてのパラグラフから推論することを退けるが、その理由は、その書物を後七七年に公刊したプリニウスが、エッセネ派を現在時制で記述しているためであり（A・1におけるこの議論を参照）、プリニウスに大きな印象を与えたエッセネ派の独身主義者たちがクムランの人びとだったことなどあり得ないからである。それゆえ、ゴルブによれば、プリニウスは別の場所について書いていたのである。ゴルブは、写本の最初の束からエッセネ派の教えを若干含んでいる宗規要覧が偶然発見されたため、それがエッセネ派説の登場に、それを支持しないさらに多くのテクストが後になって発見されても不当に大きな影響を与えていると考える。

ゴルブはまた、いかなる記録文書（契約書や、書簡、商取引の文書）のテクストもひとつとしてクムランで発見されていない、と強調する。この欠如は、その場所に二〇〇年近く住み着いていたと想像される、そして他の写本群の中でわれわれが見いだすものとは非常に異なる組織的な共同体にとって、はなはだ変則的な事態である。ゴルブはさらに考える。クムラン出土の写本の中には、ひとつとして自筆の（あるいはオリジナルな）ものはなく、すべてが、銅の巻物――その財宝は、彼が不正確にも「富を回避するエッセネ派」と呼んでいる所のものとは相容れない――は別にして、より早い時期の範を筆写生が書き写したものであり、そして明らかに、エリコの近くに貴重なものを隠す習慣を指し示している、と。

ゴルブは、エッセネ派説やそれに関連するさまざまな説にたいして、明確に断固とした調子で論駁してきたが（あるものは彼の独創であり、あるものは長い間主張されてきたものである）、彼自身の理論は弱点だらけなので、その分野の他の研究者すべてに受け入れられていない。彼はまだ公刊されていない資料が含んでいる内容について彼自身（および大半の研究者）が明確な考えをもつに至る前に自説をつくり上げたが、ときにそれが災いしている。現在のわれわれであれば、たとえば、クムラン出土の多くの記録文書的なテクストを知っているのである（第2章、C・8参照）。ゴルブはクムラン出土のテクストにはオリジナルなものはないと決めつけるが、どのようにして彼は、それを知り得たのであろうか？　多くの研究者は、註解の大半がオリジナルだったろうと指摘する（そのひとつとして複数の写しでは出土していない）。これは他の写本についても言えるかもしれない。出土した多くのテクストの保存状態の悪さが、ゴルブ説の助けとなっているだけである。さらに付け加えれば、ゴルブは、写本群に見られるエッセネ派的な教えの広がりと一貫性を過少評価している。ゴルブは、テクストが後一世紀のユダヤ人グループのさまざまな信仰を表現していると主張するが、彼らが誰であるのか、またどこで彼らの見解が巻物の中で表現されるようになったのかを明らかにしていない。もしゴルブが正しければ、テクストが偶然的な選択で集められたとしか想像できないものの中に、どんなに多くのエッセネ派的な見解が散らばっているかの事実や、他のグループの独自の見解が否定的な光の中でのみ現れている事実に、われわれは驚いてしかるべきなのである。クムランとマサダで同じ文書が存在したことは、しばしば提案されてきたように、ローマ軍がクムランの居住地を破壊した後、クムランの何者かがそれをマサダの要塞に持ち込んだと想像することによって説明されるだろう。

ゴルブはプリニウスの証拠を説得力のある仕方では扱っていない。彼はそれをクムランから切り離しているが、なぜそうするのかを説明できないでいる。プリニウスはどこか他の場所について記述していたにちがいない、と彼は言う。だが、それは他のどの場所なのだろうか? 死海の西岸沿いで、エン・ゲディの直接上方か北には、そのような場所は見つかっていない。さらに、プリニウスが記述していたと思われるグループの証拠を何ひとつ突き止めることにも成功していない。彼はまた、クムランの建造物跡を満足のいく仕方で説明していない。クムランの居住地はほとんど確実に要塞ではなかった。これはこの件を調査した考古学者たちが慎重に検討してくだした結論である。その場所に思いがけなく足を運んだ者たちだけがそこを要塞としたにすぎない(第1章、B・1・b)。少々興味ある事実は、クムランを熟知したイスラエル軍の将軍で考古学を専門としたイーガエル・ヤディンがそこを、内部により小さな要塞化された地域をもつ共同体のセンターだなどとは一度も考えなかったことである。

結論。シフマン説は、クムランをエッセネ派とすることにたいして真の挑戦にはなっていないし、クムランの写本群の一貫した性格をも、プリニウスの言説をも、またクムランの建造物群をも満足のいく仕方で説明しない。エッセネ説は(それはひとつの仮説にすぎないのだが)、他のいかなる説よりも説得力のある仕方で、証拠の全体性を説明する。だが、その点が確かなものとされても、他の問題が生起する。なぜエッセネ派のグループは選りにも選ってクムランに住むことにしたのか？　彼らは何を信じ、何を行なったのか？　これらの問題は次章で取り上げられる。

第4章

クムランのエッセネ派

クムランで生活していたエッセネ派の者は、パレスチナにおけるより大きなエッセネ派運動の小さな一部でしかすぎなかった。ヨセフスとフィローンは、エッセネ派の者の数をおよそ四〇〇〇とする。クムランの地域にどれほどの数の者が居住し得たかの概数は、一五〇から最大三〇〇までである。この総数は墓の数から割り出したおよその数にすぎないが、そこに住む者が三〇〇人を超えたとは思われない。したがって、残りの三七〇〇人は、他のどこかに住んでいたことになる。なぜこの少数の者は、仲間のエッセネ派の者が選んだ生き方を拒否してまでも、ユダの砂漠の中で同じ目的を追求したのだろうか？いかなる歴史的な体験がクムランのグループの形成に至ったのか？

A　クムラン・グループの歴史の素描

ローランド・ドゥ・ヴォーは、考古学上の証拠から、クムラン占有の時期を、前二世紀の後半のある時点から後六八年までとした。この上限と下限は、その中においてクムランの起源と展開がもとめられる期間を固定する。クムラン出土の文書はどれも歴史のようなものを何ひとつ提供しないが、もしわれわれが、写本群がひとつの統一体を形成していることに合意するなら、そこに散見される歴史の手がかりを得ることができ、われわれはそれから、クムランに居住したグループの歴史を大まかな筆使いではあるが素描できるようになる。

1　クムラン期以前

ダマスコ文書はとくに、その運動の興りに関して少しばかりの情報を提供する。この運動が興ったのは、明らかに、見解を異にする者たちがクムランに隠棲する以前のことである。第一欄は二つの時期を限定し、その時期がどれほどつづいたかを明らかにしてさえいる。

そして、神が彼らをバビロンのネブカドネツァルの手に引き渡してから三九〇年、怒りの時期に、神は彼らに臨み、その方の地を継ぎその方の土地のよき富で繁栄するよう、イスラエルとアロンから苗木の根を生じさせられた。それで彼らは自分たちの不義を悟り、自分たちが罪人であることを認めたが、彼らは二〇年間道を手さぐる盲人のようだった。そして神は彼らの行為を観察された。彼らは神をまったき心をもってもとめたからである。そして、ご自身の心の道の中で彼らを導くために、神は彼らのために義の教師を興された。(一・五―一一、八三頁)

三九〇とか二〇という数は、まだ公刊されていない写本の一部によって確認されるものだが、多くの論争を引き起こした。それは文字どおり三九〇年や二〇年を意味するのだろうか、それとも象徴的なものなのだろうか? 三九〇年は、イスラエルの家を罰するためにエゼキエルが預言した年数である(エゼキエル書四・四―五)。もし三九〇年を字義どおりに読むなら、この三九〇年は、一般に受け入れられている古代イスラエルの年代にしたがえば、ネブカドネツァルがエルサレムを略取した前五八七年ころから、前一九七年までとなろう。ヨベル書や第一エノク書も、この時期あたりに興ったひとつないしはそれ以上の新しい運動について語っている。それにつづくのは手探りの二〇年間で、それは前一九七年から一七七年までとなろう。われわれはここでも、非常に象徴的な四〇年の半分にあたるこの二〇年をどのように理解したらよいのかと戸惑う。この時期に義の教師が登場し、彼は悔い改めたグループに啓示された道を示すことによって、彼らの不安に終止符を打っている。研究者はしばしば、ダマスコ文書の第一欄の三九〇年+二〇年を字義どおりに受け取るわけにはいかないが、それでも、その二つの年数は非常によく調和すると言ったりする。それが何であれ、クムランの居住区がつくられる前に、悔い改めの新しい運動がパレスチナで興ったことや、「義の教師」という呼称でしか知られない人物がその指導者になったことなどは、明らかである。

義の教師と他の者との衝突は、彼の一団の弟子の内外で、ときどきあったにちがいない。この状況は、彼とその追随者が彼のためになした申し立て、すなわち神は預言者たちの奥義をすべて彼だけに啓示された、という申し立ての激しさを実感するとき、よく理解できるものとなる。また、もし義の教師が感謝の詩篇の巻物（第2章、C・4・b・(1)）の中の詩文を介して書いたり語りかけたりした者であれば、彼は神の召命と選びについて桁外れに強烈な意識（それは自分が、終末の日のための神の計画の中で特別な場を占める、という不動の確信である）をもっただろう。グループの中のある人物は、この教師の厚かましい申し立てを受け入れるのを拒否し、他の多くの同志を引き連れて、交わりから身を引く。そのため彼は、ダマスコ文書やいくつかの註解の中で「偽りの人」と烙印を押される。彼は口にする偽りの言葉で多くの人を迷わせた、と言われるのである（詩篇三七・七を解釈する詩篇三七の巻物（4QpPs[a]）・一―一〇、一・二六）。

ある証拠もまた、義の教師が彼の時代の権威ある者たちと衝突したことを示唆する。義の教師が興ってから一〇年かそこらすると、ユダヤでは、ユダヤ教の存在そのものが脅かされる恐ろしい宗教的危機が起こる。それは、エルサレムにおける叛乱に呼応して、セレウコス王朝の王アンティオコス四世が社会的不安の原因と見なしたユダヤ教の実践を禁じたときのことである。マカベア一族の叛乱は、彼のユダヤ教禁止に反対する土地の人びとの反応だった。叛乱が成功すると、ユダヤ教は、パレスチナの土地の宗教としてその本来の場に回復され、異教徒が聖所で実践していた「荒らす憎むべきもの」は取り除かれ、神殿の祭儀が清められる。これらの出来事は、前一六七年から一六二年までの時期に起こったものである。これ以前の何世紀もの間、ユダヤ人の間の土着の指導者は、ダビデの祭司ザドクの子孫である大祭司だった。その一族は、前一六〇年代の出来事が起こる少し前に大祭司職を失い、それを手にすることは二度となかった。セレウコス王朝の王は、主に政治的・経済的と思われる理由から、ザドク一族の者に代わる大祭司を任命する。ヨセフスは、マカベア第一書やマカベア第二書の著者たちとともに、われわれのもつこの時代について数少ない情報源のひとつだが、彼は前一五九年から一五二年の間、エルサレムに大祭司が不在だったと述べている。前一五二年、マカベア兄弟の一人ヨナタンが、彼の軍事的な支援を必要としたセレウコス一族の王アレクサンドロス・バラスによって大祭司に任命されるが、ここにマカベア、すなわちハスモン一族の大祭司職がはじまる。それは前三七年まで一一五年間つづく。

この大祭司職をめぐる不確かな状況こそは、クムランの起源と何らかの関係があるにちがいない。義の教師は祭司であり（これに関しては、詩篇三七の註解が明快である）、彼の主要な敵は「悪しき祭司」と呼ばれる。研究者は長い間、この呼び名が称号「大祭司」にかけたヘブル語の言葉遊びではないかと考えてきた（ハ・コーヘン・ハ・ロッシ＝大祭司、ハ・コーヘン・ハ・ラシャー＝悪しき祭司）。もしそうなら、義の教師の敵対者は彼の時代のユダヤ人大祭司以外の何者でもなくなる。

義の教師と（悪しき）大祭司の間には、明らかに何らかのやり取りがあった。詩篇三七の註解は、教師（この人物の称号は、写本の欠落部分から補わねばならない）が彼に送ったトーラーに言及する。

悪しき者は義しき者を待ちかまえ、［彼を殺そうと］する。［主はご自分の手に彼が陥って］裁かれるときに罪に定められることを［お許しにならない］（詩篇三七・三二―三三）。解釈すると、これは彼が彼に送った［戒め］と法［のゆえに］彼を殺そうとして［義の教師を見張っている］悪しき［祭司］に関わる。（二―一〇、四・七―九、二九二頁）

「トーラーの著作の一部」（4QMMT）を編集している研究者は、これを書簡と解釈し、多分それは教師から悪しき大祭司に送られたものであり、その中では二人の間のさまざまな係争事項があげられて議論されていたとする。もしこれがまだ公刊されていないテクスト（公刊の遅れは遺憾とされている）の正しい読み方であれば、このやり取りの穏やかな調子は注目に値する。このテクストの少なくともひとつの写しは、一年全体の暦（クムランの他のテクストから知られる祝祭日をもつ三六四日の暦）ではじまる。それはまた、二〇以上の法規上の問題に言及するが、その多くは、双方の側が意見の一致を見ない祭儀上の潔めに関するものである。それは、受取人の側が書かれてある事柄の正しさを認めれば、最後にはイスラエルとともに喜ぶことができるという希望で終っている。

かつて二人の指導者の間に友好的な関係があったとしても、それは今や気まずいものになっている。右に引いた詩篇三七の註解の一節において、註解者は、教師を殺そうとしていると悪しき祭司を告発する。ハバクク書註解には、次のように書かれた箇所がある。

わざわいなるかな、その隣人たちに酒を飲ませる者は、彼らの祭を見ようとしてその毒液を注いで彼らを酔わせる者は。（ハバクク書二・一五）

解釈すると、これは毒液の怒りで彼を飲み込もうと義の教師をその流浪先の家にまで追いかける悪しき祭司に関わる。そして休息のために、贖罪のために定められた時に、彼は彼らを飲み込むために、そして断食の日、つまり彼らの憩いの安息日に彼らをつまずかせるために、彼らの前に現れた。（二一・二―八、二八八―八九頁）

義の教師がその流浪先まで追いかけられたということは、彼がそれまで住んでいた家から離れ、他の場所に移り住んでいたことを意味する。その場所こそはクムランだったと思いたくなるが、それは推量でしかすぎない。この註解の研究の初期の段階において、研究者は、悪しき祭司が当時大祭司の地位にあった者であり、贖罪の日にその流浪先まで義の教師を追いかけたというのであれば、この二人が異なる日に贖罪日を遵守していたことに気づく。その理由は、悪しき祭司はその日は一日中神殿での務めで忙しい思いをしていたのだから、敵対者を追いかける時間などなかったというものである。引用した一節は、異なる暦の使用が、義の教師と悪しき祭司を分かつひとつの事柄だったという最初の鍵を与えてくれる。

では、この二人の正体は？　正直な答えは、誰も知らないというものである。クムラン出土の考古学的証拠を考慮すれば、悪しき祭司は、マカベア一族のヨナタンか彼の兄弟シモンである可能性が非常に高いようである。ある原因もしくは一連の原因が、エルサレムを中心にする、そしてこの兄弟たちによって支配されたより大きなユダヤ人共同体から、この教師を離れさせることになったにちがいない。暦の相違だけが分裂の原因だったとは考えにくい。一年が三六四日から成る暦はすでに知られていたからであり、またエノク書七二—八二章で唱道されていたからである。この暦はもっと古いものだったかもしれない。もし暦がそれを使う者を他の者たちから一世紀以上にわたって分かつ原因とならなかったら、なぜ分裂が前一五〇年か一四〇年に起こったのだろうか？

義の教師とその追随者の流浪、最初からではなかったとしても最終的には彼らをクムランに導いた流浪は、ある根源的なものに関わる政治的論争が引金になったにちがいない。既述のように、ヨセフスは、前一五九年から一五二年まで大祭司が不在だったと述べている。ヨナタンの登位はこの空位期間に終止符を打ち、大祭司職に新しい一族を持ち込むものとなる。マカベア第一書一〇章で引かれている書簡のひとつは、この時期に活躍した一人の大祭司に言及していると考えられる。もしそうなら、公認されたものであったかどうかは別にして、誰かがその地位を占めていたことになる。それは誰なのか？ ひとつの推量は、それは義の教師としてわれわれに知られている人物だったというものである。彼はクムランのテクストでは、大祭司とは呼ばれていないが、霊的な指導者で地位の非常に高い人物だったと思われる。ヨナタンがセレウコス一族の独裁者アレクサンドロス・バラスによって大祭司に任命されたとき、その地位を手にするための第一の資格は軍事力だったように思われる。ヨナタンは軍隊を背景に義の教師の地位を奪い取ったのだろうか？ われわれはそれについては何も知らないが、それは魅力のある可能性である。ヨナタンが軍隊を背景に乗り込んできた結果、義の教師のような一人の影響力のある保守的な人物は、その教えを実行に移す機会を失い、そこで彼は、その教えは神ご自身によって自分に啓示されたものだと信じていたので、今やその地位にある腐敗堕落した権力者、大祭司から袂を分かつ以外ないと決めたのかもしれない。

2 クムラン期

以上はすべて推測の域を出ず、確かなことは何も言えないが、前一五〇年ころに、義の教師とその弟子たちの流浪の引金となった何かが起こったにちがいない。彼らはダマスコに赴いたとも考えられる。義の教師に何度か言及しているダマスコ文書は、ダマスコの地における新しい契約について語っているからである。

a 第一期a

グループは、ある時期にクムランに定住する。なぜ彼らは異臭を放つ死海を見おろす草木一本とてない場所を選んだのだろうか？

宗規要覧はひとつの答えを用意してくれる。

これらの者たちが、これらすべての規定により、イスラエルにおける共同体の一員になるとき、彼らは神なき輩たちの群れから［自らを］絶ち、神の道を備えるために荒野に入って行かねばならない。「荒野で……（欠落）の道を備え、砂漠でわれわれの神のための大道をまっすぐにせよ」（イザヤ書四〇・三）と書かれてあるように。この［道］は、神がモーセの手によって命じられた律法の研究のことで、時代時代に啓示されてきたすべてのことにしたがって、また預言者たちが神の聖

なる霊により啓示したように、彼らが実践するためである。(八・一二―一六、七三頁)

グループは、神なき輩たちから自分たちを分かつことをもとめられ、イザヤの預言を成就するために荒野に入って行く。説明的な文面の「この[道]は……律法の研究のことである」の中の「この」は女性形で、分離という一般的な主題に言及するのではなく、ヴェルメシュの翻訳が明らかにしているように、「道」か「大道」のいずれかか、その双方(どちらの名詞も女性形である)に言及するものである。それゆえテクストは、荒野に入って行った者たち(彼らはこれを字義どおりに受け止めた)がイザヤの言葉の中の「道」や「大道」を比喩的な意味で理解したことを言っているのである。つまり、彼らは道路の建設を命じられたのではなく、律法を学び、そうすることにより主の到来に備えることを要求されていると解したのである。そのため彼らは、クムランがイザヤが命じたとおりの荒野であるために、その地を選び、その地で神の道である律法を研究したのである。

ドゥ・ヴォーは、考古学上の第一期aがヨハネ・ヒュルカノスの前任の者たちの一人の治世時にはじまるが、それはヒュルカノスが大祭司職を手にする前一三四年よりはるか前ではなかったと結論した。この第一期aは非常に短期間で、この時期のクムランの建造物の規模は控え目で小さなものだった。義の教師は多分この時期に会衆を率いたのであり、この時期にまた、荒野での共同体の生き方が確立されたと思われる。エルサレムの神殿共同体から離脱した結果、いかなる動物犠牲も、義の教師やその弟子によって捧げられることはなかった。彼らは今や聖所が不浄な者たちの手の中にあると信じたのである。

われわれは、クムラン創建後の歴史を基礎づける確かな証拠を何ひとつもたないが、例外は次の三つの事実だけである。第一は、第一期bにおいて、施設の規模が飛躍的に拡大され、南北がおよそ一〇〇メートル、東西が八〇メートルになったことである。第二は、後のある時期に、火災や明らかに地震と思われるものが建造物を直撃し、かなりの被害を出したことである。第三は、破壊前とほとんど同じ仕方で建造物が再建されてから何十年かして、その居住区は、後六八年か、それから遠くない時期に破壊されたことである。われわれは、ローマ軍の攻撃にさらされたとき、エッセネ派の者たちが、最終戦争が到来したと考えて（多分）、自己防衛したと信じるにたるそれなりの理由をもつ。

前二世紀にこの地に新しく入るようになった者たちの正体は知られていないが、第一期bがはじまるころには、義の教師はもはやいなかったように思われる。ダマスコ文書には、彼の死に言及しているように見える箇所があるからである。「共同体の教師の取り込まれた日から、偽りの人のもとに走った戦闘するすべての者たちが滅びるまでは、およそ四〇年（申命記二・一四）が経過する」（二〇・一三―一五、九〇頁。一九・三五―二〇・一をも参照）。研究者は、ここに見られる語句「教師の取り込まれた」をさまざまに解釈してきたが、それを義の教師の死への言及として読むのは自然である。

クムラン出土の保存のよい主要な文書を分析してきた研究者は、その中に編集や拡大の継続的な段階があるのを見抜けると確信している。この研究はしばしば非常に主観的なものなので、大方の同意を得るものではない。だが、たとえそうであっても、宗規要覧は、クムラン共同体の最初期にまで遡るもっとも古い核をもっているように見える。この第八欄の一行から第九欄の二六行までは、ひとつのパイオニア的な共同体について語っている（イザヤ書四〇章に関係する荒野についての一節は、この箇所からである）。この二欄の実質的な部分は、宗規要覧の最古の写本では欠落している。もっとも古い写本が展開の過程にあるテクストのより早い時期の形を保持しているのか、それとも、筆写生の目がひとつの文面から先の行の似たような文面に飛んでしまい、そのためその間の部分を落として欠落が生じたのかどうかは確かでないが、どうも後者らしい。

宗規要覧の第八欄の一行から第九欄の二六行において、流浪を余儀なくされた共同体は、イスラエルのための至聖所、すなわちそのより大きな聖なる共同体の中におけるもっとも神聖なグループとして自分たちの姿を描いている。彼らの務めは、イスラエルのために贖いをすることであり、神に喜ばれる献げ物として奉仕することである。モーセの戒めの一点でも故意に破る者は追放され、二度と戻ることはない。戒めを不注意から破った者は二年の刑を宣告される。二年経過して悔い改めていれば、共同体に戻る資格が与えられる。ここに重要な文面がある。「彼らは背き［の罪］と不信仰の罪を贖う。それは彼らが、全焼祭の肉や犠牲の脂身なしに、地のために慈悲を手にするためである。正しく捧げられた祈りは、［神に］受け入れられる義の香となり、道を完全にすることは喜ばしい自発の献げ物となる」（九・四―五、七四頁）。共同体の生活は、犠牲と贖いから成る神殿の祭儀に代わるものだった。もしこの部分が、加筆のない共同体の初期の文書であれば、二人のメシアへの信仰（九・一一で言及されている）は、すでにこの時期にもたれていたことになる。この部分はまた、グループの指導者である「師」（ヘブル語でマスキル）のための規定を含んでいる。

b　第一期b

第一期bにおける共同体の発展は、アレクサンドロス・ヤンナイオスの治世中（前一〇三―七六年）

のある出来事に関係する。パリサイ派の一部の者が、セレウコス王朝の専制君主デメトリウス王をエルサレムに招いて、ヤンナイオスを放逐しようと画策する。ヤンナイオスは、その報復として、ある日八〇〇人のパリサイ人を家族の者の見ている前で十字架にかける。すでに触れたように、ナホム書註解はこの出来事に言及している。研究者の中には、前八八年のこの恐ろしい処刑後に、パリサイ派の者たちがクムランに逃げ込み、そのためその数が膨れ上がったと主張する者がいる。だが、この主張は受け入れがたい。これらのエッセネ派の者は、義の教師とその弟子によって唱道された律法のより厳格な理解を実践できないために、パリサイ派の者を「滑らかなるものをもとめる者たち」と嘲笑していたからである。クムランの人びとがヤンナイオスの蛮行に過度の不快感を覚えたかどうかは明らかではない。ナホム書註解は、この出来事に判決をくださずに、それに言及しているからである。

一九九二年以来、新しいテクストがこの議論の中に持ち込まれる。一部の研究者によれば、王ヨナタン（ヤンナイオス）の名を一度は確実にあげている、そして多分さらにもう一度あげているように思われるこのテクスト（4Q448）は、クムランの巻物の中でマカベア＝ハスモン王朝の王への最初の肯定的な言及を含むものとされる。このテクストは「王ヨナタンと陛下の民イスラエルの集まりすべてのための聖性の歌」に言及していると思われるが、別の読み方をすれば、それは「聖性の歌［あるいは都］、王の喜び……」である。ヨナタンへの言及は、それから先では消えるようであるが、彼への肯定的な言及は、彼がエッセネ派の敵対者八〇〇人を処刑しただけに、クムランでは考えられないものではないだろう。だが、もし彼らがヤンナイオスに肯定的なものを感じたのなら、なぜ彼らは隔絶された生活を営みつづけたのかの疑問が起こるだろう。その答えは、彼らは自分たちが終末の日に生きていると信じ、そして聖なる潔めを遵守し、不浄なるものいっさいから自分たちを分かったために、他の者たちと没交渉となったことにもとめられるだろう。

われわれは、第一期bにクムランに住んだ人たちに関する情報をほとんどもたないが、この時期には、多数の文書が転写されたと言うことができよう。第一洞穴出土の宗規要覧、会衆規定、ダマスコ文書、神殿の巻物、感謝の詩篇の巻物、安息日の犠牲のための歌、日々の祈り、イザヤ書の大きな方の版の巻物、聖書関係のその他の文書の写し、第一エノク書やヨベル書のような文書、その他多くのものがこの第一期bに転写された。

ドゥ・ヴォー説によれば、この第一期bが終るのは、前三一年の地震がクムランを襲い、共同体の建造物を破壊した大火が発生したときである。それから約三〇年、前四年のヘロデ王の治世の終わりまで、その地は占有されることがなかった。必ずしもすべての研究者がドゥ・ヴォーの説明に納得しているわけではない。その場所が三〇年にわたって無人のままだったとする説明への反証は、貨幣や貯水槽のひとつに認められるかなりの量の泥土である。泥土が堆積して厚い層になるには、二七年も要しはしないからである。加えて、ヘロデの治世時の貨幣が一〇枚も発見されているのである。われわれは、エッセネ派の者がただちには同じ場所に彼らの居住区を再建しなかった、と考える説得力ある理由をもたない。

c　第二期

ドゥ・ヴォー説の第二期は、ヘロデの死から建造物群が最終的に破壊された時までである。そのはじまりは、実際には、ヘロデの死以前だったかもしれない。そこが長い間占有されていなかったとする証拠には説得力がないからである。建造物群は、第一期bのものとほぼ同じ規模で再建されるが、塔の強化といった小さな変化も見られる。第一期aと同じく、この第二期も筆写生が熱心に写本を写した時期である。再び、聖書関係の文書の写本や他の著作の写しが大量に登場する。第一洞穴出土の戦いの書はこの時期のものであり、聖書関係の文書の註解の多くや、外典創世記（多分）、第一一洞穴出土の読む者を魅了する詩篇の巻物もこの時期のものである。これらの時期から、筆写生たちがこれらの写本を準備したときに関して、結論を引き出せるかどうかは疑問である。たとえば、聖書関係の文書の解釈は第二期以前から確実に行われており、戦いの書のより古い版のより早い時期の写本が発見されているからである。それはともかく、ローマ軍が攻撃してきたとき、エッセネ派の者は、写本を隠し自分たちを防衛したが、その過程では多くの同志が滅びる。われわれは墓地の遺骨のどれほどのものがこの殺戮のときのものであるかを知らない。そのときエッセネ派の一部の者は、その場所を離れてマサダのような場所に行ったかもしれない。この推定を裏付けると思われる証拠のひとつは、クムランの安息日の犠牲のための歌の写しがマサダで発見されたことである。クムランに住んでいた者がそれをそこに持ち込んだようである。

B　クムランの思想と慣習の素描

右のクムランの歴史の概要に、クムランのテクストの中に見いだされる神学の要約とそれに付随する慣習を補っておくのは有益だろう。テクストや断片から現れ出る思想や慣習の型は、ひとつの体系の中で整合性をもっている。すなわち、一組のファンダメンタルな信仰のセットが独自の行動において具体的な形を要求しそれを取っている。グループの神学と行動は、聖書関係の文書に書かれてあるものに大きく依存するものであり、それゆえ同時代のユダヤ教の他の体系と多くのものを共有するが、それらは、これらのエッセネ派の者を、同時代のユダヤ教の他の宗派とはいくつかの重要な点で異なるグループとして定義できるほど独自なものである。われわれの興味をそそるクムラン思想のひとつの特徴は、そこにおいて、終末の日が今ここに到来しているという強烈な自覚が、行動はもっとも厳しい戒めに合致するものでなければならないとする、それにまさるとも劣らない確信と組み合わされていることである。事柄を単純化するようだが、『ミシュナー』や『トセフタ』、そして『タルムード』の中に見られるラビのユダヤ教は、神との契約からくる正しい行動に強い関心を示しているが、初期のキリスト教、少なくともパウロ的なキリスト教はそのアプローチを退けて、終末論的な側面により強いアクセントを置いている。クムランでは、双方の側面が強調されている。

テクストの中で一度として体系的に説明されていない神学を体系的に説明することなどは容易ではないが、基本的な信仰原理は以下のようにまとめられるであろう。

1　予定論

永遠なる全能の神は、すべてのものを創造されたが、神はそうされる前に、その創造において、将来何が起こるかを正確に定められた。神ははじめにすべてのことを定められ、それからその計画にしたがって世界の創造に向かわれただけではない。神はまた、被造物とコミュニケーションをもち、世界の構造や開示されつつある歴史のパターンを知る手がかりをその創造の随所に置かれたのである（クムランの予定論的な神学が見られるテクストに関しては、第3章、A・2・a・(1) 参照）。エッセネ派神学における予定論と摂理に与えられたこの中心的な立場は、同時代の目撃者の目を捉え、彼らを他の者たちから分かったひとつの特色である。予定論的な文面の中でしばしば出会う表現のひとつは、「神が創造される前に」であり、その類のものである。それはわれわれに、第二イザヤの章節のひとつを想起させるもので、そこでは匿名の流浪の預言者が、主は何が起こるかを昔から知っておられたと宣言している。エッセネ派は、先を見ることについての預言者の宣言の向こうに進み、神はまた、予定されたいっさいのことが起こる創造の前に、将来起こるすべてのことを順序付けられていたと告白する。クムランの写本は、この手の体系から生じる論理的な問題を手がけようとするさらなる試みについてはふれていないように見える。だがいくつかの文書は、このエッセネ派独自の信仰、すなわちヨセフスによれば、彼らをパリサイ派やサドカイ派と分かつ信仰について紛れもなく言及する文面を含んでいる。

2　二つの道

神が予定された計画の中には、二つの道がある。光の道と闇の道、善の道と悪の道である。その中を取るオプションはない。世界全体の展開は、この二元性――それは神の確かな支配のもとに置かれている――の中でなされる。おびただしい数で存在する天使と人間は、この二つの陣営のどちらかに属している。この二つの陣営は、絶えず相手の陣営と戦っている。それは、神が最後の審判のときにやってきて、光の子らとその天使の同盟軍に勝利を与えられるときにはじめて終わりを見る抗争である。

この二つの軍勢間でなされる宇宙的な戦争は、個々の人びとの生の中でも演じられている。どの人間にも何がしかの光の部分と闇の部分がある。別の言い方をすれば、たとえ光の子らの一人であっても、誰もが罪人なのである。

闇の天使は義の子らをすべて迷わせ、闇の天使が絶えるまで、彼らの罪、不義、悪はすべて、そして彼らの無法な行いはすべて、神の奇《くす》しき業にしたがって、闇の天使によって引き起こされる。彼らの苦難のどれもが、そして彼らの悩みの時期のどれもが、闇の天使の迫害の支配によってもたらされる。なぜなら、彼に割り当てられた霊たちはみな、光の子らを葬り去ろうとするからである。

(宗規要覧三・二一―二四、六五頁)

宗規要覧はつぎに、二つの霊に起因する類の行動を列挙し、綱領的な宣言をする。

人の子らの性格はこれら[二つの霊]によって支配され、その存命中、人間は誰でもそれら[二つの霊]の一部をもち、それらの道を歩む。彼らの行いにたいする報いはすべて、世々代々にわたって、各自がもつ二つの霊の多寡による。なぜなら、神は最終の時代[が到来する]まで、[二つの」霊を等分にもうけ、これら二つの霊の間に永遠の憎しみを置かれたからである。真実は偽りの働きを厭い、偽りは真実の道すべてを憎む。これら［二つの霊］の抗争は熾烈である。これらはともに歩むことができないからである。(四・一五―一八、六六頁)

人間存在の中に悪が存在する。これを説明するクムランで好んで読まれたものは、エノク文書の中でもっともよく知られる堕天使の物語(創世記六・一―四参照)である。天のみ使いたちが道を踏みはずして女たちを妊娠させたとき、彼らと彼らの子孫――それは巨人族である――は、人間社会に悪という超自然的な要素を持ち込んだというのである。アダムとイブの物語は、クムランの思想の中では、あまり大きな役割は演じていないように見える。天使(あるいは警護者)神話は、そのいくつかの型においては、悪が天の領域において先在したことを前提とするが、その起源を説明しない。

3　新しい契約の共同体

こうした状況の中で、神はひとつの民族と契約を結ばれた。神はその民族を選ばれると、それぞれ異なる時期に、だがとくにそのみ心の詳細をモーセに明かされたシナイ山で、彼らに戒めを啓示された。アブラハムと彼らの子孫は、神との契約関係の中で生きる。それから何世紀も後のことであるが、彼らの子孫は契約に忠実でなかったために、神は彼らを拒否し、ネブカドネツァルに引き渡される。だがそれにもかかわらず、神はご自身の民の残れる者たちと新しい契約を結ばれる。それは古い契約であるように見えるが、今度は要求されるものについてのより深い理解と、従わねばならぬというより大きな思いが伴う。新しい契約を結んだ残れる者たちは自分たちを真のイスラエルと見なす。クムランの中かその周辺に住んだ者たちは、自分たちが義と真実のひこばえとして神によって興された残れる者の一部であると固く信じた。彼らは毎年、七週の祭のときに、契約更新の儀式を執り行う（それは4Q226. 16－18で述べられている）。この儀式は、宗規要覧の最初の二欄と次の欄の半分の中で記述されている。共同体は、荒野の彷徨時代のイスラエルのように組織されていた。彼らは部族という言葉を使用しつづけ、祭司とレビ人とイスラエルびとの間に区別をもうけ、イスラエルびとは一〇〇〇人組、一〇〇人組、五〇人組、一〇人組の単位に分けられている。共同体の組織は宗規要覧の中でもっとも明白に扱われているが、そこで使用されている言葉は他のテクスト中でも見られるものである。メンバーたちが自分たちを指してしばしば使う言葉はヤハッド（一体とか共同体の意）である。一年に一度営まれる契約更新の儀式を扱っている箇所で、著者は次のような言葉で「共同体」を描く。

サタンの支配がつづいている限り、彼らは毎年このようにする。祭司たちが最初に、その霊の完成度による地位にしたがい、順次入場する。次にレビ人が、そして三番目にすべての民が、一〇〇〇人組、一〇〇人組、五〇人組、一〇人組の単位で順次入場する。これは各イスラエルびとが、神の永遠の計画にしたがって、神の共同体における自分の場を知るためである。なにびとも自分の場から降りたり、自分に割り当てられた地位から上がることはできない。なぜなら、聖なる計画にしたがって、彼らすべての者が、真実と謙遜の、他の者への恵みの愛と思いやりの共同体の一員とな

り、永遠の交わりの子らとなるからである。(二・一九―二五、六三頁)

グループは共同体的な生活を真に共有する。彼らは一緒になって潔めの食事を取り、祈り、討議し、そして聖書を学んだ(六・二―三、七―八)。役員のかしらは監督者(メバッケル)と呼ばれる者で、その者は、多分、師(マスキル)と呼ばれる役員と同じで、その職務は第九欄であげられている。それには、真の知識と神の奥義を教えること、その霊の完成度にしたがってメンバーたちを審査すること、グループの集会で司会役をつとめることなどが含まれている。さらにまた、入会志願者は最初にその者によって試験された。その試験にパスした者だけが、正規の一員になるための長い過程を歩むことになる(六・一三―一五)。監督は神のみ心を行うのに熱心であり、それを成就することに喜びを感じる。クムランとは異なるエッセネ派の共同体(陣営)のための法規を定めているダマスコ文書も、彼らの上に立つ監督について語っている。ヴェルメシュが「出納係り」と呼ぶ人物は、監督以外の者だったろうが、そのことは完全に明らかなわけではない。それが誰であれ、出納係りはグループの財政や、共有の所有物を管理する。宗規要覧は共同体の会議にも言及するが、それは一二人の者と三人の祭司から成る(八・一―四)。これが宗規要覧が書かれたときのグループだったのか、それとも共同体の初期の核的なものだったのかは確かではない。このグループ全体は「会衆」とか「多数者」と呼ばれる。

4　聖書関係の文書の解釈

新しい契約へのより深い自覚と献身は、聖書関係の文書の解釈と密接に関係する。どの指標もクムランで中心となったものが聖書関係の文書の研究だったことを示しており、そのような研究から、さまざまな情報が現れる。

a　終末

神の啓示の研究は、霊感により預言者の秘密を解き明かすと見なされた義の教師の存在によって容易なものにされた。その研究は、預言者たちによって予告された終末が到来していることを明らかにした。その結果は、悪が最高潮のレベルに達し、新しい契約のメンバーたちが厳しい試練にさらされるこの時代には、それを裏付けるさまざまな徴しが見られる、というものだった。この時代をあらわすのに、さまざまな言葉が使用される。たとえば、「悪の時代」とか「試練のとき」である。

b　独自の律法

聖書関係の文書の解釈は、終末が到来したという事実を明らかにしただけではなかった。それはまた、新しい契約の誓約者たちが悪の時代を、それによって生きることになる特別な律法をも引き出した。トーラーの律法は啓示されたものであり、それだけに誰も、その絶対的な権威に疑義をはさむことなどできなかった。そのどれかを犯せば、共同体から追放された（宗規要覧八・二一―二三）。だがクムランの註解者は、その特別な釈義法により、聖書の律法から、トーラーの啓示された言葉の中に隠されていると自らが信じた他の律法や戒めを引き出したのである。共同体に入る権利を自らの意志で獲得した者は（その手続きについては、第3章、B・1参照）、グループによって理解された仕方で、神の意志によって生きることを誓約する。クムラン出土の法規関係のテクストのセットは、トーラーの釈義から引き出された規定が重要なものであることを証明する。共同体の行動の符丁《コード》を厳守することが、一連の罰則によって強制されたが、罰則の中でもっとも重いものは、共同体からの追放である。他の罰則は犯した罪の程度によるもので、もっとも重いもので二年（もし「真理」を裏切り「心を頑なにして歩む」ならば［七・一八―一九］）、もっとも軽微なもので一〇日間（仲間の者が発言の最中に遮るならば［七・九―一〇］）だった。

すべてのメンバーは、その振舞いがどれほど完璧であるかによって順位づけられ、定期的に評価された。実際、ひとつの記録が残されているので、それに関係する情報は利用できる。

> 彼らはこれらの者たちを、彼らの理解と彼らの行為にしたがって、順次、書き込むので、誰もが同志の者に服従する。より低い順位の者は高い者に服従する。そして彼らは毎年彼らの霊と行為を吟味するので、各自は、その理解力と道の完璧さの程度に応じて昇格するか、その犯した過ちに応じて降格する。（五・二三―二四、六八頁）

純潔が主要な関心事だったので、クムラン共同体のドラマチックな分離であろうと、二つの陣営に区別された分離であろうと、(不浄なものからの)分離が要求された。厳しい規律は、メンバーたちが、いかなる汚れにも染まらない絶対的な純潔を守り通すためのものだった。

c 世界

啓示と聖書関係の文書の解釈もまた、世界の構造についての知識を伝えた。もろもろの啓示は、歴史の過程とその中における自己の位置を明らかにしたばかりでない。それらはまた、祝祭日の執り行われる真の暦と正しく順序づけられた時代を教えるものとされた。太陽と月は、厳密な図式的な法則にしたがって運行する。それらの法は、誓約者たちには理解できるが、異教徒の道を歩む他の者たちには理解できぬ代物だった。

啓示された暦は、一年が三六四日の太陽年と三五四日の太陰年を必要とする。第四洞穴出土のテクストの非常に多くはまだ公刊されていないが、公刊されたテクストからすれば、クムランの人びとは、ヨベル書の著者のように、三六四日から成る太陽暦のみを受け入れ、エルサレムの宗教家たちがしたがっていた太陰暦による計算法(それはヘレニズム世界の王国が使用していたものとほとんど変わらない)を退けたように見える。先行する第2章では、三六四日からなる太陽暦に言及するテクストで公刊されたものや、まだ公刊されていないものをあげた。それらはヨベル書や、第一エノク書、第一一洞穴出土の詩篇の巻物、ミシュマロート・テクスト(二四組の祭司グループ、すなわち「勤務時間」のローテーションを使っているテクスト)、4Q252、そして 4QMMT である。現在では、暦に言及するテクストはすべて利用可能であり、われわれはこれまで以上に、クムランの暦の複雑さを理解することになる。第四洞穴出土の宗規要覧の写本のひとつ（写本eと呼ばれる）が、祭司の組の交替か勤務日に関わる暦の長い記述を含めていることは、とくに興味深い。

ミシュマロート・テクストの中でしばしば見いだされるのは、三つの日付を関係づけるチャートである。その三つとは、太陽暦の日付、それに対応する図式的な太陰暦の日付、そして週番祭司の奉仕の日付である。最初の二つの日付は簡単なので容易に理解できるが、第三のものは少しばかり込み入っている。古代のユダヤにおける祭司は、二四組の交替制（勤務日）に分けられ（歴代誌上二四・七―一八参照）、神殿での奉仕はそれらの組の間で交替で行なわれた。二四のグループのうちの一組の祭司が一週間奉仕し、その奉仕が終わると、リストにあげられている次の組が日曜日に交替する。この祭司の組のローテーションを太陽暦と太陰暦の日付に結び付けることにより、暦の作者は、何かの出来事が起こる週日の要素を加えた。二つの暦はヘブル語聖書の祝祭日やエッセネ派の者が祝うそれ以外の祝祭日をあげることもある。トーラーはこれらの祝祭日のうちのあるものを特定しているので、いつそうでないものが祝われたかを計算できる。この計算をもってすれば、これらのかなり込み入ったテクストの詳細すべてを示すことは、難しいことではない。

クムランの暦の重要さは、それが前二世紀やそれ以降に神殿で使用された暦と異なることである。そのひとつの結果は、クムランの人びとや彼らの精神的父祖たちの一部の者が、独自な周期にもとづく祝祭日を守ることができたことである。換言すれば、彼らは他のユダヤ人と共有した祝祭日を同じ日に祝わなかったことである。もうひとつは、他のユダヤ人たちが祝わなかったように思われるいくつかの機会を、彼らが祝祭日として祝ったことである。以下に太字体で記したものは、聖書の祝祭日以外のものである。

過越の祭（一月一四日）
種なしのパンの祭（一月一五日から二一日まで）
揺祭（一月二六日）＝大麦の初穂
七週の祭（三月一五日）＝小麦の初穂
新しいぶどう酒の祭（五月三日）
新しい油の祭（六月二二日）
木祭（六月二三日から三〇日?）
贖罪の日（七月一〇日）
仮庵の祭（七月一五日から二一日。もう一日七月二二日が加えられる）

聖書の祝祭日以外のものは、聖書関係の文書の解釈の産物であったように思われる。

クムランでの存在が今や十分に裏付けられている太陰暦は（ヨベル書は暦の計算に月を使うことを拒否したが、第一エノク書の天文の書はそれを受け入れている）、エルサレムで使われたものと同じではなかった。それは純粋に図式的な暦であり、奇妙なことに、月の運行の観察にもとづいてはいない。隔月に三〇日と二九日が来る。一年は三五四日となるので、この太陰暦を太陽暦に合わせるには、三年毎に一か月を付け加えねばならない。クムランの太陰暦のもうひとつの奇妙な特色は、彼らが満月を――太陰暦の新月ではない――、太陰月のはじまりと見なしていたように見えることである。この暦の唱道者たちは、それと太陽暦を創造の時にまで遡らせている。彼らは、もしそのとき祭司の勤務制があったならば、その任務にあったであろう祭司の交替時間から、創造の週の六日の日付さえ定めたのである。創世記の註解者は、神は満月を創造されたので、第一の月は満月にはじまったと信じていた。神は第四日目に太陽や、月、星辰を創造されたので、暦は週の第四の日（われわれの水曜日）にはじまるのだった。

巻物の著者たちは、彼らの図式的な太陽暦が太陽年の実際の長さに合わないことに気づいていたように思われる。暦のテクストのあるものは、彼らの三六四日の暦がそれによって真の太陽年と調和される、閏月を挿入する複雑なやり方を示唆するものかもしれない。それらのテクストは、二つの暦がたんなる一年ではなく、より大きな単位で調和したことを示す十分な証拠を供している。（ダニエル書九章に見られるような）年の週や（ヨベル書に見られるような）ヨベルの年への言及がある。ヨベルの年は、四九年を一単位として数えられた。そこであげられている最大の単位は、ヨベルの年のヨベル、すなわち四九年×四九年である。エッセネ派はこのような時間の単位によって過去を日付し、未来を予告したが、もちろんそのどちらもが、神によって予定された変更など絶対に許されない計画の中で定められていたものだった。

5　礼拝

誓約者たちは、終末に至る悪の時代に生きていたので、神を拝し讃美するよう自分たちが召し出されていると感じ、そして彼らは、それを行なっているときには、天上での礼拝に参加している天使たちと交わりをもっていると実感した。誓約者たちが動物の犠牲を捧げることはなかった。クムランで発見された動物の骨は、犠牲の祭儀のためのものではなく、食事の残りものとして解釈できる。彼らは創造し・支え・救済をもたらす神に、唇の献げ物として祈りと讃歌を捧げた。すでに引用した一節には、次のようにある。

彼らは背き［の罪］と不信仰の罪を贖う。それは彼らが、全焼祭の肉や犠牲の脂身なしに、地のために慈悲を手にするためである。正しく捧げられた祈りは、［神に］受け入れられる義の香となり、道を完全にすることは喜ばしい自発の献げ物となる。（宗規要覧九・四―五、七四頁）

6　終わりのときとメシア

歴史の終わりには――誓約者たちは、神によって啓示され隠されている要求にしたがうことによって、その日に備えていた――、全能の神が介入する。神はついで、未来の偉大な指導者たち（一人の預言者とダビデの系譜のメシアと祭司のメシア）を送られる。この者たちは、光の子らの軍勢と一緒になって、悪にたいする神の最終的な勝利に与る。

二人のメシアを信じるクムランの信仰は、大きな注目を浴びるものであり、メシアを待望するこの信仰箇条を示す証拠は、近年増えつづけている。既述のように、ダマスコ文書は一八九六年にカイロで発見され、一九一〇年に公刊された。この文書の研究者は、四つの章節で「アロンとイスラエルの／出身のメシア」という語句が使用されているのに注目した。そして当然のことながら、彼らはその意味するものを考えた。一人のメシアが全イスラエルから興り、それを代表するのだろうか？　著者は二人のメシア、すなわちアロンの祭司の系譜の者とイスラエル出身の者を意味したのだろうか？　ある章節では動詞の単数形が「アロンとイスラエルのメシア」をその主語としていたが、証拠は曖昧だったので、いかなる答えもすぐには引き出せるものではなかった。こうした事情を背景に、宗規要覧の発見は、そこに同じ語句が複数形で「アロンとイスラエルのメシアたち」（九・一一）とあったために、大きな興奮を引き起こした。この一行の現れる箇所は、第四洞穴出土の宗規要覧の最古の写本（写本e）には欠落しているが、その欠落は転写の誤りからだと思われる。第九欄の一一行の複数形は、クムランの人びとが一人ではなくて二人のメシアを待望していた最初の曖昧ではない証拠となる。さらに会衆規定も別の情報を提供した。そこではこの二人が臨席する宴が描かれている。祭司が――彼はこのテクストではメシアとは呼ばれていない――宴を祝福でもって仕切り、そしてイスラエルのメシアがある重要な役割を演じている（1QSa2.11–22）。

終わりの時の世俗的な指導者と祭司の指導者というこの組合せは、さまざまなタイプ（規律や、註解

〔連続的なものと主題別のもの〕、終末論的な著作）の、かなりの数にのぼるクムラン・テクストの中で繰り返されている。予想されるようにイスラエルのメシアは、ダビデの子孫である。彼は同じものを指しているとされる称号、「ダビデの若枝」（イザヤ書からの称号）、「メシア」、「会衆の君」を帯びている。彼は、イザヤ書から引かれた言葉で、イスラエルの敵を打ち破り正義を実行する者として描かれている。だが彼の傍らではつねに、彼を教えたり、それ以外の職務をいくつかはたす祭司が見いだされる。戦いの書ではこの二人は演じるべき役割をになっているが、彼らについては、とくに祭司的なメシアについては、テクストが断片的なために知り得る情報はあまりない。だが、罪を贖うことは、彼らの職務のひとつとされている。

第3章、A・2・a・(2)ですでに見たように、死後の生に関するエッセネ派の発言は、必ずしもつねに明白ではない。だが、そこで述べたように、今やわれわれは、神が死者をよみがえらせると述べているテクストをもつのである。この復活があるのは、明らかに、最終戦争が勃発し大破局が起こった後のことである。そのとき、神や天使との新しい交わりがはじまる。メンバーたちは、神の礼拝において、自分たちが何らかの仕方で天使たちと結び付いていると信じていたので、その交わりは、いま現在彼らが享受している交わりの継続である。神殿写本は、神が創造する新しい神殿について語り、他の一連のテクストも、新しいエルサレムの見取図を描いている。それゆえ、クムランの人びとは、そこにおいて正しい犠牲の祭儀が行われる新しい神殿をもつ潔められたエルサレムへの帰還を心に描いているのである。

第5章

巻物と旧約聖書

死海の巻物がとてつもなく大きな貢献をした研究領域のひとつは、ヘブル語聖書（旧約聖書）である。もしクムランの共同体が前一五〇年から後六八／七〇年まで存続したのであれば、その終焉は、新約聖書の中の大半の文書が著される前に来たことになる。当時、自分たちの伝統の中にとどまっていたユダヤ人や、イエスをメシアだと信じたユダヤ人にとって唯一の聖なる文書とは、ヘブル語聖書の諸文書と、それに多分、ユダヤ人によって書かれた他の若干の文書だった。クムランの共同体は聖書関係の文書の研究を日課としており、その書庫には、多数の註解書が置かれていた。いったい巻物は、共同体にとってかくも重要だった旧約聖書の諸文書について、われわれに何を教えてくれたのだろうか？　その問いへの答えは三つの分野、すなわちヘブル語聖書のテクスト、聖書関係のいくつかの文書の展開、そして正典の問題に分かたれる。

A　ヘブル語聖書（旧約聖書）のテクスト

クムラン研究が開始されたそのはじめから、聖書関係の巻物は、大きな興奮を惹起した。既述のように、第一洞穴から最初に取り出された七つの巻物の中には、イザヤ書の写本が二つあった。そのひとつ（1QIsa[a]と呼ばれる）は、イザヤ書の全六六章を保存していたので、ここそこにひとつや二つの欠け字があったとはいえ、とくに注目された。実際、それは、洞穴の中から発見された写本の中でもっとも完全なものだった。クムランの写本が紀元前の最後の三世紀から紀元後の最初の一世紀までの時期のものであることがひとたび確信されると、その発見は、聖書関係のテクスト研究にとって、途方もなく重要なものになることが認識された。旧約聖書が経た歴史の幾分かを解明する作業にとって巻物がいかに重要であるかを理解するには、クムランの巻物が発見される前までの、テクストの証拠が何であったかを知る必要がある。

1　旧約聖書の諸文書の著作年代

旧約聖書の諸文書の著作年代は、これまで大いに議論されてきた。ユダヤ教徒であろうとキリスト教徒であろうとにかかわらず、より保守的な人びとは、モーセが最初の五書（トーラーとか五書と呼ばれる）を著したと長い間信じてきた。だが、たとえこの手の主張を受け入れたとしても（それを支持する直接的な証拠は何もない）、著作年代は未解決のまま残される。何しろ、モーセの存命した時期も論争事項のひとつだからである。最右翼の二つの候補は、前一五世紀と前一三世紀である。この二つの世紀の間を取る場合、それは聖書関係の年代や考古学上のさまざまな証拠をいかに解釈するかにかかっている。多くの人はモーセを五書の著者とするが、他の多くの人（ユダヤ教徒、キリスト教徒、それにそうでない人たち）は、五書はさまざまな人によって別々の時期に書かれた文書の複合体であり、これらの著者や編者はみな、モーセの死後はるか後代の人であると主張する。この後者の見解（それは文書仮説と呼ばれる）に固執する一部の研究者によれば、五書の主資料のうちでもっとも古いものは前一〇世紀／九世紀に、もっとも遅いものは前六世紀／五世紀に書かれたものである。アモス書のような一部の文書（あるいはそれらの書の一部分）は、預言者が活動していた時代（アモスの場合であれば、前八世紀）に遡るが、それはどの研究者も認めている事柄である。

研究者が精力的に論じてきたもうひとつの事柄は、旧約聖書のどの文書がもっとも新しいもので、いつそれが書かれたかである。伝統的なひとつの候補はマラキ書であり、その預言活動は前四〇〇年ころだったと想像されている。より批判的な立場を取る研究者は、ダニエル書がもっとも新しく、七章から一二章に見られる黙示録的な幻は、前一六〇年代のものであると主張する。旧約聖書は前一四〇〇年／一二〇〇年と前四〇〇年の間に書かれたものなのか、それとも前九〇〇年／八〇〇年と前一六五年の間に書かれたものなのか。そのどちらの見解を取ろうと、旧約聖書の諸文書はすべてキリスト教期以前であり、その多くは、紀元前から紀元後への世紀の変わり目から何世紀も前のものなのである。

2　テクストについてのクムラン以前の証言

ヘブル語聖書の諸文書は、キリスト教期（共通紀［CE］）以前に書かれたものだが、死海の巻物が発見されるまでは、キリスト教期以前に遡るヘブル語の写本は、これらのいかなる文書にもなかった。実際、その年代をキリスト教期以前に置くことのできる写本や断片は、それがどんなタイプのものであれ、パレスチナからは出土していなかった。旧約の諸文書が本来言っている事柄へのもっとも信頼できる証言とされるヘブル語のテクストは、何世紀にもわたって手書きされ、それがテクストにたいして繰り返されてきたが、より早い時期の写本は、ひとつとして残されていないのである。

a　マソラ・テクスト

聖書の伝統的なヘブル語テクストはマソラ・テクストと呼ばれる。それは聖なる言葉が、ユダヤ人のエキスパートたちにより、細心の注意で守られ、転写され、そして誤りがないかどうかチェックされた、何世紀にもわたる伝統の産物だった。それは敬意と熱心をもって代々伝えられてきたが、マソラ・テクストのもっとも古いものでも、八九五年につくられた「預言書のカイロ稿本《コデックス》」と九二五年ころに完成した「アレッポ稿本《コデックス》」（現在、その一部は破損している）でしかない。それゆえ、ダニエル書が前一六五年ころに完成されたものであったとしても、アレッポ稿本《コデックス》は、ヘブル語聖書の中のもっとも新しい文書とされるダニエル書が著されてから一〇九〇年後に編纂されたものなのである（ダニエル書は、ヘブル語聖書の中では、預言書としては分類されておらず、「預言書のカイロ稿本《コデックス》」の中に入っていない）。もちろん、ヘブル語聖書の中のもっとも古い文書の場合、年代上の隔りははるかに大きなものとなる。それらの文書の年代をどこに置くかによるが、ヘブル語聖書の中の最初に著された文書から、マソラ・テクストのもっとも古い写しがつくられたときまでの隔りは、約一七〇〇年から二〇〇〇年以上におよぶ。著作された時期と、残存する最古の写本年代の間のこの隔りは、誰の目にも、大きすぎるものだった。手書きで写される時代においては、何世紀も経る中で、テクストには芳しくないことが多く起こり得た。

b　七十人訳聖書（セプチュアギント）

テクストに関わるひとつの証言は、年代的には、マソラ・テクストよりもヘブル語聖書の諸文書の原本に近い所に置かれているが、それには翻訳であるという弱点がある。ヘブル語聖書の諸文書は、明らかに前三世紀にギリシア語に翻訳されはじめた。モーセ五書の翻訳にまつわる物語は、「アリステアスの書簡」と呼ばれるギリシア語の文書の中に残されている。それによれば、エジプトのギリシア人王プトレマイオス二世フィラデルフォス（前二八三―二四六年）は、翻訳の仕事をさせるために、イスラエルから七二人の学者をエジプトに連れてくるよう命じる。それは、アレクサンドリアの大図書館を使用する者に、モーセの律法の書を読めるようにさせるためだった。この書簡は、荒唐無稽な記事をあまりにも多く含んでいるため、歴史として受け取るわけにはいかないが、最初の翻訳が行われたとしている時期は史実から遠くないだろう。前二〇〇年ころまでに聖書の一部分がギリシア語に翻訳されていた証拠があるからである。次の一世紀か二世紀をかけて、ヘブル語聖書の全文書がギリシア語に翻訳され、モーセ五書の翻訳に参加した翻訳者の数にちなんで、その全体に「七十人訳聖書」(セプチュアギント)という呼称が与えられる(セプチュアギントは七十を意味し、そこから七十人訳という呼び名が生まれる。アリステアスによれば、翻訳者の数は七二人であるが、便宜のためにであろうか、七二の二は落とされて七十とされている)。現存するギリシア語訳の写本は、ヘブル語聖書の場合と同じく、原本よりもはるかに後の時代のものである。既述のように、部分訳の存在を示すより古い時代の証拠は残存するが、もっとも早い時期の完全な写本は三世紀か四世紀のものなのである。だがそうであっても、ギリシア語写本のあるものは、現存するヘブル語写本よりも、ヘブル語原本の時代にわれわれを近づけてくれるのである。

ギリシア語の諸訳(それにはいくつかあり、そのいずれもがそれ自身の伝達の歴史とさまざまな写本をもっている)は、マソラ・テクストと異なることがある。実際は、二つの間に何千という異同があるが、それらの相違の大半はまったく小さなもので、聖書を普通に読む一般の読者の気づかぬものである。たとえば、ギリシア語訳では名詞に定冠詞がつけられていても、ヘブル語聖書ではそれが欠けていたりするし、二つの版では名詞の綴りが少しばかり異なる場合もある。だが、これよりも重要な相違が見られることもある。ひとつの明白な、そして一貫した相違は、創世記五章に見られる洪水前の太祖たちの年齢である。彼らの多くは九〇〇歳以上生きている。もしこれらの太祖の年齢をヘブル語版とギリシア語版で与えられている最初の息子が誕生した時点で比較すれば、ギリシア語版はしばしばヘブル語版よりも大きな年齢、大概の場合は一〇〇歳以上も多く与えている。その結果、マソラ・テクストは洪水前の期間を一六五六年とし、七十人訳は二二四二年としている(他のテクスト伝承では、わずか一三〇七年である)。この種の例をもう少しあげる。たとえば、ギリシア語版は、ヘブル語テクストと比較すれば、アダムとアブラハムの間に一世代余計に置いており（創世記一〇・二四および一一・一二には、ケナンが挿入されている）、詩篇のギリシア語版は一五〇の詩文ではなくて一五一の詩文から成っている。ヘブル語版とギリシア語版のもっとも大きな違いは、ある文書の全体にたいし異なる版が存在することである。そのもっともよい例はエレミヤ書である。五二章から成るヘブル語版はギリシア語版よりもはるかに長く、後者は分量的にヘブル語テクストの八分の七でしかすぎない。

その大小に関わらず、二つの版の間に認められるこれらの多くの相違から惹起されるひとつの自然な問いは、どちらのテクストが原本により近いのか、ヘブル語版なのかそれともギリシア語版なのか、である。人は当然ヘブル語版だとするだろう。何しろ、ヘブル語が旧約聖書のほとんどの文書の原語だからである（ダニエル書とエズラ記の一部はアラム語で書かれている）。そして実際のところ、ギリシア語版の読みの方が明らかに優れていても、ヘブル語版の読みがしばしば優先される傾向があるのである。だが、ヘブル語版の方が概して優れていると言ったところで、ギリシア語版（やヘブル語版）に見られる違いを引き起こした資料の問題は依然として未解決のままで残される。翻訳者は誤りを犯したのだろうか？　それとも、何かの理由でより優れた読みと思われるものをつくりだしたのだろうか（その者は自分が翻訳しているテクストが意味をなさないと考えて、自分でそれを「正した」のだろうか）？　後の時代の筆写生がテクストを誤読したり写し間違いをしたのだろうか？　翻訳者は自分の前に、マソラ・テクストとは少しばかり違うヘブル語のテクストを置いていたのだろうか？　死海の巻物が発見されるまでは、この種の問いに答えるばかりか、個々の箇所でのより優れた読みを確定する外部的な情報は皆無に近かった。

c　サマリア五書

この文脈において、サマリア共同体の聖書の完結した版であるサマリア五書にも言及しておかねばならない。五書（ペンタチュウク）という言葉が示すように、それはモーセの五つの書しか含んでいない。それはマソラ・テクストとしばしば同じのヘブル語テクストである。マソラ・テクストと比較すれば、六〇〇〇近くの読みが異なるが、その大半は単語の綴りが違うといった小さなものである。この六〇〇〇近くの異同のうち約一九〇〇の場合、サマリア五書は七十人訳に一致している。それはまた、彼らの聖なる場所、ゲリジム山を権威づけようとしたイデオロギー上の理由から、サマリア人が明らかに付け加えた若干の余計な文面も含んでいる。その紛れもない例は、出エジプト記二〇章と申命記五章に見られる十戒の二つの版への付加である。すなわちサマリア・テクストは、申命記二七・二、三a、四―七、一一・三〇から取った資料を余計に加え、そのためゲリジム山に祭壇を築けという命令（申命記二七・四。サマリア・テクストはゲリジム山の名をあげるが、マソラ・テクストではエバル山である）が十戒のひとつになっているのである。現在の研究によれば、このサマリア五書は前二世紀に独自の展開を見せはじめたが、現存するその最古の写本は中世からである。

3　クムランの貢献

既述のように、一九四七年以前の研究者には、マソラ・テクスト、七十人訳、それにサマリア五書しかなく、それらはすべて共通紀後（すなわち紀元後）相当の年月が経ってからつくられた写本の中で保存されてきたものである。しかし今や、クムラン出土の聖書関係の二〇二本の写本は、その本来の原語で書かれた、そしてその年代が紀元前の最後の三世紀から紀元後の最初の一世紀の間に置かれるものを提供するのである。当然のことながら、それらは、われわれが所有する聖書関係の諸文書の途方もなく古い写しなのである。ではそれらは、ヘブル語聖書のテクストについて何を示唆するのだろうか？

a　イザヤ書の大巻物

研究者は、第一洞穴出土のイザヤ書の大巻物（1QIsa.[a] 転写時期は前一〇〇年ころ）を研究し、それをマソラ・テクストと比較する機会を得たとき、その結果に驚嘆した。イザヤ書の巻物がそのマソラ版よりも約一〇〇〇年も古いという事実にもかかわらず、テクストの意味にはほとんど影響を与えない細部の違いは別にして、二つはほとんど一致していたのである。ひとつの興味深い異同がイザヤ書六・三で見られた。マソラ・テクストによれば、天の御座の間にいたセラフィムは互いに「聖なる、聖なる、聖なる万軍の主」と呼びかけているが、イザヤ書の巻物では「聖なる、聖なる万軍の主」である。イザヤ書の巻物の読みの方が何箇所かでは優れているように見えたが、他の何箇所では、マソラ・テクストの方が優れていた。この種の比較研究から得られた結果は、クムランで代表された聖書関係の他の多くの文書でも同じだった。この新しい巻物の大多数は、マソラ・テクストと同じテクスト伝承に属している。だがそれらは何世紀も古いものであり、それゆえそれらは、いかに注意深くユダヤ人の筆写生が時代を横断してテクストを伝達したかを有無を言わせぬ仕方で示しているのである。

b　クムラン・テクストがマソラ・テクストに一致せず、七十人訳聖書に一致する場合

だがそうは言っても、事情が異なる場合もある。本文（テクスト）批評家は、マソラ・テクストと七十人訳が一致しないで、クムランのヘブル語の写本が七十人訳に一致する多くの箇所を一覧表にあげた。そのような例は、本文批評家にとって重要である。なぜならそれらは、ギリシア語の翻訳者が勝手な読みをつくりだしたのではないことを、少なくともこれらの中で示しているからである。より適切な言い方をすれば、彼らはマソラ・テクストとは異なるヘブル語のテクストを翻訳していたのである。このことは本文批評家だけが興味を示す小さな細部の場合だけでなく、より大きな異同についても言えるのである。どちらの読みがより望ましいか（すなわち、より原本に近いのか）は、別の問題である。しかし、マソラ・テクストとは違う七十人訳の多くの箇所がヘブル語の異読を再生産していることを立証しただけでも、それは注目に値する貢献だった。次に示すのは、クムランのひとつの写本がマソラ・テクストに一致するのではなくて、ひとつないしはそれ以上のギリシア語の写本に一致する、小さな違いや大きな違いの若干の例である。

（1）小さな違いの例

ある小さな異同の明瞭な例は、出エジプト記の写本に見られる。出エジプト記一・五は、ヤコブの子孫の何人が彼と一緒にエジプトに下って行ったかを述べる。その孫の総数の違いをライン・アップさせれば、次のとおりである。

マソラ・テクスト――七〇人
七十人訳――七五人
4QExod[a]――七五人

新約聖書に慣れ親しんでいる者は、殉教者ステファノが、その最後の説教でイスラエルの歴史を語り、ヨセフがヤコブとその全親族――全部で七五人――をエジプトに呼び寄せたと語った箇所（使徒行伝七・一四）を想起するだろう。使徒行伝には、ヤコブの全親族を数えるのに少しばかり異なる仕方があったのかもしれないが、クムランの写本は、少なくともひとつのヘブル語のテクストが出エジプト記一・五で、七十人訳と同じ七五という数をもっていたことを明らかにしている（七十人訳は使徒行伝の著者によって使用された聖書だったかもしれない）。

第二の例は、申命記三二・八に見いだされる。マソラ・テクストには次のようにある。

至高なるおん方は、
人類を分けられたとき、
国々を割り振られた。
おん方は
イスラエルの子らの数にしたがい

民族の境を固定された。

（「イスラエルの子ら」の箇所を除いて、訳文は NRSV から）

ギリシア語の大半の写本は傍点部の「イスラエルの子ら」を「神の天使ら」としており、若干の写本が「神の子ら」としている。第四洞穴出土の申命記の写本（4QDeut[j]）は「神の子ら」の読みを保存している。ここでのマソラ・テクストの読み（「イスラエルの子ら」）は、それまで見られた語句を神学的な動機から改めたものであるように思われる。なぜなら、この文脈の「神の子ら」は複数の神的実在者に言及するものだが、読者が無知な者であれば、それはより劣った神々（危険にも多神教に近い考え）に言及するものと受け取られかねなかったからである。それゆえ、現代の翻訳者たちも採用しているように（前掲 NRSV は「神の子ら」とする）、今やクムラン出土の申命記の写本によって支持される七十人訳の方が、原本に近いとされるのである。なぜなら、なぜ「神の子ら」（神学的に疑義のある語句）が「イスラエルの子ら」に変えられたのかを説明する方が、その反対を説明するよりも容易だからである。

（2）大きな違いの例

クムランの巻物は、七十人訳に見られる小さな異同がときにヘブル語の底本の違いに由来することを示しているばかりでない。それはより大きな違いの場合も、すなわちある箇所全体が、いや一書全体が異なる場合も、ヘブル語の底本の違いによることを示している。

(a) エレミヤ書　筆者はすでに、七十人訳のエレミヤ書がマソラ・テクストのそれよりも八分の一ほど短いと述べた。洞穴群から取り出されたエレミヤ書の六つの写しのうちあるものは、明らかに、より長いマソラ型のテクストを底本としているが、ひとつの写本（第四洞穴出土の二つ目の写し）は、同じくらいに明らかに、より短いギリシア語のテクストを底本としている。後者には、なかでもとくにエレミヤ書一〇・三―一一の単語がいくつか見られる。そこでの七十人訳は、ヘブル語のテクストの六―八節と一〇節を欠くが、クムラン出土の写本でも同じ節が欠けている。最近、エルサレムのヘブライ大学のイマニュエル・トーブは、それがどんなものであるかが分かるような仕方で翻訳している。通常の活字で印刷された箇所は三つのテクスト（マソラ・テクスト、七十人訳、4QJer^{b}）によって共有されているが、傍点をふった箇所は、ギリシア語のテクストやクムランのテクスト（その一部は復元されたものにちがいない）の中では欠けている。

（三章）なぜなら、諸国民の法は偽りのものだからです。なぜなら、人が森の中で手斧で木を切り倒して、職人が手で造ったものだからです。（四章）人はそれを金銀で飾ります。人はそれを釘とつちで固定するため、それは動きもしません。（五章）それらはきゅうり畑の案山子に似ております。それらは口をきくことができません。それらは歩けないので、運ばれて行きます。それらを恐れてはなりません。それらは悪事を働くことも、何かよいことをすることもありません。（六章）主よ、あなたに並ぶものはありません。あなたは大いなるお方、あなたの名には大いなる力があります。（七章）諸国民の王よ、誰があなたに敬意を払わないでしょうか？　それこそはあなたがお受けになるものです。諸国民のすべての賢者の間でも、そして全王国において、あなたに並ぶものはありません。（八節）彼らはみな無知で愚かです。偶像［?・］の教えは木片［からのものに］すぎないのです！（九節）銀箔はタルシシからもたらされたものです。金はウファズから。［いずれも］職人の造ったもの、金細工人の手が造ったもの。青や紫は彼らの衣、それらはすべて巧みな職人の造ったものなのです。（一〇節）しかし、主は真の神であり、その方は生ける神、永遠の王です。その方の怒りに地は震え、諸国民はその方の憤りに耐えることができません。（一一節）だからあなたがたは、次のように彼らに言いなさい。天と地をつくらなかった神々は、地の上から、そしてこれらの天の下から滅びる、と。

マソラ・テクストの中にはあるが、他の二つの版には欠けている箇所（傍点部）の内容は、ここでのテクスト上の異同が、筆写生のたんなる不注意によるものでないことを示唆している。ヘブル語テクストに見られる余計な節（八節以外の）は、主の讃美をめぐるものだが、三つのテクストに見られる箇所は、諸国民の偶像を攻撃している。ここでのマソラ版は、文章を引き伸ばした結果のものであるように見える。もしそうなら、ギリシア語のより短いテクストとクムランの断片は、そちらの方が原本に近いものであるとより強力に申し立てることができよう。だがこのようなケースにおいて、われわれは偶然的に――転写の誤りを介して――成長した別種のテクスト（複数）ではなく、おそらくはそれ自身の独立した歴史をもつ二つの版の章節を扱っているのである。神を讃美する文面は、エレミヤの言葉を扱う著者によって意図的に加えられたように思われる。これらの付加箇所は、エレミヤ書のこの部分をギリシア語に翻訳した者の写本の中にはなかったのである。今やクムランの断片は、そのようなより短い版のヘブル語の写本が実際に存在していたことを確認してくれる。

(b) サムエル記　サムエル記上下はクムラン出土の四つの写本に見られるが、そのひとつ（4QSam^b）は、洞穴群から出土したものの中でもっとも古いか、その次に古い聖書関係の写本である（前三世紀）。この四つの写本は、サムエル記上下のテクストが異なる伝承の中で経験した複雑な歴史の側面を明らかにしてくれるため、徹底的に研究されてきた。ここでその分析の詳細に立ち入る必要はないが、ダビデとゴリアテ物語（サムエル記上一七章）の証拠を検討しておくのは有益である。マソラ・テクストがこの物語に五八節を費やしているのにたいして、七十人訳はわずか三三節（一―一一節、三二―四〇節、四二―四九節、五〇―五四節）しか費やしてない。ギリシア語版には見られない大きな箇所（一二―三一節）は、エッサイがダビデをサウルの軍隊に仕えている兄たちのもとに遣わしたことや、ダビデがそこに到着したこと、ダビデがイスラエルの兵士へのゴリアテの脅しを聞いたこと、サウル王が約束した報酬、ダビデの自信が兄のエリアブを困惑させたことなどを語っている。もうひとつの大きな相違は最後の部分である。そこでのギリシア語版は、サウルがそれまでに少なくとも二度は会っているのに、彼の正体をまだ知らぬというヘブル語のテクストに見られる奇妙な報告を欠いている。

サムエル記の巻物では、この章からのものはほとんどないが、ひとつの細部の違いはなかなか面白い。マソラ・テクストは次の言葉でゴリアテを導入する。「ペリシテびとの陣営から、ガト出身でゴリアテという名の一人の勇者が進み出た。その身長は六キュビットと一スパンだった」（一七・四）。一キュビットはおよそ一八インチで、一スパンは半キュビットなので、ゴリアテの身長は九フィートと九インチだったことになる。ところがギリシア語の主要な写本のいくつかでは、ゴリアテの身長は四キュビット半（六フィートと九インチ）に縮められているのである（ダビデの身長は、どんなテクストでもあげられていない）。第四洞穴出土のサムエル記の写本も、ゴリアテの身長のキュビット数を四としている。クムランの写本はこの細部に関してギリシア語の読みと一致するが、それにもかかわらずそれは、その章全体について言えば、この非常に短い方のギリシア語テクストを支持するものではない。もしその全体が残存していたなら、その写本にはどれほどの分量のテクストが含まれていたかを計算してみれば、それはマソラ・テクストのようなより長い版を読んでいたことが示される。

c　珍しいケース

さらに別の例をあげれば、それは、聖書関係のどの写本からも消えてしまったように思われるが、今やクムランの巻物のひとつにおいてのみ保存されている文面である。サムエル記上一一章は、アンモンびとの王ナハシに言及する。彼は自分がギレアドのヤベシュの全住民の右目をえぐり出すことを条件に、町のイスラエルびととの条約締結を提案する。町の男たちは王になったばかりのサウルに助けをもとめ、サウルは彼らをその恐ろしい運命から救う。エッセネ派に関して非常に多くの情報を与えてくれるユダヤ人歴史家ヨセフスは、自己の民族についての長い歴史を『ユダヤ古代誌』の中で書いているが、彼はその前半部分で、ナハシの出来事を含む聖書物語の筋を要約する。そこでの彼は伝統的なテクストよりも多くの情報を与える。

しかし［それから］一か月過ぎたとき、サウルはアンモンびとの王ナハシとの戦争によって万人の尊敬をかち得ることになった。このナハシという王は、強力な大軍勢を率いて侵入し、ヨルダン川の向こう側に居住するユダヤ人に甚大な被害を与えた。王は彼らの町々を服属させ、人びとに蛮行と暴力を振るうことだけでは満足せず、彼らが将来二度と叛乱を企てたり、隷属状態から脱したりしようとすることがないようにと、老獪かつ狡猾な手段によってその力を弱めた。すなわち、彼は、誓約の上で降伏した者も、戦いの掟にしたがって捕虜にされた者も、すべて、右目をくり抜いて使いものにならなくしたのである――左目は盾で隠されるので、盲目同然となる。（『ユダヤ古代誌』六・六八―七〇）

ついでテクストは、ヤベシュ・ギレアドのエピソードに移る。ヨセフスによって記録されている付加資料の一部は、今や、クムラン出土のサムエル記上下の写本（4QSam[a]）の中に見いだされる。聖書の古代の他の諸版では、テクストの伝達のある時点で機械的な誤りか転写の誤りが起きたために、その余計な箇所を欠くことになったのかもしれないが、それは大いにあり得ることのように思われる。もしわれわれが、その余計な箇所をはじめて組み込んだ「新改訂標準版」（New Revised Standard Version）を、サムエル記上一〇章の末尾の他の翻訳と比較するなら、その付加箇所は一目瞭然である。それは節番号をもたない独立したパラグラフとして、文脈から切り離されているからである。

さて、アンモンびとの王ナハシはガドびととルベンびとをひどく苦しめていた。彼は彼ら一人ひとりの右の目をえぐり出し、イスラエルに救いをもたらす男［サウル］を認めようとはしなかった。ヨルダンの向こうのイスラエルびとの中で、アンモンびとの王ナハシがその右の目をえぐり出さなかった者は一人として残されていなかった。しかし、アンモンびとの手を逃れ、ヤベシュ・ギレアドに入り込んだ七〇〇〇人の男たちがいた。

サムエル記上の諸版からこのパラグラフを落とす引金となったものは、二つのフレーズ（このパラグラフの直前に置かれているフレーズ［一〇・二七の「だが彼は何も言わなかった」］とその後に置かれたフレーズ［一一・二の「およそ一か月後」。これはマソラ・テクストでは欠けているが、ギリシア語のいくつかの写本に見いだされる］）の存在である。ヘブル語では、この二つのフレーズはほとんど同一に見える。そのため筆写生は、最初のフレーズの終わりから次のフレーズの終わりまでを飛ばし、その間に置かれるパラグラフを落としてしまったように思われる。この余計な資料は、ナハシがギレアドのヤベシュの住民にたいして何をしようとしたかを理解するのに適切な文脈を与える。

d　テクストの展開についての諸説

クムラン出土のテクストに関わる新しい証拠のすべてをひとつにするのは何なのだろうか？　われわれは聖書の既知の諸版との関係をどのように評価すべきなのだろうか？　専門家は、ヘブル語聖書のテクストの異なる伝承が生まれるようになった経緯に関して、クムラン出土のテクストの光に照らして、いくつかの説をたてた。ここではその二つに注目する。

(1) ローカル・テクスト説

ハーバード大学のフランク・ムーア・クロスは、その師ウィリアム・フォクスウェル・オールブライト(彼はすでに一九四八年に、巻物が古いものであることを認めていた)の先鞭にしたがい、マソラ・テクストや、七十人訳、サマリア五書によって代表される聖書の五書の異なる伝承は地理的に別個の地域で自然に展開したという説を詳述した。ヘブル語聖書はパレスチナで書かれ(少なくともその大半はそこで書かれた)、そこにおいてそれは何世紀にもわたって研究され転写された。サマリア五書(とくに宗派的な付加部分は除く)は、このパレスチナ系譜のテクストをとくに代表する。ユダヤ人は聖書関係のテクストを、バビロンに、そして後にはエジプトに携えて行った(この二つの土地には大きなユダヤ人共同体があった)。このそれぞれの土地において、テクストが何世紀にもわたって手書きされたが、その過程で転写の誤りから、さまざまな異同が生じた。資料はバビロンにおける聖書関係のテクストの歴史について何の情報も残していないが、マソラ・テクストは、ヘブル語聖書がバビロンの大きなユダヤ人共同体の中で経た過程の結果であると想像するのは自然である。もっと多くの情報があるエジプトの場合、事情はまったく違う。七十人訳はエジプトのユダヤ人住民の一部の仕事だった。その仕事は前三世紀にはじまるが、彼らはそこにおいて利用できるヘブル語のテクストを翻訳した。底本となるテクストはパレスチナからのものだった。われわれの資料が、この出所を指し示すばかりでない。ほかならぬ七十人訳もそれを示唆する。七十人訳が多くの箇所(およそ一九〇〇の箇所)でサマリア五書に一致し、そこ

（紀元前）
六世紀
五世紀
四世紀
三世紀
二世紀
一世紀

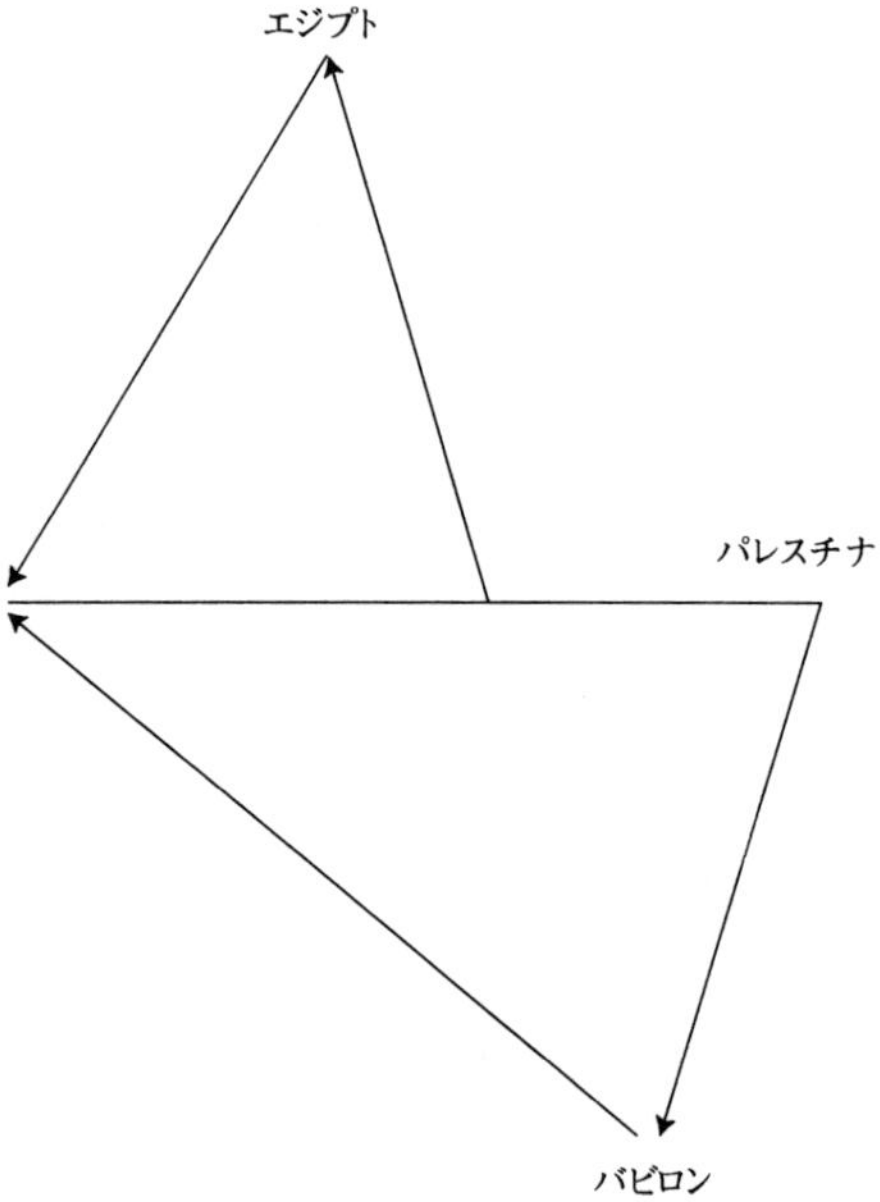

においてはその双方がマソラ・テクストに一致しないからである。したがって、七十人訳の最初の五つの書はマソラ（バビロニア）の五書よりもサマリア五書（それはパレスチナ版を代表する）により緊密に結び付いている。これら三つのテクスト・タイプの例は、ある時期にパレスチナに持ち込まれ、互いに影響しはじめる。クムランに三つの種類のテクストがあった事実は、バビロニア型とエジプト型がキリスト教紀以前にパレスチナに到来していた証拠である（この三つの関係を図示すれば、前頁のようになる）。

（2）テクストの複数・多様説

イマニュエル・トーブに結び付けることが出来ると思われる第二の説は、証拠を別の仕方で説明する。トーブは、クロスとは異なり、五書のテクストの基本的な型として三つしか見ているのではない。より正確に言えば、彼は、ひとつとして他とは一致しない多くの写本の間のはなはだしい多様性に注意を喚起するのである。彼は同じ系統の写本のクラス（互いに緊密に関係しているが、他のすべての写本とは異なる写本）などほとんど存在しないと信じている。われわれは互いに少しばかり異なり、クロス説の三つのカテゴリーに収まらない多くの写本をもっている。

トーブは、クムラン・テクストの五つのグループについて語るが、そのうちの四つ（以下の1、2、3、4）は、クムラン出土の聖書関係の写本が利用できるようになる前の研究者には知られていなかったものである。

1　とくにクムラン的な慣習で書かれたテクスト（クムランのテクストに特徴的であって他のグループのテ

クストには見られない綴りや、構文、書き方などが認められるテクスト)。テクストには、おびただしい数の誤りや訂正が認められる。これは後のマソラ・テクストに類似するテクストから転写されたものかもしれない。このカテゴリーに属す写本はクムラン出土の聖書関係の写本のおよそ二五パーセントを占める。

2 原(プロト)マソラ・テクスト。このテクストは、後のマソラ・テクストの子音字に非常によく似ている。このカテゴリーに属すものは非常に多く、全体の約四〇パーセントである。

3 前サマリア・テクスト。このテクストは、後のサマリア五書に非常に近いが、サマリア固有の付加記事は見られない。全体の約五パーセント。

4 七十人訳のヘブル語資料と想定されるものに近いテクスト。トーブによれば、ここに分類される写本の親近関係はより少ない。全体の五パーセント。

5 その他のテクスト。他のテクストとの一致や不一致のパターンに一貫性のないもの。全体の二五パーセント。

トーブによる証拠の分類は、クロスのそれよりは役立つようである。だが重要なことは、この二つの説の提唱者の間の論争に優劣の判定をくだすことではなく、クムランの巻物はヘブル語聖書の研究者に、そのテクストや、それが通過した歴史に関して、膨大な量の新しい情報を提供したと認識することである。

B　いくつかのテクストの歴史についての新しい情報

クムランの聖書関係の写本はまた、一部の文書が異なる版をもった時期をわれわれに示してくれる。実際、聖書関係の文書の諸種の写しには、種々雑多な異同があったのである。だがクムラン出土の写本は、テクスト（本文）批判的な細部以上の貢献をする。それらはまた――そしてときに聖書に無関係の著作も――、聖書関係の文書やその一部分の展開を垣間見せてくれる。エレミヤ書はここで論じ得るものであるが、少しばかり変化をつけるために、筆者はここで他の二つの例（聖書関係の写本の中の情報から生まれたものと聖書以外のテクストの中の情報から生まれたもの）を述べる。

1　詩篇の書

ここではまず、詩篇の写本が聖書関係の他のどんな文書にもましてクムランで多数発見されたことを思い起こしてほしい。その巻物は、聖詩篇の二つの版を保存していたように思われる。その写しの大半の中で裏付けられているひとつの版は、マソラ・テクストに結実する伝統に属している。すなわち、この版での詩篇は、伝統的なヘブル語テクストの中の、したがってそれからつくられるどの現代語訳にも見られる順序と形式を取っている。だがわれわれが慣れ親しんでいるその形式は、聖詩篇が古代において取った唯一の形ではなかったようである。筆者はすでに、七十人訳の詩篇の数が伝統的なヘブル語テクストに見られる一五〇ではなく、一五一だったことに触れた。詩篇一五一は、今や巻物の中に、しかもヘブル語の巻物の中に見いだされるのである。それは第一一洞穴から取り出された詩篇の大きな巻物（11QPs^{a}）の一部である。その巻物の中ではその詩篇は、ギリシア語の聖詩篇と同じく、巻物の一番最後に置かれている。それはダビデ（神による選び、羊飼いとしての彼の仕事、彼がゴリアテを打ち負かしたことなど）に焦点をあてる詩篇である。この詩篇のギリシア語版は、次のように読んでいる。

わたしは兄弟たちの中で小さく、
　わが父の家で最年少者だった。
わたしは父の羊の世話をしていた。
わたしの手は竪琴をつくり、
　わたしの指はリラをこしらえた。
誰がわが主に語ろう？　主ご自身に。
　聞かれるのは主である。
み使いを送られ、
　わが父の羊［の世話］からわたしを奪い、
　わたしに油を塗られたのは主である。
わたしの兄弟たちは美しく背も高い、

だが主は喜ばれなかった。
わたしはペリシテびとと戦うために出て行った。
彼はその偶像でわたしを呪った。
だがわたしは彼自身の剣を抜き、
彼の首を取り、イスラエルの民から恥辱を晴らした。(NRSV)

クムラン版の語順は少しばかり違うが、内容は同じである。詩篇一五一ゆえに、巻物は――それは他の所でもマソラ版の聖詩篇よりもダビデを強調している――、聖詩篇の中の支配的な登場人物、詩篇の全篇を書いたと伝統的に見なされている人物についての詩文で終っている。

だが、第一一洞穴出土の詩篇の見事な巻物は、聖詩篇の発展に関して、その詩篇にはギリシア語版と同じく第一五一編がついているという比較的小さな事実以上の情報を提供するように思われる。そのため研究者は長いこと、第一一洞穴出土の詩篇の巻物の目的について論じてきたのである。それはある特定の目的(たとえば、個人的な使用やグループの学び)のために選ばれた詩篇の個人的な集成、ないしは少なくとも特殊な集成だったのか? その詩文の集成は、マソラ・テクストの中でももっともよく知られている聖詩篇の存在を裏付ける他の写本と同じ水準のものだったのか? 換言すれば、その詩篇の集成は権威ある聖書的なものと見なされていたのか? 詩文をその中に集めた者は、それを別種の詩篇集と見なしたのだろうか? もうひとつの問いは、われわれはどのようにしてその違いを知ることができるのかである。このような問いが発せられるが、それは巻物の詩篇の配列が、いや内容さえもが古代から伝わる他のどんな版とも非常に異なるからである。残存する二七欄は、以下の順序で次の節を含んでいる（詩篇の番号はマソラの番号にしたがう。ある箇所では数節が失われているが、それは巻物がその箇所で破損しているか、失われているためであり、本来完全だった巻物に欠落していたためではなかろう）。

一〇一・一—八
一〇二・一—二、一八—二九
一〇三・一
一〇九・二一—三一
一〇五・二五—四五
一四六・九—一〇
一四八・一—一二
一二一・一—八
一二二・一—九
一二三・一—二
一二四・七—八
一二五・一—五
一二六・一—六
一二七・一

一二八・四―六
一二九・一―八
一三〇・一―八
一三一・一
一三二・八―一八
一一九・一―六、一五―二八、三七―四九、五九―七三、八二―九六、一〇五―二〇、一二八―四
二、一五〇―六四、一七一―七六
一三五・一―九、一七―二一
一三六・一―一六、二六b（?）
一一八・一、一五、一六、八、九、二九
一四五・一―七、一三―二一
一五四（この一節の存在はこれまでシリア語訳聖書の中でのみ知られていた）
救いのための嘆願（祈り）
一三九・八―二四
一三七・一、九
一三八・一―八
シラ書五一・一三―二〇b、三〇
シオンへの呼びかけ

九三・一―三
一四一・五―一〇
一三三・一―三
一四四・一―七、一五
詩篇一五五（この一篇はシリア語版でのみ知られていた）
一四二・四―八
一四三・一―八
一四九・七―九
一五〇・一―六
創造主への讃歌
サムエル記下二三・七
ダビデの著作について（唯一の散文箇所）
一四〇・一―五
一三四・一―三
一五一

われわれが慣れ親しんでいる聖詩篇と比較するとき、詩篇の巻物の特色のあるものはいかにも奇妙である。第一は、その順序が異なることである。大ざっぱに言えば、それは、一〇一―三、一〇九、一〇

五、一四六、一四八、一二一—三二、一一九、一三五—三六、一一八、一四五、一五四、新たに書き加えられたもの、一三九、一三七、一三八、シラ書五一、新たに書き加えられたもの、九三、一四一、一三三、一四四、一五五、一四二—四三、一四九—五〇、新たに書き加えられたもの、サムエル記上二三・七、新たに書き加えられたもの、一四〇、一三四、一五一である。それは伝統的な聖詩篇と、その順序にしたがっているいくつかの房（一〇一—三、一二一—三二、一三五—三六、一四二—四三、一四九—五〇）を明らかに共有しているが、他の房は、マソラ・テクストの配列とは著しく違っている。テクスト上の多くの小さな異同の他に、このような違いがあるのである。第二は、第一一洞穴出土の詩篇の巻物が、マソラの聖詩篇にないテクストを九つ含んでいることである。そのうちの三つ（一五一、一五四—五五）は聖詩篇の他の版から知られ、二つは他の文書（サムエル記下二三・七のダビデの最後の言葉と、シラ書五一章）から知られ、残る四つ（救いの嘆願、シオンへの呼びかけ、創造主への讃歌、ダビデの著作についで）は、これまでその存在が裏付けられていなかったテクストである。新たに書き加えられたものはすべて、巻物の後半部に登場する。そのひとつは詩文でさえなく、ダビデの著作リストである。われわれはこの証拠をどのように評価すべきなのだろうか？

第一一洞穴出土の詩篇の巻物に関しては、若干の事実を覚えておかねばならない。第一は、巻物上に書き残されている詩篇はすべて、聖詩篇を構成する五巻の最後の二巻からのものである（聖詩篇の第一巻は詩篇一—四一、第二巻は詩篇四二—七二、第三巻は詩篇七三—八九、第四巻は詩篇九〇—一〇六、そして第五巻は詩篇一〇七—一五〇［か一五二］である）。クムランの詩篇の巻物は、概して最初の三巻の詩文の順序が共同体時代に、詩篇九〇—一五〇／一五一の順序よりもはるかにしっかりと定められていたことを示している。したがって、第一一洞穴出土の詩篇の巻物における順序の違いは、それ自体を取り上げても、これらの詩篇のすべてが、より大きな順序の違いが普通に見られる聖詩篇の諸部分において登場するので、それが公的なものではなかったとか権威あるものではなかったとする議論への決定的な反証とはならない。それはたんに、詩篇の最後の二巻は異なる写本においては異なる型を取ったという事実を証しするひとつの証言にしかなり得ない。第二は、この異なるタイプの詩篇の巻物の写しが今や他にも存在するように見えることである。第一一洞穴出土のもうひとつの写本と、第四洞穴出土の写本である。それゆえ、第一一洞穴出土のテクストを特異なものとして退けるわけにはいかない。それは同系列のものをもつのである。

別種の聖詩篇がひとつ以上の写本の中で存在する事実は、それが実際のところ、公的な詩篇の書だった可能性を高める。こうして詩篇の巻物は、第四巻と第五巻に相当な変動があった聖詩篇の展開史の一時代をわれわれに垣間見せてくれるのである。第一一洞穴出土の詩篇の巻物とその同系列のものは、一部の聖詩篇が、順序や内容においても、互いにどんなに多くの不一致があったかを示すよい例なのである。

公的な聖詩篇は「ダビデの著作について」のような散文の部分を含み得ただろうか？　第一一洞穴出土の写本の中にそれを見いだすのは確かに驚きであるが、われわれはその存在を詩篇の集成の一部であるとして擁護することができるだろう。巻物におけるダビデへの関心の集中は、マソラの聖詩篇よりも強い。多分、「ダビデの著作について」は、詩篇の多くに見出しがあるように（そのあるものはクムランのテクストにも見られる）、それと同じくらい一般的な見出しとして機能しただろう。これらの見出しも、

「ダビデの著作について」と同じく、詩的でない。

巻物は、どのようにして単一の共同体が、その所有するものの中に、聖詩篇の二つの版をもち得たかを示している。この状況の必然的な帰結は、聖詩篇に関わる多くの問題が後一世紀の中頃（これは第一一洞穴出土の詩篇のひとつの巻物の年代である）までにはまだ最終的な決着を見ていなかったというものである。順序の違いは、もっぱら聖詩篇の最後の二巻に限られており、最初の三巻は、はるかにしっかりと定められていたようである。当時、ユダヤ教の他のグループが異なる聖詩篇をもっていたかどうかは分からない。この件に関する彼らの見解を示す証拠が何ひとつとして存在しないからである。

2　ダニエル書四

ダニエル書は別種の例を提供する。それはクムランでは十分に証拠立てられており、その写本はすべて、マソラの伝統の中に見いだされる類のテクストの存在を明らかにする。ダニエル書が古代の版において二つか三つの形で登場するだけに、この点は少々興味深いものである。マソラ・テクストは一二章から成るが、七十人訳はこれらの章と、いくつかの付加部分から成っている。その付加部分は、「スザンナ物語」（これは第一三章として数えられることがある）、「アザリヤの祈りと三人の若者の歌」（これは六八節から成るが、ダニエル書三章の二三節と二四節の間に挿入されている）、「ベルと竜」（これは第一四章として数えられることがある）である。これらの余計な章節はひとつとして、クムラン出土のダニエル書の巻物や他の別個の著作の中で浮上してきていない。ひとつないし二つのテクストは、類似したものをもつように見えるが、それは「スザンナ物語」や「ベルと竜」、第三章の「アザリヤの祈りと三人の若者の歌」の写しではない。それらはギリシア語の写本のいくつかと、ギリシア語版にもとづく翻訳のいくつかにおいてのみ証拠立てられている。

だが、それにもかかわらず、クムランでのダニエル物語は、非常に興味深いものだった。その文書の写本が八本発見されているのである。われわれはこれらに他のいくつかのダニエル物語を加えるべきであろう。それらは第四洞穴出土の四つのテクスト、すなわち偽ダニエル・テクストの写しとして分類される4Q243-45とダニエル文学のカテゴリーに入る4Q246である。この四つの断片的な写本はすべてアラム語で書かれているが、それはマソラ・テクストのダニエル書の大きな部分（二・四b―七・二八）と同じである。4Q243-45の部分は、一九五六年にすでに公刊されており、4Q246の大半も、一九七二年以降利用できる状態に置かれている。

これらのテクストとはそれ自体で興味深いものであるが、五つ目のダニエル的な著作は、一九五六年に公刊されて以来、研究者を魅了するものとなった。それには「ナボニドスの祈り」という表題が付けられている。

バビロンの王、［偉大な］王、ナブナイ（ナボニドス）によって、［至高の神］の定めによりテイマンで悪性の潰瘍に［苦しめられたときに］口にされた祈りの言葉。

予は七年の間……［悪性の腫瘍に］苦しめられた。そして悪霊祓いは予の罪を許した。彼は［ユダの流浪の子ら］の中のユダヤ人であり、［次のように言った］。「［至高の神］の名を［讃美し高めるために」これを書き留めよ。」そこで予は次のように書き留める。
「予は［至高の神の定めにより］テイマンで［悪性の］腫瘍に苦しめられた。七年間、予は銀と金、［銅と鉄］、木と石と粘土の神々に祈った。それらを神々だと［予は信じた］からである……。」

バビロンの王に接見し、主が王を罰された後に、真の神を讃美するよう王を説き伏せた一人のユダヤ人像は、もちろん研究者に、ダニエルの名を冠したダニエル書の中でダニエルが演じている役割を想起させるものだった。そこで彼らは、バビロンを離れて王位に復位するまで「七つの時」を獣と一緒に過ごした体験をネブカドネツァルが自ら語るダニエル書四章に照準をしぼった。

ネブカドネツァル（前六〇五—五六二年）は新バビロニア帝国の偉大な王で、その軍隊はユダとエルサレムを征服し、神殿と都を破壊し、ダビデ王朝を終焉させ、何千というユダの民を東方に連れて行った。彼はユダヤ文学の中ではもっとも著名な、いやもっとも悪名高いバビロンの支配者になる。ダニエル書は、彼についての物語をいくつか語っている。彼の後継者の一人で、もっとも長く支配したのはナボニドス（前五五六—五三九年）だったが、彼は古代の著作家が正反対の仕方で描く奇妙な独裁者である。彼の活動の年代を調べる者の注意を引く行動のひとつは、彼が軍隊とともにアラビアのテイマンに留まり、その間の七年ないしは一〇年、都を留守にしたことである。彼の遠征の理由を十分に知る者はいない。彼がバビロンに戻ってしばらくすると、都と帝国は、ペルシア帝国の最初の支配者クロスによって（前五三九年に）攻め落とされる。

この証拠は、ナボニドスの祈りが、ナボニドスの不可解なテイマン滞在に関する物語の歪曲されたユダヤ版であるとする理解を支持する。王と都の双方の名前がこの小さなテクストに現れ、王を癒した人物はユダヤ人とされている。そのため研究者は長いこと、ダニエル書四章がナボニドスのテイマン滞在のもうひとつのユダヤ版ではないかと疑ってきた。だが、その出来事とダニエル書四章でそれが取っている形の間には、重要な変化がいくつかある。ひとつは、王の名が、ナボニドスよりもはるかに著名な専制君主ネブカドネツァルになっていることであり、また彼がバビロンを離れた理由がかなり違うのである。王名の変更は、民話の中でごく普通に見られる現象、すなわち、より知られている人物が、より知られていない人物に結び付いている特徴や物語を自分のものにする傾向を反映している。ナボニドスの祈りとダニエル書四章はどちらも、それは神の定めだった、と王のテイマン滞在の神学的な理由をあげている。だがその二つは、バビロンから離れていた期間を非常に異なる言葉で記述する。

ナボニドスの祈りは、以下の展開を示唆する。資料は、バビロンの王ナボニドスが何年か都を離れていたと述べている（資料によっては七年、あるいは一〇年）。彼の敵対者たちは、そうした王の行動に、マルドゥク神への侮辱を見、王国の喪失をマルドゥク神が彼にくだした罰と見なす。やがて、あれこれ言われたナボニドスの行動はよく知れ渡るようになり、ユダヤ人のような被征服民によって伝説的な要素や神学的な要素が加えられて脚色される。ナボニドスの祈りは、物語の展開におけるこの段階を反映する。この版の物語がつくられたとき、それはまだ新バビロニア帝国の最後の王に結び付いていた。だが、そこに登場する神は、すでにユダヤ人の拝する神に変えられている。やがてその評判に陰りがさすと、ナボニドスはユダヤ人の間ではすっかり忘れられる。ユダヤ人は、ネブカドネツァルと彼がエルサレムとユダにたいして行なったことの方をしっかり記憶しておかねばならなかったからである。ナボニドスの名があまり馴染みのないものだっただけに、テイマンでの彼にまつわる話は潤色可能なもので、それはもっと有名なネブカドネツァルと結び付けられるようになる。これがダニエル書四章に見られる段階である。すなわち、ナボニドスの祈りは、最終的にはダニエル書四章の中にその場を見いだす物語のより早い時期の版を示すものだったと言えよう。それゆえ、この物語の聖書版は後代の一連の変更を示すものなのである。この復元の大部分は仮説にすぎないが、ダニエル書四章の物語の誕生の経緯をそれなりに説明する。

C　聖書の正典

この表題の下でいくつかの問題を区別することができるが、ここでの焦点は、ユダヤ人の諸グループがどの書を聖書の一書にするかを決定するために経た過程に関して、クムラン・テクストがわれわれに何を語るかに絞られる。

1　クムランの外からの証拠

死海の巻物とほぼ同時代のユダヤ側のテクストで、共同体のための典拠となる文書の公式リストの意味で「正典」（カノン）という言葉を使っているものはひとつもない。後になって、四世紀はじめころ、キリスト教徒はこの意味でギリシア語カノンを使用する。それまでカノンという言葉は使われていなかったが、ユダヤ人の大半かほとんどすべての者が、ある文書を神の啓示を受けたもの、それゆえ比類のない権威あるものと見なしていたと考えられる相当な理由がいくつかある。その証拠からでは、どの文書が、たとえば前一〇〇年ころに、それに該当したかは正確に言えないが、かなりの数の証言が、人びとの間で広くなされていた合意を引き出してくれる。われわれの情報は、ユダヤ人のサークルにおける聖書（a Bible）の展開に関する現存するほとんど唯一の証拠となる、小さな一連のテクストからである。

a　シラ書（シラの子イエスの知恵の書）の序

ヘブル語の知恵の書であるシラ書は、多分前一九〇年か一八〇年にヘブル語で書かれたものである。著者の孫息子は、前一三二年以後のそれから遠くない時期に、祖父のシラの子イエスの書をギリシア語に翻訳する。この書の翻訳は、アポクリファ（旧約外典）の一部になっている。この書は、シラの子イエスが権威あるものと見なしたものが何であったかの証拠を何がしか供してくれる。彼は、至高者の律法に献身することと、知恵や、預言、譬え、格言などを研究することを勧める（三九・一）。より重要なことは、この賢者が聖書時代からの著名な先人たちを讃歌する長い詩文を書いていることである（四四—五〇章）。古代の先人を讃える順序は、彼が使用する資料とその中で見いだした順序を明らかにする。彼が使用する資料の順序は、モーセ五書、ヨシュア記、士師記、サムエル書上下、列王記上下（著者は歴代誌とイザヤ書から平行資料を供している）、エレミヤ書、エゼキエル書（シラ書四九・九はヨブに言及するものかもしれないが、その箇所は問題をはらむものである)、一二預言者、エズラ記、ネヘミヤ記である。もし歴代誌上下(と、もしかしてヨブ記)がこのリストから外されれば、それはヘブル語聖書の諸書の順序と一致するだろう。唯一の違いは、後の時代に正典として受け入れられた文書のいくつかが欠けていることである(たとえば、ルツ記や、雅歌、エステル記)。これらの著名な先人は著者の敬愛する範なので、彼は、彼らの事績と敬虔の記録をその中に見いだした文書には、格別の権威を付しただろう。

著者の孫息子は、その翻訳に序を付しているが、冒頭の二つのパラグラフは、熱心な考究に値する偉大な教えがその中で見いだされる三つの文書類を数えている。

律法の書と預言者の書およびそれらにつづく他[の書物]を介して、多くの偉大な教えがわれわれに与えられてきた。われわれはそこに述べられている教訓と知恵のゆえに、イスラエルをほめ讃えるべきである。さて、それらを読む者たちは、自分自身で理解するばかりでなく、学ぶことを愛する者として語ったり書いたりして、一般の人びとを助けることができなくてはならない。わたしの祖父イエスは、とくに律法の書と預言者の書と先祖たちの他の書を読むことに打ち込み、相当精通した後、教訓と知恵に関係する書物を自分自身で書く気になった。それは彼の書物にも精通することにより、学ぶことを愛する者たちがなお一層精進して律法にしたがって生活することができるようになるためである。

それゆえ、みなさんがたは素直な心と注意深さをもってこの書を読んでほしい。われわれは熱心に翻訳したのであるが、ある語句の訳はうまいものでないかもしれないが、そのような箇所ではご容赦ねがいたい。というのも、本来ヘブル語で表現されているものは、他の言語に翻訳されると、それと正確に同じ意味を持たなくなってしまうからである。この書ばかりでなく、律法の書それ自体と預言者の書および残りの書でさえも、原著で読むときとは少なからず相違してくるのである。

著者の孫息子は、前二世紀の後半に、知恵と教訓のための権威ある資料を構成する三つの区分を知っている。彼はそのそれぞれ少しばかり違う仕方で、すなわち(一)「律法の書と預言者の書およびそれらにつづく他(の書物)」、(二)「律法の書と預言者の書と他の書」、(三)「律法の書それ自体と預言者の書および残りの書」と表現している。最初の二つのカテゴリーはよく知られているものであるが(ただし彼はどの書がこの二つのカテゴリーに属するかを特定していない)、三つ目のカテゴリーは著しく正確さを欠く(「他の[書物]」「他の書」「残りの書」)。引用した最後の一節は、この翻訳者が自分の祖父の著作を三つの区分に属する書と同じレベルにあることを暗に示そうとしているのかもしれない(「この書ばかりでなく、律法の書……さえも」)。付言すれば、この同じ一節も、祖父の書を含めて、これらの書すべてが当時ギリシア語訳で読むことができたことを暗示する。

b　マカベア第二書二・一三―一五

旧約外典のひとつであるマカベア第二書にも、どの書が権威ある書であると考えられていたかを示唆する一節が含まれている。この書の冒頭に置かれている第二の書簡(これは前一〇〇年以後で、それから遠くない時期に書かれたものである)において、ユダヤの住民は、アリストブルスと呼ばれる人物とエジプト在住のユダヤ人に向かって、（火が天から降ってきたという聖書の挿話を語った後に）次のように書く。

同じことがネヘミヤの諸記録の中や覚書の中で記録されているほか、彼が書庫を建て、歴代の王や預言者に関する文書、ダビデの諸文書、奉納物についての歴代の王たちの書簡を集めたことも記録されている。同じようにしてユダ（マッカバイオス）も、わたしたちを襲った戦争のために散逸した文書をすべて集めたので、それらは現在わたしたちの手元にある。そこでもしこれらが必要であれば、使いをよこしなさい。

著者によれば、ネヘミヤは、彼の時代（前五世紀の中頃）に文書を集めたが、ユダも彼の時代（前一六六―一六一年）に同じことを行なった。この収集が何を意味するかは語られていないが、ネヘミヤは特定の文書、すなわち「歴代の王や預言者に関する文書、ダビデの諸文書、奉納物についての歴代の王たちの書簡」を収集したとされている。これらの区分けの中に歴史書や預言書（ヨシュア記、士師記、サムエル記上下、列王記上下、そして預言者の書）、詩篇、エズラ記（本書は神殿での献げ物に関わる王の書簡を含んでいる）などを見ることができるかもしれないが、この点は明白でない。

c フィローンの『観想的生活について』二五

フィローンは、前二〇年ころから後五〇年ころまで、エジプトのアレクサンドリアで暮らしたユダヤ人哲学者である。彼はその著作『観想的生活について』の中で、テラペウタイと呼ばれるエジプトのユダヤ人グループについて記述する。彼らの存在は、彼らがエッセネ派と多くの特色を共有しているだけに、巻物の研究者には格別に興味深いものである。フィローンは彼らについて次のように述べる。

どの家にもセムネイオンとかモナステーリオンと呼ばれる聖なる場所がある。彼らはそこに単独でこもって聖化された生の秘儀を執り行う。彼らはその中に、飲み物や食べ物はもちろんのこと、身体に必要な他のすべてのものも持ち込まない。[彼らが持ち込むのは]律法[の巻物]と、預言者を介して啓示された託宣、詩篇、そして知識と敬神の念を増大させ完全にさせるその他[の文書だけ]である。

フィローンは、シラの子イエスの孫息子が述べている三つのカテゴリーをよく知っているように思われる。フィローンの「律法[の巻物]と預言者を介して啓示された託宣」はイエスの孫息子の「律法の書と預言者の書」に非常に近いが、他方フィローンの「詩篇とその他[の文書]」は孫息子が漠とした言い方で言及する「その他のもの」に相当するだろう。詩篇が「その他[の文書]」の前であげられている事実は、詩篇が法規的でも預言者的でもない文書の中でもっとも重要なものか、少なくとも第一のものと見なされていたことを示すだろう。

d　ルカ福音書二四・四四

第三福音書の中の、他の共観福音書とは平行しない箇所において、福音書記者は、復活のイエスが彼の一一人の弟子や、エマオへの旅の途上にある者、そしてその他の友人に現れた場面を描いている。イエスは、彼につきしたがった者たちの前で、魚を食べてみせて自分が亡霊でないことを確信させると、彼らに向かって次のように宣言する。「わたしについてモーセの律法と預言者の書と詩篇に書かれている事柄はみな必ず成就する。これこそ、わたしがまだあなたがたと一緒にいたときに、言っておいたことである」（四四節）。ここでのイエスの意図は、聖書のすべての文書がメシアの苦しみと死と復活について語っていることを教えることにあった。それにつづく一節も、次のように言う。「そしてイエスは、聖書を理解させるために彼らの心の目を開かれた」（四五節）。イエスは、聖書の三つの区分（モーセの律法、預言者の書、詩篇）に言及することにより、彼らの注意を聖書に向けることができた。ここでの「詩篇」という用語は、ルカが包括的な意味で使用したことを証明しないが、その名の文書以上のものを含んでいたと思われる。

e　マタイ福音書二三・三五

一部の研究者は、終わりなき義人の殉教の歴史について語るイエスの仕方は、ヘブル語聖書の最初の書（創世記）と最後の書（歴代誌下）が、マタイが福音書を著した後一世紀の後半にすでに、公式リストの中にその場を占めていたことを示唆すると主張する。テクストには次のように書かれている。「こうして、義人アベルの血から、おまえたちが聖所と祭壇の間で殺害したバラキアの子ゼカルヤの血に至るまで、地上に流された義人の血はすべて、おまえたちにふりかかる。」ここでイエスのあげるアベルの死は、創世記四・八に記録されているものであり、他方ヨヤダの子ゼカルヤの死は歴代誌下二四・二〇―二二に見られるものである（聖書にはバラキアの子ゼカルヤの殉教は見られない。ベレキアの子ゼカルヤは預言者であり、その言葉は彼の名を冠した書にあらわれる）。イエスの言葉は正典に関わっているという見解の提唱者は、イエスはそのような行為が聖書の随所に見られることを暗に言うために、その例を聖書の中の最初と最後の文書から選んだと主張する。この議論は、イエスが最初と最後の例を選んでいることを明確にしているだけに（「……から……に至るまで……義人の血はすべて」）、それなりの説得力をもつ。もしイエスが聖書の時間上のもっとも早い時点ともっとも遅い時点での例を見つけようとしたのであれば、彼はゼカルヤを選ばなかっただろう。後の例があるからである（たとえば列王記下二五・二二―二六のゲダリヤ）。だがたとえそのことを認めても、マタイ福音書の文面は、そのようなリストにおいて、どの文書が創世記と歴代誌下の間に置かれるかを述べていない。

f　第四エズラ記一四・二三―四八

第四エズラ記は、ローマ軍がエルサレムと神殿を破壊した後七〇年以降に書かれたものである。それは破壊によって引き起こされた深刻な事態を考える部分を含んでいる。著者によれば、聖書もその破局的な出来事で失われてしまったので、もしイスラエルがその導きに与ろうとするならば、それは今一度啓示されねばならない。その文書の中で英雄とされているエズラは、自分が聖霊に導かれて神の律法の中に記録されていたいっさいのものを書けるようにと祈る（ここでの「神の律法」は、聖書全体を指す包括的な意味で使用されている）。彼はその仕事のために資料を集め、強い酒を飲む。そして、知恵が注ぎ出て口がなめらかになると、彼は五人の筆記者に向かって、四〇日間にわたり休みもせずに九四冊の書物を口述する。

そして四〇日が終ったとき、至高者がわたしに語りかけた。「おまえが最初に書き記した二四冊を公にし、ふさわしい者にもそうでない者にもそれらを読ませなさい。しかし最後に書かれた七〇冊は、おまえの民の中の賢者に与えるためにもっておきなさい。というのはこれらの中には理解の源と知恵の泉と知識の川があるからである。」そこでわたしはそのようにした。（一四・四五―四七）

このわずかな言葉の中に、多くのことが暗示されている。二四という数は、ひとつの方法でヘブル語聖書の中の文書を数える場合の数である（それはギリシア語のアルファベットの数を範にしている）。それゆえ、エズラが最初に書き記した二四冊の文書について語るとき、著者はヘブル語聖書の全書の冊数に言及している可能性が非常に高い。それらが最初に書き記されたということは、それらに高い地位を与えるが、それらは義しい人たちだけのものではなくて、一般の人びとのためのものでもある（「ふさわしい者にもそうでない者にも」）。では、後になって書かれて、少数の限られた者のためのものとされる七〇冊、すなわち理解の源と知恵の泉と知識の川とされている書物とは何なのだろうか？ 著者は、ある意味で、それらに最初の二四冊（聖書の諸書）よりも高い地位を与えているように見える。七〇という数は、さらに多くの書物が聖書の二四冊の書物よりも霊感を受けたものであるが、それらを正しく解釈するためには専門的な知識を必要とする、という著者の確信を表明する一般的な数であるのかもしれない。いずれにしても、著者は、神の霊感を受けた書物をヘブル語聖書に見いだされる二四冊の書物に限定していないのである。

g　ヨセフスの『アピオーンへの反論』一・三七―四三

歴史家のヨセフスは、紀元後の九〇年代に『アピオーンへの反論』を著した。彼はこの書の中で、ユダヤ民族の歴史を読むことのできる古代の記録の真正性を擁護し、それらの記録をギリシア人の矛盾だらけの記録と対比させる。

わたしたちが正しくも信仰するわたしたちの本はわずか二二冊、しかもそれでわたしたちの全時代の記録がそこに含まれているのである。これらの本のうち、五冊はモーセに関するもので、律法と、人類誕生から彼の死に至るまでの伝承から成っている。取り扱われている時期は三〇〇〇年弱である。モーセの死からペルシア王クセルクセースを継いだアルタクセルクセース王に至る時期は、モーセにつづく預言者たちがそれぞれの時代における出来事を書きとどめ、一三巻の書におさまっている。残る四巻は、神への讃歌、および人間生活における行動の規範に関するものである。ところで、アルタクセルクセース王から現代に至る期間の［歴史については］、各時代の歴史が書かれているわけであるが、実際のところ、それ以前の記録ほどには信頼されてはいない。理由は、その間、預言者の継承が必ずしも連続的でなく、ときに断絶があったからである。（一・三八―四一）

ここでの二二という数は、より広く行われていたことが裏付けられているヘブル語聖書の完全版の中の文書を数える仕方のひとつである（この二二は多分、二二文字から成るヘブル語のアルファベットにもとづくだろう）。ヨセフスが言及するモーセの五冊が何であるかは容易に分かる。それは創世記から申命記までで、申命記の最終章は「彼の死」を語っている。「預言者たちの書」は、普通のユダヤ的な意味では、歴史書と厳密に預言者的な書である（ヨシュア記——列王記上下、イザヤ書——マラキ書）。アルタクセルクセースが預言者の継承の最後に置かれているが、それは、エズラとネヘミヤがこれらの預言者のテクストの中に含まれていたことを強く示唆する。アルタクセルクセースがその二書の中で名前をあげられている最後のペルシアの支配者だからである。「一三巻の書」とは、多分、ヨシュア記、士師記、サムエル記上、サムエル記下、列王記上、列王記下、エズラ・ネヘミヤ記（これは一書として数えられる）、エステル記、イザヤ書、エレミヤ書、エゼキエル書、ダニエル書、そして一二小預言者（一書と数えられる）である。「神への讃歌と行動の規範」を含んでいる「残る四巻」とは、おそらく詩篇や箴言を含めるものであり、もしかしてヨブ記やコヘレトの言葉を含めているかもしれない。

右で取り上げた七つのテクストは、正典の歴史にもっとも直接的に語りかけるものである。それらは、聖なる文書を三つのカテゴリー、すなわち律法の書と預言者の書と他の諸書（この中でもっともよく知られていたのは詩篇である）に分類することが普通だったことを示している。第四エズラ記とヨセフスだけが書物の数を特定し（どちらも明らかにアルファベットの数に合わせている）、そしてヨセフスだけが、彼の言う二二冊の文書が何であるかを読者に分からせるヒントを与えている。だがそれにもかかわらず、正確にどの書が含まれるのかに関して、右で引いた著者たちにはある種の不確かさが残るのである。彼らの中に、たとえばソロモンの歌を含めている者がいたのだろうか？　実際、正典の核となる文書（律法の書と預言者の書と詩篇、それに他のいくつかのもの）に関しては、彼らはある程度まで一致しているが、これらの資料からでは、正典のすべての詳細について一致していたかどうかは明らかでない。ここで忘れてはならぬことは、右に引いたテクストによってカバーされる時代において、ユダヤ教は異なるグループから成るものだったことである。パリサイ派とサドカイ派は、聖書に何を含めるか、その正確な範囲に関して合意していなかったかもしれないし、同じことが他のグループについても言えるかもしれない。われわれは、いつごろ正典をめぐるユダヤ人共同体における論争が終ったかを知らない。ヤムニア会議と呼ばれるもの（これはラビのアカデミーである）が、九〇年ころに、その最終的な決定を行なったと一般には主張される。だが、正典問題を論じる最近の研究者はそのような主張を承認せず、ヤムニアの指導者たちの間で行われた正典に関わる唯一の議論は、ある一書か二書（たとえばエステル記）が実際に聖書的であるかをめぐるだけのものだったと強調する。われわれには、ヤムニアのラビが正典を定義したかどうかの証拠はないし、また正典に関して権威ある決議文を発行したかどうかの証拠もないのである。エステル記やソロモンの歌のような文書につきまとうある種の不確かさは、後一〇〇年をはるかにすぎてもつづいたように思われる。

2　クムランからの証拠

一九四七年以前に利用できたテクストは、たとえそれがどんなに薄暗いものであっても、若干の光を聖書の正典の展開に投げかけたが、それは多くの問題を未解決のままに残した。いくつかの文書は、前一世紀や後一世紀でも、聖書にまだ加えることができたのだろうか？　もしできたとしたら、それらは実際加えられたのだろうか？　正典を定義する過程は、すべての人が承認した確かな核《コア》から、シラ書のような文書を排除することだけだったのだろうか？　すべてのユダヤ人は、右で引いたテクストが述べている事柄に同意したのだろうか？　テクストの著者たちは、より小さなグループの見解、いや個人的な見解を反映させたのだろうか？　われわれのここでの目的に関わらせて言えば、クムラン出土のテクストは、正典の展開のうすぼんやりとした歴史を晴らすのに少しは貢献するのだろうか？　この最後の問いにたいしては、われわれは次のように答えることができる。すなわち、それらはいくつかの貢献をなすが、同時に新しい問題をいくつか惹起する、と。巻物のひとつ「トーラーの著作の一部」(4QMMT)は、すでにここまでで慣れ親しんだと思われる諸書の三つの区分について述べている。「[そしてまた]あなたがモーセの書や［預］言者の言葉やダビ［デ］に理解をもつようにと、われわれはあなたに書き送った」(C9–10)。

a　判断規準

最初にしておかねばならぬのは、それによってクムランの人たちがある書を聖書的であるかどうかと判断した一定の規準を確立しておくことである。巻物のどのひとつも、ある文書が正典的であるとは一言のもとに述べてはいない。何しろそれに該当する言葉は何も使われていないのである。われわれが使う「聖書」に該当する言葉があったかどうかも明らかではない。われわれは、そのようなマーカーに代わるものとして、ある文書がとくに「権威あるもの」と見なされた手がかりを集めねばならない。そのためのひとつの方法は、その文書が典拠として引かれたり、言及されたりしているかどうか、またどのような仕方で引かれているかを調べることである。たとえば、「主はこう言われる」は、この目的にかなうひとつの指標である。もうひとつの方法は、取り上げる文書がどのような仕方で自己を示しているかを問うことである。もしクムランのテクストがある文書を権威として引き、しかもその文書自体がそれを神の啓示であるとうたっていれば、われわれはクムランの著者が権威あるものと見なした文書の有力候補をもつことになる。もうひとつの判断規準は、ある文書がペシャーの類の註解の主題、すなわち、その著者が終末の日のための神の青写真を預言のテクストの中に見いだしているものとなったかどうかである。註解者が、普通の本とは何ら変わらないたんなる良書とみなす文書にペシャーの仕方で註解を施すとは思われない。ここでまた忘れてならぬことは、註解書には義の教師によって教えられた霊感的な解釈が含まれていた可能性があることである。もしそうなら、それらは独自の権威を申し立てただろう。

b　権威ある文書

右で説明した判断規準を使用するなら、われわれは、クムランで絶対的に権威あると見なされていた文書が何であったかが分かるようになる。

(1)　典拠として引かれた文書

われわれは、クムランの写本群の中に聖書関係の文書の多くから引かれたものを見いだす。聖書関係の文書からの言葉は、「というのは、それはこのように書かれてあったからである」のような定式で導入されることがある。だが、ここで注意しておかねばならぬのは、そのような導入がヘブル語聖書（以下のb・（2）参照）の一部とならなかったいくつかの文書でも見られることである。

より完全に保存されてきたクムラン出土のテクストを一瞥しただけでも、どの文書がもっとも大きな権威をもっていると信じられたかの、荒っぽいが明らかに正確な画像を得ることができる。宗規要覧（1QS）、ダマスコ文書（CD）、戦いの書（1QM）、詞華集（4QFlor）、証言（4QTestim）、メルキゼデク・テクスト（11QMelch）は、典拠としてヘブル語聖書の一部となった以下の文書を引用する（以下であげられる書の順序は、ヘブル語聖書のそれにしたがう。律法の書、預言者の書、諸書の三つの区分は罫線で示される）。

創世記	CD
出エジプト記	1QS, CD（2）, 4QFlor
レビ記	CD（4）, 11QMelch（2）
民数記	CD（4）, 1QM, 4QTestim
申命記	CD（8）, 4QTestim（2）, 11QMelch
ヨシュア記	4QTestim
士師記	

サムエル記上下	CD（?）, 4QFlor（2）, 11QMelch（3）
エレミヤ書	
エゼキエル書	CD（3）, 4QFlor
ホセア書	CD（3）
ヨエル書	
アモス書	CD（2）, 4QFlor
オバデヤ書	
ヨナ書	
ミカ書	CD（4）
ナホム書	
ハバクク書	
ゼファニヤ書	
ハガイ書	
ゼカリヤ書	CD
マラキ書	4QFlor, 11QMelch（3）

詩篇	4QFlor（2）, 11QMelch（3）
箴言	CD

ソロモンの歌
ルツ記
哀歌
コヘレトの言葉
エステル記
ダニエル書　4QFlor, 11QMelch
エズラ記
ネヘミヤ記
歴代誌上下

ダマスコ文書は、聖書関係の文書をもっとも広く使っているが、他のテクストも、この概観をより代表的なものにするに十分な例をもっている。この一覧リストは、次のことを教えてくれる。すなわち、律法の書はすべて論証テクストとして使用されている。イザヤ書は他のいかなる文書よりもそうであり、他の預言者の書（エゼキエル書、ホセア書、アモス書、ミカ書、ゼカリヤ書、マラキ書）も似たような資格で使用されている。歴史関係の文書はそのような文脈ではほとんど使用されておらず、もっとも短い預言者の書や諸書（詩篇、ダニエル書、箴言は除く）は、論証テクストのための資料として機能していない。ダマスコ文書の第八欄はエレミヤの名をあげているが、驚くことにエレミヤ書は典拠として引かれていない。他の文書がこのリストにあげられていなくても、それが重要でなかったことや、著者がそれに言及しなかったことを意味しない。それはたんに、著者が強調しようとしているものを補完するためにそれを引かなかったことを意味するにすぎない。だが、箴言が一度だけ使われているのを別にすれば、クムランでもっとも読まれた聖書関係の一書である詩篇と、そこでまたよく知られていたダニエル書だけが「諸書」のなかで論証テクストとして使われた事実は、自分の申し立てるものにたいして強力な支持を見いだそうとする場合、著者には「諸書」よりも律法の書や預言者の書に向かう傾向があったことを示唆する。

引用する文面を導入する定式の若干のものは、ここで述べるに値する。ダマスコ文書の第三欄は「彼は彼らに言った」という語句でもって申命記九・二三を引用する。それにつづく一節から、この「彼」は「彼らの造り主」であるとされる。ダマスコ文書六・一三はマラキ書一・一〇を引き、その冒頭に「神が言われたように」という語句を置いている。この文書（一九・一一—一二）では、「[彼]」がエゼキエルの手によって語ったところの」という語句を伴う、エゼキエル書の一節が引かれている。この「彼」は明らかに神である（ヴェルメシュの翻訳では「神」が主語である）。ダマスコ文書八・九—一〇は、「その者について神は語られた」という語句でもって申命記三二・三三の言葉を引いている。戦いの書（第一一欄）の著者は、神に語りかける詩文の中で、民数記二四・一七—一九およびイザヤ書三一・八を彼の啓示として引いている。

次に、聖書関係の文書のあるものがクムランで註解の対象だったことが想起されねばならない。それらはイザヤ書（6）、詩篇（3）、ホセア書（2）、ミカ書（2）、ゼファニヤ書（2）、ナホム書（1）、それにハバクク書（1）である。これからして、ゼファニヤ書とハバクク書は、そのテクストがクムランで明らかに権威あるものと見なされた文書のリストに加えられよう。

クムランで権威あるものとされたこれらの文書に関して、われわれは少なくとも、それらがはっきりと神の啓示としてもたらすものだった（たとえば預言者の書）、ないしは神の言葉とされるものをかなりの量含んでいた（律法の書や歴史の書）と言うことができる。

他の判断規準を使用すれば、さらに多く文書がこのリストに加えられよう。たとえば、一部の研究者は、次のように言う。歴代誌はクムランで聖書的と見なされていただろう、なぜならクムランのグループは、歴代誌上二四・七―一八で規定されている祭司を二四の組に分割した交替制を受け入れていたのだから、と。だが、そのような結論にはならないだろう。二四の組は、そのころまでには、確実に伝統的なものになっていたからである。戦いの書二・二は、祭司の二四組ではなくて、二六組に言及している。

(2) 他の権威ある文書

聖書的と見なされるに至った文書の多くは、クムランで権威あるものとされ、ある文書はそうではなかった。巻物の中の他の文書もまた啓示を受けたものと見なされ、それゆえに権威あるものとされたかもしれない。筆者は次に、右にあげた規準にもとづいて、ヨベル書や、第一エノク書、神殿の巻物のような文書は、クムランの共同体が保存した聖書的な文書の中に数えられたことを主張するための根拠を集めよう。

（a）ヨベル書　ヨベル書の一五ないしは一六の写本の断片がクムランの五つの洞穴から発見されている。その数自体が、その文書が共同体にとってどんなに重要だったかを示す説得力のある指標である。一五ないしは一六の写しの総数は、聖書の諸文書の中では詩篇や、申命記、イザヤ書、出エジプト記につぐものであり、創世記と並ぶ（もし断片の数が一五であれば）。さらにヨベル書は、神の啓示であることを文書自体がうたっている。その文書の背景はシナイ山である。神は、第三の月の一六日に、モーセをシナイ山に召し出し（出エジプト記一九・一参照）、そこにおいてイスラエルの未来を語られる。ヨベル書の内容はすべて、神が直接に啓示した言葉であるか（一章）、神がみ前の天使に天の書字板からモーセに口述するよう命じたメッセージである。したがって、この文書を読む者は、神の霊感で書かれているという本書自体がなす申し立てに直面することになる。

クムランでは、ヨベル書はまた典拠として引かれている。ダマスコ文書一六・二―三（九二頁）は言う。「イスラエルが盲目の目を向ける彼らの時代の正確な確定に関してであるが、見よ、それは正確に『時代をヨベルの年と週に分かつ書』の中で定められている。」この『時代をヨベルの年と週に分かつ書』とは、古代の資料（この文書自体を含む）の多くの中でヨベル書に与えられた名称である。ダマスコ文書の著者にとって、神の啓示だとうたうヨベル書は、これから先の時代について正確な予告的な言葉を見いだすことのできる文書なのである。そこではペルーシ（「正確な確定」）という言葉が使われているが、その事実も重要だろう。その言葉が、他の所では、聖書の諸文書と結び付けられて使われているからである。「正確に確定された」と訳したその言葉は、モーセの律法の書との関連で、同じ欄の第一行で使用されている。

ダマスコ文書は、もうひとつの事柄をヨベル書に基礎づけているように思われる。第一〇欄において、裁判人の年齢は二五歳から六〇歳までとされている。「六〇歳以上の者は誰も、会衆の裁き人としてその務めをになってはならない。なぜなら人は罪を犯すことによりその寿命が縮まり、また地の住民にたいするその怒りの熱で、神は、彼らの寿命が尽きる前に、彼らの理解力が無くなるよう定められたからである」（一〇・七―一〇、九四頁）。ダマスコ文書の著者はここで、正確には引いていないが、ヨベル書二三・一一を念頭に置いているものと思われる。

典拠としてヨベル書に訴えていると思われるもうひとつの例が、現在見つかっている。そのテクスト（4Q228）は、ヨベル書に固有の言葉をいくつか使っている。「というのも、これは日の分割の中で書かれているとおりだからである。」その断片は、他でも二度ばかり「その時の分割」に言及するが、どちらもヨベル書の使用を暗示するものかもしれない。

ヨベル書に関する証拠を要約する。ヨベル書はクムランの聖書関係の五つの文書を除く他のどんな文書の写しよりも多い写しで残されている。それは神の啓示であることをうたっている。クムラン出土の文書の多分三つの節の中で、それは典拠として言及されている。加えて、他のいくつかの文書（4Q225–27）が、ヨベル書ばりの言葉や概念を使用しているため、「偽ヨベル書」と呼ばれてきた。それゆえヨベル書は、その註解をもっていないという質の問題は別として、クムランである文書を権威あるものとする特色をすべて備えているのである。後の時代、ヨベル書は、エチオピアのアビシニア教会を含めて、キリスト教徒の一部のグループの正典の一書になる。ヨベル書は、エチオピアで払われた高い敬意のゆえに、ヘブル語原本とそれにもとづくギリシア語訳が消えた後でも、保存されたのである。クムランでのヨベル書の地位に関する議論を複雑にするひとつの事実は、新たに公刊されたテクスト（4Q252）が、大洪水についてのヨベル書の年代がクムラン出土の関係文書のどれにおいても受け入れられてなかったことを示していることである。さらにまた、暦を扱ったテクストのいくつかが、ヨベル書が退ける図式的な太陰暦を説明していることである。それゆえ、大半の指示物は、ヨベル書が非常に敬意を払われた資料だったことを示しているが、必ずしもクムランのすべての者がその中の詳細のすべてに同意したわけではなかった、と言えよう。

(b) 第一エノク書　第2章（B・2・a）では洞穴群の中で発見されたテクストが概観されたが、そこでは、五つの小冊子から成る第一エノク書の大半が第四洞穴で発見されたことが言及された。二つ目の小冊子「エノクの譬え」は、現在まで発見されていない。だが、巨人族の書と呼ばれるテクストは、他の小冊子と密接な関係があるらしく、それらのいくつかと同じ巻物の上に転写されていたと思われる。七つの写本がエノク書の三つの小冊子の一部を含み、他の四つの写本がエノク書の天文の書の諸部分を残しており、多分九つの写本（第一、第二、第六洞穴からそれぞれひとつ、そして第四洞穴から六つ）が巨人族の書を保存している。もしわれわれがこれらのすべてをひとつの大きな著作の一部と見なすなら、写本の数は二〇におよぶ。それはクムラン出土のどの文書に比べても非常に大きな数となる。洞穴の中にこのように大量に残されていたこの文書も、随所で、啓示の書であると申し立てる。エノクは、自分の書くものは神の天使たちが彼に示した幻に由来するか、神自身から直接受けたものであると繰り返し述べている。エノクの知識の一部は、ヨベル書と同じく、天の書字板からとされている。

クムランの他の文書は、第一エノク書として知られている文書を、霊感を受けた文書であると特定しているようには思われない（ヨベル書四・一七―二四をこの資格の中で見るのでなければ）。その内容を要約しているところからすると、ヨベル書の著者は明らかにエノク書の小冊子を知っていた。だがエノクの書は、別の関連した仕方で、有力な資料として役立たされたのである。ヨベル書とクムランの多くのテクストは、第一エノク書一―三六（この部分は適切にも「警護者の書」と呼ばれている）にもとづくと思われる「警護者の物語」と呼ばれるものを使っている。そのテクストは創世記六・一―四を、神のよき天使たち（神の子ら）が天にある本来の住処《すみか》を去って地に降りてきたという意味で解釈する（彼らは、女たち［人の娘たち］に劣情を感じたからかもしれないし、よいことをしようとしたが、女たちを見て道をはずしたのかもしれない）。天使たちと女たちの間の不自然な結婚から生まれた子らが巨人たちで、彼らはその暴力で地を荒らし回り、カニバリズムに走る。こうして発生した恐ろしい悪を罰するために、神は洪水を送られる。この物語は、エノク文学の中ではさまざまな形で語られており、ヨベル書の中で再話され、ダマスコ文書や外典創世記のような多くのクムラン・テクストの中にも見いだされる。それは、エデンの園のアダムとイブの物語以上に、地上での悪の強烈さを説明する標準的な物語として使われた。警護者の物語がクムランで広く受け入れられた事実は、第一エノク書が権威ある書だったことを物語る。加えて、第一エノク書による図式的な太陽暦や太陰暦の使用は、クムラン出土の暦に関わるテクストの中でひとつの範となっている。第一エノク書は、多くの初期キリスト教徒にとって、正典的な文書となったが、その中には、新約聖書のユダの手紙の著者も含まれる。彼はアダムから数えて七代目のエノクの真正なる言葉として、第一エノク書一・九を引いている（ユダの手紙一四―一五)。

(c) **神殿の巻物**　神殿の巻物は、別種の例である。それはヨベル書や、第一エノク書の諸部分の写しよりも少ない写しの中で証言されている。その数少ない写しとは、第一一洞穴出土の二つの写し――原本のテクストの大部分を残している写しと、非常に断片的な写し――と、第四洞穴出土のひとつの断片的な写し(多分)である。この出土数の少なさにもかかわらず、テクストは、われわれの注目を引く仕方で、それが神の霊感を受けた文書であると申し立て、その内容は、神がシナイ山のモーセに直接語りかけたものであるとされている。もちろん、この同じ申し立てが、出エジプト記一九章から民数記一〇章(この箇所はシナイの律法授与にもっぱら言及する)までの大半にたいしてもなされている。だが神殿の巻物は、その内容を神の言葉としてパッケージする聖書記者よりもさらに先を行くことがある。著者はときに、聖書の中で第三人称であるもの(神の教えを民に伝達するモーセ)を、第一人称の主によるモーセへの語りかけに変えている。そのいくつかの例のひとつは第五六欄にあり、それは王に関する規定(申命記一七・一四―二〇)を掲げている。それを申命記と神殿の巻物で比較してみる。

申命記一七・一四―一五a

あなたがあなたの神・主の与えられる土地に入って、それを得て、そこに住むようになり、「わたしの周囲のすべての国々と同じように、わたしを治める王を立てよう」と言うならば、あなたは必ず、あなたの神、主が選ばれる者を王としてあなたの上に立てなさい(新共同訳。訳文は一部改める)。

第一一洞穴出土の神殿の巻物五六・一二―一四

わたしがあなたに与える土地にあなたが入って、それを得て、そこに住むようになり、「わたしの周囲のすべての国々がしているように、わたしを治める王を任命しよう」と言うならば、あなたは必ず、わたしが選ぶ王をあなたの上に任命しなさい。

見られるように、啓示であるという申し立ては、出エジプト記や、レビ記、民数記、そしてとくに申命記を改作し、ときにその大きな部分を引く神殿の巻物においては、厚かましいものである。

クムランのテクストの中に典拠として神殿の巻物に言及するものがあるのだろうか? その問いへの答えはいろいろ議論されている。だが、洞穴出土の他のいかなる文書も、ある議論を支持する、それとはっきり分かるような仕方で神殿の巻物に言及していない。巻物の内容は、他の所(たとえば、その暦や、十字架刑についてのその教えなど)で反映されているが、他のテクストの著者は、その巻物をそれだと分かる文書名で彼らの権威ある資料として言及していない。とはいえ、神がモーセに直接語りかけたものであると読者にうたい、その内容がクムランで権威のあったテクストが、権威ある文書と見なされなかったとは想像しがたい。後の時代のユダヤ人グループが神殿の巻物を正典的な文書と見なした証拠はまったくない。

クムラン出土の文献は、その中でわれわれが「正典意識」の証拠を検証できる、紀元前の最後の数世紀と紀元後の最初の一世紀から伝わるユダヤ文書の唯一の例なのである。さまざまなテクストは、そこでは詩篇やダニエル書にたいしてと同じように、律法の書と預言者の書に大きな敬意が払われたことを証明する。だがそれらは、後の時代の「諸書」のカテゴリーに入る文書のあるものに同じような敬意が払われた証拠をほとんど示していない。それらはまた、他の文書も権威あるものだったことを示していろ。ヨベル書と第一エノク書の一部がとくにそうだったが、神殿の巻物や註解の類の文書もそうだったろう。

以上のことから、われわれは、クムランの人たちが聖書（a Bible）を構成する文書の、ひとつの正確に定義されて閉じられたリストをもっていなかった印象を受ける。いや多分、より正確に言えば、われわれは、クムランの人びとが彼らの権威ある文書のカテゴリーの中に、ヘブル語聖書の一部とならなかったいくつかの文書を含めていたと読み取るのである。クムランの共同体は、啓示が彼らの時代でも引きつづき与えられている、と固く信じていた（義の教師は神の霊感を受けたとされた）。多分彼らは第四エズラ書一四で表明された啓示文書についてのより広い見解に近いものを抱いていたのである。

第6章

巻物と新約聖書

A　はじめに

死海の巻物が惹起したもっとも大きな興奮ともっともホットな論争のあるものは、イエス自身を含む、新約聖書および最初期のキリスト教との関係をめぐるものだった。クムラン研究の第一波から今日に至るまで、研究者の中には、巻物と新約の諸文書の間に認められる非常に近接した類似例にスポットをあてたり、クムランの人びとをキリスト教徒であるとする者がいた。だが多くの人は、そのような申し立てが行き過ぎなものであることに同意するだろう（二つのグループと彼らが著した文書の間には、大きな相違もある）。

筆者は、この章において、この問題に関わるさまざまな証拠を検討する。ここで最初に注意しておきたいのは、巻物が一度としてイエスや新約に登場する人物に言及していない事実である。もし新約の人物がクムランのテクストの中に存在するとしたら、その者は象徴的な名の背後に存在するとされねばならぬだろう。そしてまた、新約文書のいかなる部分も、また初期キリスト教のいかなるテクストも、一一の洞穴から出土したおびただしい数の断片の中に含まれていないことはほぼ確実である（この問題は以下のB・1・b・(1)で論じられる）。それゆえ、巻物と新約の間に何らかの関係があったとしても、それはより間接的なものでなければならぬだろう。確かに、エッセネ派の著作の一部は初期キリスト教の著作家たちに影響を与えただろうし、クムランの人びとと新約の中で言及されている一人の人物（か複数の人物）は互いに何らかの接触をもったかもしれない。だが、概して言えば、両者の間の結び付きは理念やそれに起因する慣習の領域においてなのである。だが、こうした結び付きがあるにもかかわらず、この二つの運動の担い手たちは、彼らの文書が示すように、互いに明確に区別され得る者たちである。その対照的な立場をひとつだけあげれば、新約がキリストなるイエスを中心としているのにたいし、巻物は一度も彼に言及していないことである。

　クムラン研究に初期から携わったもっとも著名で大きな影響力を与えた人物の一人は、フランスの学者アンドレ・デュポン＝ソメールである。彼は最初に公刊されたクムランのテクストを研究するうちに、義の教師（クムランのグループの創始者にして最初の指導者）とイエスの間に注目に値する一連の類似関係があると主張するに至った（次に掲げる英訳において傍点のふられた代名詞に注意してほしい）。

　新約の諸文書の中で描かれているガリラヤの教師は、多くの点でわれわれを驚かす正義の教師（義の教師）の生れ変りであるように見える。後者と同じく、彼は悔い改めや、［自発の］貧困、謙遜、隣人愛、貞節などを説いた。後者と同じく、彼はモーセの律法、律法全体の遵守を命じたが、律法は彼自身の啓示のおかげで完結をみた。後者と同じく、彼は選ばれた者、神のメシア、世界を救済するメシアだった。後者と同じく、彼はサドカイ派の祭司たちの敵意を買った。後者と同じく、彼は有罪を宣告されて処刑された。後者と同じく、彼はエルサレムに審判を宣言し、エルサレムは、彼を処刑したためにローマ人によって略取され破壊された。後者と同じく、彼は時の終わりに唯一の審判者となるだろう。後者と同じく、彼は教会を創始し、その信徒たちは彼の栄光のうちの再臨を熱烈に待望した。

デュポン＝ソメールの申し立ての一部はテクストのひどい誤読によるものだったが、巻物について彼が書いたりしたものやその翻訳は、その分野の専門家や巻物に関心をもつ外部の者を含めて、広く一般の人びとに達した。後者に属する一人はエドモンド・ウィルソンで、彼は広範な読者層を誇る雑誌『ニューヨーカー』に「死海からの巻物」と題する記事を書く。ウィルソンによれば、イエスや最初のキリスト教徒とクムランのエッセネ派の関係は「ひとつの運動の継続的な段階」として特徴づけられるものだった。彼はクムランについてより修辞的に宣言する。「修道院、その釜とそのインク壺、その仕事場とその手洗いの場所、聖なる文字のその華やかな群れ、死者のための何の飾りもない墓地などをもつ、あの苦い水（死海のこと、訳者）と切り立つ断崖の間にあって耐え抜いてきたこの石造りの建造物は、おそらくキリスト教の揺籃の地であるベツレヘムやナザレ以上のものである」と。ついで彼は、ユダヤ教やキリスト教の学者は巻物が示唆するものすべてを不承々々でしか認めないだろう、なぜならそれは彼らの死守する宗教上の前提を揺さぶるものになるからだと述べて、後の時代の告発を先取りして断言する。ユダヤ教の学者はマソラ・テクストの権威を死守するのに性急で、キリスト教がユダヤ教——それがどんな類のものであれ——の自然な発展だったことを進んで認めようとはしない。もちろん、キリスト教徒はキリスト教徒でキリストの独自性が失われるのではないかと神経過敏である、と。そしてウィルソンは、その後しばしば引かれることになる言葉で、次のような結論をくだす。「キリスト教は、ドグマや神の啓示として広められたというよりは、たんに人類史のひとつのエピソードとして一般的に理解されるべきだが、そのような理解こそは文化的・社会的接触にとって——すなわち文明にとって——、途方もなく大きな貢献になるように見える。死海の巻物の研究は、それが現在取っている方向に進めばの話であるが、まちがいなくこの理解に貢献すると思われる。」このようなかくも大胆な結論が巻物の限られた証拠から導きだせるのかはここからでは明らかではないし、またそれが起こるとウィルソンが心に描いた「社会的・文化的接触」にとって、巻物は大きな貢献にはなっていないように見える。

今日でも、一部の研究者は一般に承認されている見解が許容する以上にはるかに密接な所にキリスト教と巻物を置いているが、彼らは大方の者を納得させることなどできず、彼らの見解を大まじめで取り上げるのは、研究者仲間ではなく概してメディアである。彼らは巻物の年代を決定するために使用された書体学的・考古学的証拠が、彼らの説が要求する年代よりも古いものであることを示しても、それを退けたりする。その最近の例はロバート・アイゼンマンである。彼は「ザドク派」の運動が何世紀にもわたって存在したと考え、その中にエズラや、ユダ・マッカバイオス、洗礼者ヨハネ、イエス、それにイエスの兄弟ヤコブを含め、その運動は後一世紀になってはじめて宗派的になったと想像した。もう一人の例はバーバラ・スィーリングである。彼女は洗礼者ヨハネをクムランのテクストの義の教師と、イエスを悪しき祭司と同定する。彼女はまた、福音書と使徒行伝は単純な文字のレベルで読むことのできる（これは明らかに過去一九〇〇年にわたってほとんどすべての人がしてきた方法である！）、同時に彼女がついにその謎解きに成功したもうひとつのより深いレベルで読むことのできるペシャーの類の文書であると言い張った。

さまざまな人が、キリスト教との関連でクムランについて論争的な結論をくだしてきたが、多くの研究者は、静かにそして忍耐をもって、二つの宗教の文書の接触する点と相違する点を明らかにし、どのようにその相互関係を説明するかの作業に従事している。彼らの労苦の結果は、過去四〇年の間書かれた巻物に関するほとんどの著作の序論の中に見られる。巻物を最初に目にした研究者の一人、イェール大学のミラー・バロウズも、ヨハネと誓約者たち、イエスと義の教師、そのそれぞれが宣言したメッセージの間の類似点について書いている。だが彼は、より説得力のある類似点は、共同体の構造（クムランの会議における祭司でない一二人の者は一二使徒に類似する）や、礼拝の形式（洗礼と食事）、慣習（所有物の共有）、教え（光と闇の二元論や、恩恵によって与えられる義）、（何が聖書を構成するかについての定められた観念のない）聖なる文書の解釈などにおいて見られることになったと考える。そして彼は長年にわたる集中的な研究にもとづいて、次のように結論する。「わたし自身はさらに一歩先を行き、次のように告白せねばならない。わたしは死海の巻物を七年間研究したが、新約聖書についてのわたしの理解に実質的な影響があったとは思われない、と。そのユダヤ的背景は以前よりも明白で、以前よりもよく理解されるが、その意味は変えられることもなかったし、著しく明確にされたわけでもなかった。」

バロウズが注目した類縁性（や終末論のような他の若干の類似例）は、研究者が二つの共同体の間の大きな類似と認めた領域のものであり、それについて書いてきたものである。両者の間に見られる類似例を十分な数であげたリストが示す単純なる事実は、キリスト教は多くの点でユダヤ教から派生したものであることや、キリスト教は自己の生と教えを形成するにあたり、ユダヤ教の遺産の多くを借用したことを――もしそれが示すことを必要としていればの話であるが――示している。そして、ハーバード大学の神学部の前学部長クリスター・ステンダールが言うように、「巻物がキリスト教の背景に何かを加えたというのは事実そうだが、あまりにも多くのものを加えたので、さまざまな類似点の意義は、確かに、巷間言われる意味での独自性という誤った申し立てからキリスト教を救い上げると同時に、メシアの人格と出来事の中にその真の基盤があるという新たなる理解にわれわれを連れ戻す」のである。

クムランと新約関係の研究を調べてみれば、多くの研究者が穏健な立場に立っていることが明らかになる。その立場とは、二つの文書群とその共同体の間には大きな違いがあるが、神学的な用語や、信仰上の主要な教え、いくつかの組織的で祭儀的な慣習などにおいて驚くほど似通っているというものである。その類似例は他の仕方でも説明できるが、クムランの人びとと初期のキリスト教徒はともに自分たちを新しい契約の一員だと見なし（コリント人への第二の手紙三・六、ダマスコ文書二〇・一二）、そして彼らはともにユダヤ教における共通の伝統の子たちだったと、少なくとも言うことができよう。

B　巻物と新約聖書の間の類似点

この章の残りの部分では、新約聖書のさまざまな面とクムラン・テクストのそれとの間の濃淡のある類似点を裏付ける特定の証拠を選んで概観する。比較を容易にするために、資料は四つの見出しのもとに包括される。ここで覚えておいてほしいのは、ここで類似例をあげても、それはそれらがどのようにして生じたかを説明しないことである。もしわれわれが初期キリスト教とエッセネ派がある特徴を共有していることを示すことができたとしても、われわれは依然として、一方がそれを他方から得たのかを確信できず、まして、たとえばキリスト教徒がそれをクムランの誓約者から得たなどとは確信できないのである。だがもしわれわれが、初期のキリスト教徒が概してクムランの人びと（エッセネ派）に一致し、その一致する事柄において他のユダヤ人グループとは一致しない多くの例を取り出すことができれば、われわれは、イエスとその最初期の追随者に最大のものを残したユダヤ教がどんなものだったかを説明できる方向に大きな一歩を踏み出すことになる。

1　言語とテクスト

死海の巻物が登場するまで、紀元前の最後の数世紀や紀元後の最初の一世紀からのアラム語やヘブル語の文書資料はほとんど存在しなかったが、ここでその事実を想起するのは重要である。もちろん、ヘブル語聖書のほとんどすべての文書はそれよりもはるかに古い時代のものであり（ただしそれらは中世の写本においてのみ読むことができるものである）、他方、膨大なラビ文献ははるか後の時代になるまで記録されなかったのである。これらのヘブル語やアラム語のテクスト群の間の時代のもので、今日残存するものはすべて、事実上、碑文にしかすぎなかった。だが一九四七年以降、その画像は劇的に変わったのである。今や研究者は、クムランやその他の場所から出土した相当量のヘブル語やアラム語の写本を手元に置いている。それらはわれわれが扱っている時代にパレスチナで書かれたり話されていた言語について貴重な情報を提供してくれる。

a 言語

新約聖書の全文書はギリシア語で書かれたが（マルコ五・四一のタリタ・クミのような二、三のアラム語はギリシア語に音記されている）、イエス自身はアラム語やヘブル語（多分）を話し、最初期の弟子はみなガリラヤかユダヤ出身のセム語を話すユダヤ人だった。イエスにしたがった者の最初期の説教やイエス自身の言葉は、本来の言語ではなく、編集された翻訳においてのみ残されている。当然のことながら、福音書を解釈するにあたり、本来の単語や文面が何だったかを知ることはしばしば有益である。われわれは依然としてその理想に近いものを持っていないが、新約の単語や語句の多くがセム語起源のものであることが、今や巻物の中においてはじめて立証されたのである。

（1）多くの人／多数の者

しばしば引かれるひとつの例は、「多くの人／多数の者」という表現である（それは新約のいくつかの節の中で、信徒のグループ全体を指す特別の呼称となった一般的な用語である）。それはマタイやマルコの中で与えられているイエスの聖餐式の言葉の中で一団の弟子に言及するために使用されているように思われるが、ルカはその平行記事において、彼の読者のためにその意味を明らかにする必要を感じている。

マタイ二六・二七―二八

それからイエスは杯を取り、感謝の祈りを捧げた後、彼らにそれを与えて言った。「あなたたちはみな、この杯から飲みなさい。これは罪の赦しのために多くの人のために流されるわたしの契約の血だからである。」

マルコ一四・二三―二四

それからイエスは杯を取り、感謝の祈りを捧げた後、彼らにそれを与えた。彼らはみなその杯から飲んだ。彼は彼らに言った。「これは多くの人のために流されるわたしの契約の血である。」

ルカ二二・二〇

そしてイエスは、食事の後、杯にも同じことをして言った。「あなたたちのために流されるこの杯は、わたしの血における新しい契約である。」

確実だなどとは到底言えないが、イエスが彼の弟子を指して「多くの人」と言い、その内容を要約したルカがその表現を「あなたたち」と訳した可能性はある。これよりも明白な例はコリント人へ宛てたパウロの第二の手紙に見られる。その中で彼は、さまざまな感慨を抱いた教会に向けて次のように書いている。「しかし、もし誰かが苦しみの原因をつくりだしたなら、その人はわたしにではなく、ある程度――それを誇張しなければ――あなたがたすべてにたいして［苦しみの］原因となったのです。多数の者（トン・プレイオノーン）によるこの罰は、そのような人にとって十分なのです」（コリント人への第二の手紙二・五―六。同義と思われる語の用例については、使徒行伝六・二、五、一五・一二、三〇を参照）。

クムランでは、完全なメンバーシップがパウロの「多くの人／多数の者」の背後にあるヘブル語によって示されている。宗規要覧は、グループ全体の普段の会合で誰がいつ発言するのかを定めている。「そして会衆（ハ・ラビーム＝多数の者）の集会では、なに人も会衆（ハ・ラビーム）の同意や会衆（ハ・ラビーム）の監督者の［同意］なしで発言してはならない」（六・一一―一二）。この用語はこの意味で第六欄から第八欄までで二六回、第九欄で一回、そしてダマスコ文書の中で三回使用されている。これらの例のいくつかにおいては、「多数の者」は、コリント人への第二の手紙におけると同じように、明らかに裁判官のような役割をになっている。「また仲間の者を証人たちの面前で最初に諫めないで、会衆（ハ・ラビーム）の前で訴えてはならない」（六・一）。

（2）監督者

ゲザ・ヴェルメシュが「監督者」（ハ・メバケッル）と訳すヘブル語は、この点でもうひとつの例となるように思われる。それは翻訳の上では新約のエピスコポス（司教／監督）と同じで（フィリピ人への手紙一・一、テモテへの第一の手紙三・一―七、テトスへの手紙一・七―九）、クムラン共同体でも同じような監督者的な役割をになっていた人物を指すものである。ここでは異なるヘブル語が使用されているが、その者は、見習い期間のはじめにある志願者を審査する者である（宗規要覧六・一三―一五）。その者は、字義通りには「多数の者の上に」（六・一二）ある者である。第九欄の大半はその者の資格について言及し、そこにおいては、テモテへの第一の手紙とテトスへの手紙に見られるエピスコポスの職種の記述と同じく、教える権能と人格が強調されている。

（3）その他の例

右に詳述した用語上の類似の他に、巻物は新約の中に散見される他の表現もセム語起源であることを明らかにした。新約聖書と巻物の研究家であるジョセフ・フィッマイヤーは、このカテゴリーに属すパウロの表現を多数リスト・アップしている。その中には「神の義」や、「律法の働き」、「神の教会」、「光の子ら」などがある。たとえ巻物がなかったとしても、ギリシア語の語句に対応するヘブル語やアラム語の同定は困難ではなかっただろうが、巻物は、これらの表現が新約文書が書かれていた時期にセム語の中で使用されていたことを示すのである。

b　テクスト

（1）第七洞穴から新約のパピルス？

スペインのイエズス会修道士ホセ・オキャラハンは、ギリシア語の断片が発見されたクムランの第七洞穴には、マルコ、使徒行伝、ローマ人への手紙、テモテへの第一の手紙、ヤコブの手紙、ペトロの第二の手紙のテクストの諸部分の断片があったと主張して、七〇年代にひと騒ぎ起こした。もし彼がその申し立てを証明することができたら、研究者は、少なくとも後の居住時期のクムランの住民についての支配的な説を改めねばならなかっただろう。もし新約の諸文書の写本が洞穴の中にあったのであれば、キリスト教徒がクムランにいたと想像するのは自然だろう。仮にオキャラハンが正しかったら、新約学者は、新約聖書の中でもっとも遅い時期に書かれたと通常考えられているペトロの第二の手紙のような文書の著作年代を大きく改めねばならなかっただろう。新約学者はその著作年代を二世紀の早い時期に置くが、オキャラハン説を受け入れれば、それはクムラン共同体が後六八年か七〇年に破壊される以前に著されたことになってしまう。だが、彼の珍説が勝利することはなかった。少数の者はこれらのパピルスのひとつ（7Q5）についてオキャラハンの同定を受け入れたが、彼が同定したテクストは非常に小さく、断片上のどんな文字も、それが含んでいると想定された新約の一節と正確に一致するものではなかった。それゆえ、新約のテクスト（やその他の初期キリスト教のテクスト）がクムランの一一の洞穴のどれかの中で残存していたというのはまったくあり得ないことなのである。

（2）新約聖書に見るクムラン的な単語と語句

巻物を研究している者で新約の諸文書の写本がクムランで浮上したと信じる研究者は事実上一人もいないが、一部の研究者は、新約のいくつかの文書の一節は、改められたり編集されたりしてそれらのそのときの状況の中に入り込んだクムラン（より一般的にエッセネ派）の資料にもとづくものだったと考えている。この点で最大の関心を集めたのは、コリント人への第二の手紙六・一四―七・一である。

あなたがたは不信仰な者たちと一緒に不釣合いな軛につながれてはなりません。正義と無法の間にどんな関わりがあるのでしょうか？　光と闇の間に何の交わりがあるのでしょうか？　キリストはベリアルとどんな一致があるのでしょうか？　信じる者は信じない者と何を共有するのでしょうか？　神の神殿は偶像とどんな一致があるのでしょうか？　わたしたちは生ける神の神殿なのです。神がこう言われているとおりです。

「わたしは彼らの間に住み、彼らの中を巡り歩く。

そして彼らの神となり、

彼らはわたしの民となる。

それゆえ、彼らの中から出て行き、

彼らと袂を分かつように、と主は言われる。

そして汚れたものに触れてはならない。

そうすれば、わたしはあなたがたを歓迎し、

あなたがたの父となり、

あなたがたはわたしの息子、娘となる、
と全能の主は言われる。」

愛する者たちよ、わたしたちはこれらの約束を受けているのですから、身体と霊のすべての汚れから自分自身を潔め、神を恐れることにおいて、聖性を完全なるものにしようではありませんか。

これらの六節は、クムラン的な響きのする単語や語句を含んでいる。義人と悪人の間にいかなる関わりもないことや、その中間のない光と闇の二元論、多種多様なクムラン・テクストの中でごく普通に登場する悪しき者を指すベリアル（Beliar = Belial）という名（新約ではここでしか見られない）など。パウロはここでもまた、コリントの信徒に向かって、聖性に関わる潔めのことを説いている。もちろん、潔めはクムランの中心的な関心事だった。パウロがこれらの用語をエッセネ派の文書（クムランの文書）から借用したとしても、その証明はできないが、彼は右に引いたコリント人への第二の手紙六・一四―七・一において、クムランのテクストからもっともよく知られている用語を実際に使っているのである。

（3）山上の説教

クムラン的な響きのする単語や語句が見られる他の例は、マタイ五―七章の山上の説教である。そのひとつは、「霊において貧しい」（マタイ五・三、戦いの書一四・七）である。その説教の中で奨励されている態度の中には誓いをしないこと（マタイ五・三三―三七）――それはヨセフス（『ユダヤ古代誌』一五・三七一）によれば、エッセネ派の特徴だった――や、右の頬を打たれたら反対の頬を向けることなどがある（五・三八—三九、宗規要覧一〇・一七—一八）。山上の説教における対照法（「あなたがたは……と言われたことを聞いている。しかしわたしはあなたがたに言っておく」）は、ハラハー的な書簡（まだ公刊されていない「トーラーの著作の一部」）が宗団とその敵対者の間の不一致に言及する仕方（「あなたがたは知っている……わたしたちは考える［言う］」）をわれわれに思い起こさせる。

2　登場人物

新約に登場する個々の者がクムランと何らかの関係があったのではないかとする推定は、研究者を長い間引き付けてきたものである。一部の者は、新約に登場する人物が「義の教師」や「悪しき祭司」の背後に隠れていると主張さえしたが、これらの説は多くの支持者を得ることができないでいる。新約に登場する人物が、その名や肩書があげられていなくても、クムランと接触があったと信じるにたる理由があるのだろうか？

a　洗礼者ヨハネ

比較研究の最初から、研究者は、ヨハネとその教え、およびクムランの人びとと彼らの教義の間の類似性を強調してきた。ヨハネは、いくつかの理由から、クムランと接触をもったと思われる最右翼の候補者であるように思われた。まず第一に、彼の父は祭司であり（ルカ一・五、八—二三）、彼が生まれたとき、彼の父は、彼について次のように言った。

おさなごよ、おまえはいと高き方の預言者と呼ばれる。
　おまえは主に先だって行き、その方の道を整え、
　主の民に罪の赦しによる救いの知識を与えるからである。
われらの神の優しい憐れみによって
　高き所から曙の光がわれらの上に射す。
暗黒と死の陰に座している者たちに光を与えるために。
（ルカ一・七六―七九）

ルカはこのすぐ後で次のように言う。「おさなごは成長し、霊において強くなり、イスラエルの人びとの前に現れるまで荒野の中にいた」（一・八〇）。これによれば、ヨハネは宣教活動をはじめる前からすでに荒野の中にいたのであり、そこにおいて神の言葉が、皇帝ティベリウスの第一五年に彼に臨む（三・一―二）。

共観福音書の記者は、ヨハネの仕事を悔い改めの説教をすることと特徴づけることによって、同じような仕方で彼の公的な宣教活動に言及する（マタイ三・二、マルコ一・四、ルカ三・三［ルカでは、「罪の赦しを得させるために悔い改めの洗礼を述べ伝えた」とある］）。ヨハネの活動は、イザヤの預言的な言葉を実行したために、終わりの日のための神の計画の中のより大きな目的に仕えるものだった。ヨハネは、

荒野で叫ぶ者の声。
「主の道を整え、
　その方の道をまっすぐにせよ。
谷はみな埋められ、
　山と丘はみな低くされる。
曲がった道はまっすぐにされ、
　でこぼこの道は平にされ、
人はみな神の救いを仰ぎ見る。」
（ルカ三・三―六＝イザヤ書四〇・四―五。マタイ三・三とマルコ一・二―三も参照してほしい。この二つはイザヤ書四〇・三のみを引いている。）

ヨハネの説教の特徴は、終末論的な緊迫さやその日がはじまり主が到来する前の悔い改めの必要にあった。マタイとマルコはヨハネの一風変わった衣服と食べ物についての記述も加え（マタイ三・四―五、マルコ一・六）、そして二人は、ルカもそれに加わるのだが、ヨハネがヨルダン川で人びとに洗礼を授けたと報告する（マタイ三・五―六、マルコ一・五、ルカ三・三［ルカはここで「彼はヨルダン川沿いの地方一帯に行った」と述べている］）。ヨハネの力強い単刀直入なメッセージは、人びとの心を揺さぶり、彼は躊躇することなく聴衆に彼らの罪とその当然の報いをつきつける（マタイ三・七―一〇、ルカ三・七―一四）。ルカはヨハネ自身が聴衆の関心の対象となったと報告する。「民衆は待ち望んでいたので、ヨハネについて、もしかしたら彼がメシアではないかと、彼らはみな心の中で考えていた」(三・一五)。それにたいしヨハネは、自分のように水で洗礼を授けるのではなく、聖霊と火で洗礼を授け、審判のために来る自分よりも優れた者の到来を告げる(ルカ三・一六―一八。マタイ三・一一―一二、マルコ一・七―八、ヨハネ一・一九―二八をも参照してほしい)。もちろん、ヨハネはわれわれの記憶に残る場面でイエスに洗礼を授けたが、後に投獄され斬首される。

新約のヨハネ像の中の多くの記述は、クムラン共同体とテクストを想起させる。ヨハネはクムランに近い働きをしたかもしれない。ヨハネ福音書は彼の洗礼運動の場を「ヨルダン川の向こうのベタニア」(一・二八)、「水が豊かだったサリムの近くのアイノン」(三・二三)とする。これら二つの場所のどちらも確定されているわけではないが、それらはクムランよりもさらに北だったように思われる。だが、ヨルダンの近くの荒野における彼の運動からして、彼がクムランの近くに、いやクムランにさえ赴いたとしてもおかしくない。悔い改めを目的としたヨハネの洗礼は、身の潔めと聖化を目的とした水による清めについてのクムランの教え(宗規要覧三・四―五、九)に類似する。宗規要覧は次のようにも述べている。「彼らは水に入って聖なる者たちの潔めの食事に与ってはならない。その悪に背を向けないかぎり、彼らは潔められないからである。彼の言葉に背く者はみな汚れている」(五・一三―一四、六九頁)。これはよく知られていることだが、クムランの建造物群には水槽が点在しており、そのうちのいくつかには、水の所まで降りて行ける階段がついている(これは水槽が共同体に属する者の規則的な儀式的沐浴のために使用されたことを示す事実である)。ヨハネの洗礼とクムランの儀式は、いくつかの点で異なっただろう。たとえば、ヨハネの洗礼は悔い改めた者にたいしてただ一度だけ授けられたように見える。それに反し、ほとんど確実に言えることだが、クムランの沐浴はもっと頻繁なものだった。だがその違いにもかかわらず、双方の潔めは悔い改めと密接に結び付いており、そしてそれは、改宗者のための洗礼のようなものではなくユダヤ人のためのものだった。ここで覚えておきたいのは、テクストがクムランの共同体と洗礼者ヨハネの使命を同じ聖書の箇所、つまりイザヤ書四〇・三を引くことによって説明していることである。宗規要覧（八・一二―一五）がこの一節を引くのは、文字どおり荒野に行き、モーセのトーラーの研究を介して、主の道を整えよという預言者の言葉をグループがその荒野で実践していることを示すためだった。他方、福音書はどれもそれをイエスの先がけとしてのヨハネの宣教に結び付けている。

クムランの宗団とヨハネの間で類似するものは、ヨハネをエッセネ派（クムランの一員）とする所までには至っていないが、それらは確かに示唆的であり、そのため一部の研究者は、洗礼者ヨハネとエッセネ派との関係を強く申し立てるに至っている。だが彼が実際クムラン共同体の一員であったとしても、またその場所を訪れたりしたことがあったとしても、彼は後になってそこを離れ、誰にも依存しない独自な宣教活動をつづけたであろう。

b　他の登場人物たち

新約の中の他のいかなる人物も、洗礼者ヨハネのようにクムランの共同体と結び付く候補ではない。だが新約の中である役割を演じている旧約の人物を含むより広い意味で「登場人物」という語を使用するならば、それにはアダムや、エノク、ノア、ダビデ、その他多くの者が含まれるだろう。クムランのいくつかのテクストが言及するそのような人物の一人はメルキゼデクである。もちろんヘブル人への手紙の中では、彼はイエスが属す聖職位の祭司として、また多くの点でイエスを予示した祭司として顕著な役割を演じている。マタイとルカに見られる系図は、イエスがレビ族（これは祭司の部族である）出身でなかったことを示している。イエスが完全な大祭司であることはヘブル人への手紙の著者のキリスト論にとって重要だったので、彼はアブラハムに出会い、太祖を祝福したサレムの祭司にして王である謎の人物に関わる伝承（創世記一四・一八—二〇）に細工を施している。

このサレムの王メルキゼデクは至高なる神の祭司でしたが、王たちを滅ぼして戻って来たアブラハムに会い、そして祝福しました。アブラハムは彼にすべてのものの十分の一を分け与えました。彼の名の意味は、まず第一に、「義の王」、次に「サレムの王」、すなわち「平和の王」です。彼には父もなく、母もなく、系図もなく、また、生涯のはじめもなく、命の終わりもなく、神の子に似た者であって、永遠の祭司なのです。（ヘブル人への手紙七・一—三）

創世記一四・一八—二〇と詩篇一一〇・四（「メルキゼデクの聖職位によれば、あなたは永遠の祭司なのです」）を組み合わせ、そこから演繹することによって、著者は一人の漠とした、だが神秘的な人物についての注目すべきポートレートをつくりあげている。

メルキゼデク・テクスト（11QMelchizedek）と呼ばれる第一一洞穴出土のテクストは、ヘブル人への手紙の中のメルキゼデクの高挙された地位と性格に類似するものを少なくとも供している。メルキゼデク・テクストの中では、メルキゼデクは自由と審判を宣告し、悪にたいして神の復讐をはたす天使として登場する。彼の超人間的な地位や、神の天上の会議における彼の役割、そして義しい人のための彼の救いの行為などは、ここではとくに興味深いものである。もちろん、メルキゼデク・テクストの中では、サレムの祭司・王はヘブル人への手紙の中でのようには描かれていないが……。もうひとつのテクストもメルキゼデクに言及しているように見える。それは安息日の犠牲のための歌（4Q400-407. これ以外の写本は第一一洞穴とマサダからのものである）であるが、そこでは、ヘブル人への手紙がイエスを天の大祭司として描いているように、メルキゼデクを天の大祭司として描いているようである。だがここでは注意が必要である。このテクストの他の関係ある部分はひどく損傷しているからである。

3　慣習

研究者が気づいてすでに久しい事柄だが、クムランの誓約者と新約のキリスト教徒の間の真に説得力のある類似例は、行為や慣習の領域で見いだされたのである。ここではその類似するものを選んでみる。

a　所有物の共有

ペンテコステ（五旬節）の出来事を描いた後、最初の教会史家ルカは次のように書く。「信者たちは全員ひとつになって、すべての物を共有した。彼らは自分たちの財産や持ち物を売ったり、各自の必要に応じて、全員にそれを分配するのだった」（使徒行伝二・四四—四五）。使徒行伝四・三二は、ひとつの綱領的な文面を与えている。「信じた者たちの群れは心や思いをひとつにし、どんなものでも一人として自分のものだと言い張る者はなく、彼らの所有したものはすべて共有された。」ルカはそこから少しばかり進むと（五・一―一一）、土地を売ったが、代金をごまかしてその一部を共同体に持ってきたアナニアとサッピアについて語る。使徒行伝五・四は、そのような寄進が自発のものであって、共同体による所有物の共有が義務的なものでなかったことを示している。そこにおいてペテロは問う。「売らないでおけば、あなたのものではなかったか？　また売っても、その代金はあなたの思いどおりになったのではないか？」使徒行伝はエルサレムに生まれた最初のキリスト教徒の実践として所有物を共有する共同体を描いているが、それは古代教会において広く行われたものではなかった。パウロは彼が創設した教会の信者が他の者の必要のために献金する個人的な収入をもっていたかのように記しているからである（たとえば、コリント人への第一の手紙一六・二）。

研究者はこのよく知られた実践と、宗規要覧やヨセフス（『ユダヤ戦記』二・一二二）、プリニウス（『自然誌』五・七三）がエッセネ派について述べている事柄の間に類似するものがあることにすぐに気づいた。宗規要覧はメンバーの所有物がグループのものになることについて何度か言及しているが、その主題は、入会志願者のための手続きを書いている箇所においてとくに顕著に見られる。新参者は最初、会衆の「潔めの食事」に与ることを許されず、また「会衆の所有物のいずれにも与ることができない」（六・一七、七〇頁）。グループの中で満一年が経過すると、その者は留まることが許され、そして「その持ち物や所得は会衆の会計係りに引き渡され、会計係りはそれを帳簿に書き込むが、それを会衆のために使うことはない」（六・一九―二〇、七〇頁）。その者が二年目のテストに合格すれば、「彼の所有物」は共同体の所有物と「融合される」（六・二二）。第3章（A・2・b・(2)）におけるこの慣習についての議論では、ある程度の個人による所有物の管理がクムランで許されていたことが示された。ダマスコ文書の中に反映されている共同体もまた、彼らは月々の収入の一部を共同体の基金に寄進したが、個人的な所有を認めている。それゆえ、クムランとエルサレム教会での実践は、共有することと所持することに関して同じだったように思われる。

b　食事

福音書はイエスが直弟子たちと一緒に取った最後の晩餐を二つの異なる仕方で描いている。共観福音書（マタイとマルコとルカ）によれば、それは過越の祭の食事であり、そのためそれにはパンとぶどう酒、それにその祝いの儀式に必要なその他のものが含まれている——もちろん、その機会は悲しみに彩られているが。一風変わったヨハネ福音書は、最後の晩餐を過越の祭の前夜に置き、パンにもぶどう酒にも言及せず、ことさら洗足の行為に言及している。最後の晩餐を過越の祭の食事としている共観福音書では、パンとぶどう酒は聖餐的な意味合いを帯びている。

　彼らが食事をしているとき、イエスはパンを取り、それを祝福した後、それを裂いて弟子たちに与えて言った。「取って食べなさい。これはわたしの体である。」また彼は杯を取り、感謝の祈りを捧げた後、彼らにそれを渡して言った。「あなたたちはみな、この杯から飲むがよい。これは罪の赦しのために多くの人のために流されるわたしの契約の血である。言っておくが、わたしがわたしの父の王国であなたたちと一緒に新たに飲むその日まで、今後ぶどう酒の実からつくったものを飲むことは決してない。」(マタイ二六・二六―二九、マルコ一四・二二―二五、ルカ二二・一七―二〇)

これらの言葉はパンとぶどう酒に深い意義を付し、その儀式を「わたしがわたしの父の王国であなたたちと一緒に新たに飲むその日」への期待の文脈の中に置いている。

クムランの一部のテクストも食事について語り、それらもまたパンとぶどう酒という基本的要素に言及している。宗規要覧はグループの食事に言及する。「そして食事のための食卓が用意されたら、そして飲むための新しいぶどう酒が[用意されたら]、祭司がまず手を伸ばしパンと新しいぶどう酒の最初の果実を祝福する」(六・四―六、六九頁。五―六行目はいくつかの言葉を繰り返しているが、ヴェルメシュはそれを翻訳しない)。われわれはすでに先行する章の何箇所かで彼らの「潔めの食事」に出会っている。宗規要覧は、共同体の中で満一年を過ごした者だけがその食事を取ることが許されるとしているが(六・一六―一七)、「会衆の飲物」に与ることは、二年目が過ぎるまでは、すなわち彼らが完全な一員となるまで許されなかった(六・二〇―二一)。他の者を中傷する者は一年間この食事からはずされた(七・一六)。食事に与る者を制限するこのような関心は、コリント人の教会に宛てたパウロの言葉を想起させる。

それゆえ、ふさわしくない仕方で主のパンを食べ、その杯を飲む者は主の体と血にたいして申し開きしなければならない。自分自身をよく吟味し、その後ではじめてそのパンを食べ、その杯を飲みなさい。体のことをわきまえずに飲んだり食べたりする者はみな、自分自身にたいする裁きを食べたり飲んだりしているのです。そのため、あなたがたの多くは虚弱で病人であり、一部の者は亡くなったりしたのです。（コリント人への第一の手紙一一・二七―三〇）

パウロは、「体のことをわきまえずに」という言葉でもって、「キリストの体であるグループの性格や一致」を意味しているように見える。宗規要覧は、食事に関連して、グループとは何であるか、その要求されるものが何であるかを把握することへの同じ関心を示している。

クムランの食事についての詳述は、会衆規定の第二欄の大半の部分の中に見られる。その部分は、本来、宗規要覧の一部だったか、少なくとも第一洞穴出土の宗規要覧の写しのように、同じ写本の上に転写されたものである。

［世の終わりの日に］メシアが彼らとともに［招集する］共同体の会議のための宴［に招かれた］名ある人たちの集まり。［祭司は］イスラエルの全会衆の先頭に立って入場し、［次に］アロン［の子らのすべての兄弟たち］、宴に招かれた祭司たち、名ある人たちが［入場し］、そして彼らは［それぞれ］、その重要さにしたがって［彼の前］に着席する。その後で、イスラエルの［メシア］が［入場し］、そして［イスラエルの何千の者たちの］長たちが［それ］ぞれ、その重要さにしたがって、彼らの陣営と彼らの道程における［その持ち場］にしたがって、彼の前に着席する。そして、［会］衆の家の長のすべてや、［彼らの］賢者［や賢い者たち］はそれぞれ、その重要さにしたがっ

て彼らの前に座る。［彼らがパンとぶどう］酒を並べるために、共同の［食］卓に集まり、共同の食卓が［食事を取り］ぶどう酒を飲［む］ために整えられるとき、なに人も祭司より前にパンや［ぶどう酒］の最初［のもの］に手を［出してはならない］。なぜなら、彼がパンとぶどう［酒］の最初［のもの］を祝福し、その手を最初にパンに［差し伸べるからである］。それから共同体の会衆の全員がそれ［ぞれ］、その重要さに［したがって祝］福する。十人もの者が一緒に［集まって、食事が］用［意される］ときには、彼らはこの定めどおりに行動しなければならない。（二・一一―二二。訳文はシフマンにしたがう）

この宴は、イスラエルのメシア（the Messiah）とその祭司的な同僚（宗規要覧ではメシア［a Messiah］と呼ばれている）の前で執り行われるだけに、文字どおりメシア的である。テクストは、この宴が儀式的に潔い者たちだけのものであることを強調している。この宴はまた、冒頭の言葉「これは世の終わりのときのイスラエルの会衆のための規定である」（一・一、一〇〇頁）から知られるように、明らかに終末論的である。読者はここで、このテクストで記述されている宴が普通のものではなく、ごく稀にしか記念されないようなものと考えるかもしれないが、この文書の最後の言葉はそうでないことを示している。「［その席で］少なくとも十人が集められる食事では、彼らはこの定めにしたがわねばならない。」（二・二一―二二、ヴェルメシュ訳）。「食事」と訳された単語は「用意」とか「準備」を意味するもっと一般的なもので（引用したシフマン訳を見てほしい。［食事］が用［意される］とある）、それは先行する行で描かれている食事の準備に言及するために使われている。シフマンはクムランの食事が本質的には祭儀的でなかったと主張する。「これらの食事は、宗派の今の時代の生き方の一部として定期的にもたれたもので、それは宗派の者が明日にでも到来する終わりの日の中で期待した最終的なメシアの宴を先取りするものだった。ここでもまた、この世における宗派の生活は来るべき時代へのその夢を映している。」だがここでは、エッセネ派の食事や、そのメシア的性格、パンとぶどう酒の使用、それが定期的に繰り返された事実、その明白な終末論的な結び付きなどは、新約が述べている主の晩餐の中に見いだされる要素を想起させると解釈される。

c　暦

五〇年代のはじめに、フランスの学者アンニー・ジョベールは、一年が三六四日から成るクムランの巻物の暦が福音書研究における古くからの問題を解決する、と主張する一連の論文を発表した。一方で共観福音書（マタイ、マルコ、ルカ）が、他方でヨハネ福音書がイエスの宣教の最後の日々を詳述している。これらの最後の日は、明らかに、福音書の記者が読者に提示しようとして選んだひとつの重要な要素であり、おそらく初代のキリスト教徒は、これらの最後の日に何が起こったかをよく教え込まれていただろう。だが、もし福音書を注意深く読めば、イエスの生涯の最後の日々についてさえも、共観福音書とヨハネ福音書が異なっていることが分かる。前者は最後の晩餐を過越の祭の日にしているのにたいし、後者はそれを過越の祭の前日に置いているのである。ヨハネの最後の晩餐からは、イエスが過越の祭の子羊が屠殺されていたときに十字架にかけられたことになる。いったいどのようにして初期のキリスト教徒は同じ出来事を異なる日に置くことができたのだろうか？　クムランのテクストは、彼らの暦がユダヤ教の他の宗派がしたがったものと同じでなかったことを示している。当時、少なくとも二つの暦が使われていたのである。ジョベールは、この二つの暦（神殿で公式に使用された太陽・太陰暦と一年が三六四日から成るクムランの共同体の暦）の存在から、マタイ、マルコ、そしてルカは一方の暦（太陽暦）にしたがって日付を計算し、ヨハネは他方の公式の暦（太陰・太陽暦）にしたがって計算した可能性を考え付いたのである。

この解決法は魅力的であり、読む者を困惑させる福音書の記述上の食い違いを単純に説明する。だがそれは、共観福音書の最後の晩餐の日付がクムランの暦のそれと同じであり、しかもヨハネ福音書の日付が太陽・太陰暦の日付と同じだったことを示すための仕方においては、この二つの暦が調和しない事実を説明しない。それればかりでなく、イエスや新約時代の初期のキリスト教徒がクムランの太陽暦を使用した証拠もまったくない。さらにまた、ヨハネ福音書を注意深く読めば、彼にはもろもろの出来事を受難節に置こうとする意図があったことがすぐに明らかになる。彼はイエスの食事でのパンとぶどう酒を強調していない。それらは言及さえされていない。足を洗うことと相互の愛に光があてられている。ヨハネにおいては、イエスは過越の祭の前日に死ぬことによって、彼の民の過越の子羊として描かれているのである。

4　終末論

クムランの人びとと最初期のキリスト教徒の共同体は、双方が終わりの日が近いと確信し、その確信にしたがって自分たちの信仰や共同の慣習を実践したという意味で、終末論的な共同体だったと言えよう。終末論という幅広い表題のもとにいくつかの主題が区別される。

a　メシアニズム

クムランの人びとと新約のキリスト教徒はメシア（単数形または複数形）の到来を待望し、メシアの支配する時代について多くの信仰を共有した。クムランに住んだ幾世代もの人たちの希望には何らかの変化があったかもしれないが、洞穴群から出土したテクスト全体は、彼らが二人のメシア（イスラエルかダビデの系譜のメシアとアロンの系譜のメシア、すなわち祭司［第4章、B・6を参照］）を待望していたことを明らかにする。われわれはメシアの臨席する宴についてのクムランの証拠を学んだとき、会衆規定がイスラエル出身のメシアとその同僚である祭司について語っているのを知った。既述のように、同じような信仰が宗規要覧からも浮かび上がってくる。「彼らは律法の教えから離れて自分たちの心の頑なさのうちに歩んではならない。彼らは、共同体の人びとが最初に教えられた元初の戒めによって、預言者とアロンおよびイスラエルのメシアらが現れるまで支配されるであろう」（九・九―一一、七四頁）。この文面において最初に名指されているメシアは祭司的なメシア（アロンのメシア）であり、次のは世俗のメシア（イスラエルのメシア）である。いくつかのテクストは、これら二人の者が演じることになる役割のようなものに言及する。たとえば、ダマスコ文書は彼らが罪を贖うと述べている（一四・一九）。他のテクストは、イザヤ書一一章におけるダビデの末裔についての預言を直接引合いに出して、ダビデの一族出身のメシアについて述べている。そこでは知恵や、正しい裁き、そして悪しき者を殺害する行為などがその者に結び付けられている（イザヤ書一一・一―五）。

新約の描くイエスの系譜の大まかな所はよく知られている。マタイとルカは彼の出自をダビデの一族にもとめ、新約の中では一貫して、「メシア＝キリスト」という称号が彼に与えられている。多くの文面がまた、どのようにして彼が、罪の赦しの権能を手にしているかを述べている。新約は、クムランの二人のメシアとは異なり、ただ一人のメシアしかもたない。クムランの人びとは、二人のメシアが宴で一緒に臨席することや、その二人が近未来のいつか現れることをも期待したが、新約はイエスの二つの降臨（ひとつは福音書に述べられているものであり、ひとつは時の終わりのものである）について語っている。

クムランのテクストと新約は、メシアの数やメシアがダビデの系譜の誰であるかに関して異なっているが、両者はメシアの働きを二面的（王としての働きと祭司としての働き）であるとしている点では一致している。イエスをダビデの子孫とするのは、彼の王としての役割を裏付ける。イエスが王であることを示す言葉が見られる一節は、使徒行伝二・二九―三一である。そこではペテロがペンテコステ（五旬節）の説教で、次のように言う。「兄弟のイスラエルびとよ、わたしたちの先祖ダビデについては、彼が死んで葬られ、その墓が今でもわたしたちの所にあると、わたしは確信をもってあなたたちに言えます。彼は預言者だったので、彼は神が自分に、彼の子孫の一人を王座につかせると誓われたことを知っておりました。ダビデはこのことをあらかじめ知っていたので、メシアの復活について語りました。」イエスの祭司的な性格はとくにヘブル人への手紙の中で明確な表現を取っている。そこでのイエスは、メルキゼデクの聖職位にある祭司として（レビ人の系譜に連なるのではない）、天の聖所の大祭司の役目をになっている。イエスの王としての働きと、イエスの祭司としての働きの二面性はヘブル人への手紙一〇・一二―一四に見られる。「しかしキリストは、ただ一度だけ罪のために唯一のいけにえを捧げられたとき、『神の右の座に座られ』、その後は、『敵どもがご自分の足台となるまで』待ちつづけておられるのです。なぜならキリストは、唯一の献げ物によって、聖なる者とされた人たちを永遠に完全な者とされたからです。」

以上からわれわれは、クムランのエッセネ派（と他のエッセネ派）は二人のメシア（王としての労苦をになうメシアと祭司としての労苦をになうメシア）を待望したが、他方、新約が描くイエスの追随者たちは、王としての働きと祭儀的な働きをになう一人のメシアを想起し待望さえしていたと言えよう。

この基本的な類似点は、二つの共同体が同じようなメシア信仰で機能していたことを示している。それゆえ、その双方がヘブル語聖書に依拠しながら、メシア（単数または複数）をあらわす同じか類似の称号を使っていても驚きではない。もちろん、双方とも「メシアー」というヘブル語の術語を使用している。クムランではいくつかのテクスト（そのひとつは詞華集である）が政治的なメシアを「ダビデの若枝」と呼んでいる（この呼称はイザヤ書一一・一、エレミヤ書二三・五、三三・一五に由来する）。新約は同一の言葉を使ってはいないが、イエスを「ダビデのひこばえ」と呼んでいる（ヨハネの黙示録五・五、二二・一六）。新約の中でイエスに与えられたもうひとつの称号のセム語形は、今やクムランではじめて裏付けされるものである。ルカ一・三二―三三によれば、マリアに顕現した天使は、彼女が将来驚くべき人物となる子の母親になることを告げて、次のように予告する。「その子は偉大な人となり、至高なる方の子と呼ばれ、神・主は彼に彼の先祖ダビデの王座を与えられる。彼は永遠にヤコブの家を治め、彼の王国には終わりがない。」その子はまた「聖なる者。神の子と呼ばれる」（一・三五）。これらの称号のいくつかと酷似するものがクムランの文書の中に見られる（4Q246）。フィツマイヤーはその箇所を次のように訳している。

[王よ！ 彼は]この地上で偉大なる人物となるであろう。[すべての者が平和を]つくりだし、すべての者が[彼に]仕える。[彼は偉]大なる[神の子と呼ばれ]、その名で呼ばれるであろう。彼は神の子と讃えられ、彼らは彼を至高なるお方の子と呼ぶ。……そして、彼の王国は永遠につづく王国となろう。

ここに見られる類似例を、二つのテクストにたまたま浮上したひとつの称号として簡単に切り捨てたりはできない。双方の文脈全体は驚くほど似ているからである。すなわち、ここで言及されている者は、偉大なる人物、神の子（これはヘブル語聖書の中に見いだされる称号である）、至高なるお方の子（新しい称号）であるとされ、そしてその王国は未来永劫につづく。ここで付け加えておきたいのは、これらの称号が4Q246で与えられている人物の正体に関して研究者の間に一致が見られぬことである。これらの称号は一人のメシア的な人物に帰せられているのだろうか？ それともそれらは、その称号を受けるにふさわしくない悪しき支配者によって使われていたものなのだろうか？ どうも後者の可能性が高いように思われる。

最後に、一九九一年以降多くの注目を浴びている「突き刺されたメシアのテクスト」（4Q285）と呼ばれるテクストについて一言しておこう。最初それが公刊されたとき、一部の研究者は次のように考えた。

一般に「突き刺されたメシアのテクスト」[4Q285 Serekh ha-milhamah]と呼ばれる巻物の断片。一部の研究者は、この断片が公開されなかった理由として、キリスト教にダメージを与えるためだと疑ったが、研究が進むと、これはメシアについての他の巻物の預言の類のものであることが分かった。

最初の編集者たちのチームは、キリスト教にダメージを与えるという理由で、そのテクストを一般大衆の目から遠ざけていると告発されたが、その告発の正しかったことをテクストが確認している、と。問題の断片は六つの行の中で散見される言葉を少しばかり含んでいる。一行目には「預言者イザヤ」とあり、二行目はイザヤ書一一章の冒頭の言葉（「エッサイの株からひとつの芽が萌えいでる」）を引いている。以後の行もイザヤ書一一章の言葉を使いつづけ、「ダビデの若枝」に言及し（三行目）、そして「裁きを行う」という動詞はイザヤ書一一・三―四にそれを結び付けている。研究者を色めき立たせたのは四行目である。ロバート・アイゼンマンは一般大衆の注意を喚起した研究者であるが、彼はそれを次のように読んだのである。「そして彼らは会衆の君、［ダビデの若］枝を殺した（あるいは、殺すであろう）。」既述のように、「ダビデの若枝」は祭司ではないメシアをあらわすクムランの称号のひとつである。五行目には、アイゼンマンがその意味を「彼の傷」とか「彼の突き刺された傷」と解した単語が見られる（ここからこのテクストが一般に「突き刺されたメシアのテクスト」と呼ばれるようになった）。このように理解したアイゼンマンは、キリスト教徒がイエスの死を解釈するのにイザヤ書五三・五（「彼はわたしたちの咎のために傷つけられた」）を使ったことを思い付く。そのためこの断片は、キリスト教徒のメシア体験を予示していると思われたのである。

現在、この断片はより詳細に検討されており、より注意深い結論が出されている。ここでは二、三の問題点だけを取り上げておく。第一の問題点は、最初の行がイザヤの名をあげ、次に来る二行がイザヤ書一一章の最初の何節かに見られる言葉を繰り返しているので、その二行もその章に関係していると予想するのは自然だが、その予想が正しいかどうかは、解釈を施してみる前に検証してみなければならない。第二の問題点は、論争の中心となる四行目は次のように訳されねばならないことである。「そして会衆の君（これはダビデの系譜のメシアをあらわすもうひとつの称号である）……彼を殺すであろう（あるいは殺した）。」……で示した欠落部分は、「君」の後に置かれていたひとつの単語をあらわすが、その単語の二文字だけが断片の端に残存している。一部の研究者はそれを「若枝」を意味するヘブル語の最初の二文字と読むが、二番目の文字は鮮明ではない。確かに「そして会衆の君、ダビデの若枝は彼を殺すであろう（殺した）」と訳すことは可能であり、この行はイザヤ書一一・四の言葉（そこではダビデの子孫が「悪しき者を殺すであろう」とある）を反映しているかもしれない。もしそうだとすると、ここで「殺人」行為をするのはこの君である可能性の方がより高いものとなり、構文的理由や釈義的理由からも、「彼が殺されそうになっている」とか、「彼は殺されてしまっている」という訳文は有り得ないものとなる。それゆえ、新約の類似記事として瞠目されたこの類似例は傍らに退けられてしまうのである。

b　聖書関係の文書の解釈

二つのグループはまた、聖書関係のテクストを解釈するときに、そこで用いた釈義法を媒介にして、自分たちの終末論的意識を表明した。われわれは第2章（C・1・a）ですでに、クムランの註解から、註解者が聖書関係のテクストの意味を解釈するさいの前提のセットが何であるかを学んだ。終わりの日の出来事について予告している聖書関係の文書の著者は、クムランの人びとの時代について、いや彼らの歴史や指導者たちについてさえも書いていたとされた。義の教師は聖書の言葉を解釈する霊感を受けた者だった。新約の多くの文面は、彼らも聖書関係のテクストを終末論的に、そして彼らの時代に引き寄せて読んでいたことを裏付けている。

この理解にもっとも役立つひとつの例は、使徒行伝二章のペンテコステ（五旬節）の物語の中に見られる。ペテロは人びとが「ほかの国々の言葉で」話しだした奇跡を体験した使徒たちのスポークスマンだったが、その彼は聖書の一節を引き、その異常な出来事は終わりの時のために神があらかじめ定めておかれた計画の一部だったことを証明しようとする。「実際、この人たちは、あなたがたが考えているように、酒に酔っているのではありません。今は朝の九時ですから。これは預言者ヨエルを介して言われていたことなのです。『神は言われる。終わりの時に、わたしはわたしの霊をすべての人に注ぐ。するとあなたたちの息子やあなたたちの娘は預言し、あなたたちの若者は幻を見、あなたたちの老人は夢を見る』」（使徒行伝二・一五—一七）。主は預言者ヨエルに、聖なる霊が「終わりの時に」注がれることや、キリスト教徒がペンテコステをはじめて祝うときに終末的な出来事が起こることを書かせておられたのだ。「終わりの時に」という語句は、われわれがここで問題にしている事柄にとっては決定的に重要であるが、それはヨエル書のテクストにはないものである（ヨエル書三・一は「その後、わたしはすべての人にわたしの霊を注ぐ……」と読んでいる）。この語句は、明らかに、ルカのヨエル解釈をあらわしているが、その預言の中で次に来る一節は、「主の大いなる恐るべき日が来る前」（ヨエル書三・四）の最後の日を実際に指し示している。だが、ルカがこの語句を挿入したという単純なる事実は、初期のキリスト教徒が聖書関係の文書を終末論的に読んでいたことを示すのである。

ある場合、双方の文書は聖書関係の同じテクストを説明しているが、その仕方を比較してみるのはなかなか面白い。われわれはすでに、クムランの共同体が荒野での隔絶した生活の根拠をイザヤ書四〇・

三にもとめていたことを見た。「これらの者たちが、これらすべての規定にしたがって、イスラエルにおける共同体の一員になるとき、彼らは神を信じない者たちの住む所から離れて荒野に行き、おん方の道を備えるために荒野に入っていかねばならない。荒野に……（欠落）の道を備え、わたしたちの神のために、砂漠に道をまっすぐにせよ（イザヤ書四〇・三）、と書かれているからである。この［道］は、神がモーセの手を介して命じられた律法の研究のことである」（宗規要覧八・一二―一五、七三頁）。四福音書においては、イザヤ書から引かれたこの一節は、イエスの先ぶれ（主の道を備える荒野にいる者）としてのヨハネの役割を説明する（マタイ三・三、マルコ一・三、ルカ三・四―五、ヨハネ一・二三）。

クムラン文書と新約において引かれたもうひとつのテクストの例はハバクク書二・四ｂである。それは創世記一五・六とともに、パウロが、信仰は律法の業を行うことではなくて、神との関係が正しくなる道であると宣言するときにその拠り所とした論証テクストである。「さて、誰も律法によって神の前で義とされないことは明らかです。なぜなら『正しい者は信仰によって生きる』からです」（ガラテヤ人への手紙三・一一。ローマ人への手紙一・一七も参照）。パウロは信仰という言葉を、神がアブラハムに与えた約束へのあのまったき信頼（それは彼が律法による義と鋭く対比させている生き方である）を意味すると理解する。クムランのハバクク書註解も同じ一節を取り上げるが、その預言者のテクストにおいて「信仰」とか「忠実」が何を意味するかについて、非常に異なる理解を示している。「解釈すると、これはユダの家で律法を遵守する者たちすべてに関わる。神は彼らを、彼らの苦しみゆえに、また義の教師への彼らの信仰（または忠誠）ゆえに、裁きの家から救い出される」（八・一―三、二八七頁）。この説明の最初の部分は、ハバクク書の一節を「ユダの家で律法を遵守する者たち」と結び付けている（これはこの一節のパウロの読み方とは正反対と思われる解釈である)。加えて「ユダの家」という語句は、註解者の意図が何であれ、ハバククの言葉の適用範囲をユダの人びと(か、もしこの語句が象徴的なものであれば、他の限られたグループ)に限定している。パウロは、その信仰義認論の中で、神の計画の中にユダヤ人だけでなく、他の民族をも含める道を見いだしている。この註解者は、この一節をこの律法的な意味で説明した後、ユダの家で律法を遵守する者は二つの理由から、すなわち彼らが堪え忍んだ苦しみのゆえに、そして義の教師への彼らの信仰(あるいは忠誠)のゆえに救われると付け加える。パウロは信仰(忠誠)を義の教師ではなくイエス・キリストに結び付けているが、この二行目の解釈は、彼のハバクク書二・四の読み方により調和している。

c 教え

これら二つの共同体の終末論的性格は、彼らが抱いた神学上の基本的見解の中にも見られる。第4章(B)でクムランの人びとの神学がすでに素描されたので、ここでの比較は包括的なものではない。教義上類似している二つの領域に光をあてるだけで十分であろう。

第一は、この二つのグループが世界内でのオプションを記述するのに二元論的な言葉を用いていることである。そこでは二つの立場しかなく、中間の立場がない。どちらの文書も基本的にはユダヤ人のものなので、この二元論が究極のものだとは考えられない。この二元論は倫理的なものであり、二つの対立しあう陣営は光と闇として特徴づけられている。すでに見たように、巻物の中でもっともよく知られている文面のひとつは、次のように述べている。

神は、世界を支配するために人間を創造し、また人間のために、彼の報いの時までその中において歩む二つの霊を割り当てられた。すなわち真実の霊と偽りの霊である。真実から生まれた霊は光の泉から湧き出るものであるが、偽りから生まれた霊は闇の源から湧き出るものである。義の子らはみな光の君によって支配され、光の道を歩むが、偽りの子らはみな闇の天使によって支配され、闇の道を歩む。(宗規要覧三・一八―二一、六四―六五頁)

ついで、テクストの中で言及されているそれぞれの霊の道(その霊が人間の中において誘発する行動)が、パウロがガラテヤ人への手紙五・一九―二三であげる肉の業と霊の果実のリストを想起させるような仕方であげられている。宗規要覧の中では、二つの陣営は歴史の終わりまで絶えず抗争を繰り返す。「というのも神は、最後の時代［が来る］まで、二つの霊を等分にもうけ、これらの霊の隔たりの間に永遠の憎しみを置かれたからである。真実は偽りの働きを嫌い、そして偽りは真実の道すべてを憎む。そして二つの霊の抗争は、その争いのすべてにおいて、熾烈である。二つの霊がともに歩むことがないからである」(四・一六―一八、六六頁)。だがこの抗争にもかかわらず、神は「偽りのために終わりをもうけ、そして報いの時にそれを未来永劫に滅ぼされる」(四・一八―一九)。戦いの書は光の子らと闇の子らの間の最終の戦いを詳述する。どちらの側にも天使がついて戦うが、神は、頃合を見はからってその争いに決定的な仕方で介入し、勝利を光の子らに引き渡される。

このような言語は新約の研究者に奇異に響くものではない。同じ類のレトリックはパウロやヨハネの文書の中に見られるからである。コリント人への第二の手紙六・一四―七はすでに検討されたが、そこにおいては、クムラン的な響きのする単語や語句が入り込んでいた。そこでのパウロは「光と闇の間にどんな交わりがあるのか？」（六・一四）と問うている。新約の中ではヨハネ文書が長い間、神学的な事柄を比較するための材料がもっとも多い資料と見なされてきた。ヨハネは、クムランの誓約者と同じく、字義どおりの意味ではなく倫理的な意味合いにおいて、光と闇の対照に訴えている。ヨハネ八・一二は、イエスの言葉として「わたしは世の光である。わたしにしたがう者は闇の中を歩かず、命の光をもつ」を引く。ヨハネにとって、光と闇の二つの領域は抗争している。「光は闇の中で輝いている。そして闇はそれに打ち勝つことはなかった」（一・五）。われわれは一二・三五―三六aで、次のようなイエスの言葉を読む。「光はいましばらくの間、あなたがたとともにある。光のあるうちに歩きなさい。闇があなたがたに追いつかないためである。もし闇の中を歩くならば、あなたがたは自分がどこに行くのかを知らない。光の子となるために、光のあるうちに、その光を信じるのだ」（三・一九―二〇。ヨハネの第一の手紙一・六、二・九―一〇をも参照）。それゆえ、イエスにしたがった者たちは、クムランの人たちのように、自分たちを「光の子ら」と称したのである。

第二の教義上の事柄は、二つの共同体が抱いた希望に関わるものである。キリスト教徒の終わりの時についての信仰はよく知られている。すなわち、キリストは再臨し、そのときには死者の復活がある。そしてキリストは罪と死にたいして最終的に勝利する（たとえば、コリント人への第一の手紙一五・二〇―二八、五一―五七を参照）。イエスの復活は、彼を信じる者も同じように復活を体験する保証として解釈されている。古代の資料の報告は、クムランのエッセネ派の復活信仰については矛盾しあうが、すでに述べたように、今やわれわれは、彼らが復活を待望していた証拠をもつのである（4Q521）。われわれはまた、クムランの人たちが、ダビデの系譜のメシアが祭司と一緒に現れる日を待望していたことを見た。ここまでは、巻物と新約の終末論的期待は似ているのである。双方はまた審判があることを信じたが、審判への期待は当時のユダヤ教の中でより広く共有されたものである。だが、この表題のもとで述べられた一般的な類似点の向こうへ突き進むならば、そこではいくつかの差異が見られる。そのひとつは、キリスト教徒にとっては、一人の特定のメシアの終末論的な到来は再臨であり、はじめての顕現ではない。

むすび

ここでの概観は、クムランの人びとと最初期のキリスト教徒の間の類似するものと相違するものについて語り得るものを尽くしたわけではない。この主題には何冊もの研究書が書かれている。ここで議論のために選んだものは、資料の性格を示すためだった。クムランの文書は、初期キリスト教がそれを育んだユダヤ的な土壌にどんなに深く根ざしているかを、一九四七年以前に感じ取られていた以上にはるかに広範囲にわたって示した。巻物のおかげで、キリスト教の信仰や実践の多くのものがキリスト教固有のものでなかったことを、われわれはより容易に見ることができるのである。新約研究への巻物の大きな貢献は、初期のキリスト教信仰の独自性は、共同体の実践や終末論的な期待にあったというよりは、ガリラヤのナザレ出身の貧しい女と大工の間に生まれた子が、教え、癒し、苦しみ、死に、復活し、天に上り、そして生ける者と死者を裁くために栄光のうちに再臨すると約束したメシアにして神の子だったというその中心的な告白にあるという単純だが深遠な事実に光をあてたことである。歴史のイエスがメシアだったと申し立てることによって、キリスト教徒はまた、メシア（複数）が近未来に現れることを期待したクムランのエッセネ派よりも、終末論的なタイムテーブルの上のより遠い時点に自分たちを置いていたのである。

第７章

死海の巻物論争

死海の巻物は、九〇年代になると、聖書学の小さな静かなる流れから変じて奔流になり、聖書研究やユダヤ研究の領域を襲ったばかりか、メディアや大衆文化さえも襲う。しばらくの間、とくに一九九一年の後半から一九九二年の前半にかけてであるが、われわれは主要な新聞系の雑誌や、ニューヨーク・タイムズ、ワシントン・ポストなどの新聞で報道される、大見出しの中の巻物や、それについての記事、巻物を寡頭独占する「カルテル」、勇気ある少数の者による巻物の解放などに心を躍らせるようになった。新聞や雑誌などの報道はしばしば、敵意に満ちた批判や反批判を繰り返す、いつもであれば平穏な学問世界のさまざまな動きを伝えた。ベストセラー入りしたある書物の共著者はバチカン陰謀説を唱えたりした。いったい何が起こったのだろうか？　現在の状況を把握するためには、簡単ではあっても、死海の巻物の研究の初期の時代にまで遡る必要がある。

A 巻物の編集と出版

第1章では、クムランの第一洞穴から取り出された最初の七つの巻物の話が語られた。これらの七つのテクストは、賞讃に値する迅速さで研究者の手に入るようになった。ある意味で、それは当然だった。巻物の大半の保存状態はきわめてよく、そのため解読や復元の上での問題が比較的少なかったからである。聖書関係の巻物について言えば、編集委員はその翻訳に悩まされることさえなかった。何しろ、その中に見いだされたテクストが、ヘブル語聖書（旧約聖書）のすべての翻訳の底本とされるマソラ・テクストとほとんど変わらなかったからである。

新しいテクスト関係の出版物は、巻物を手にした研究者——エレアザル・スケーニクとエルサレムのアメリカ・オリエント研究所の三人の専門家（ジョン・トレヴァー、ミラー・バロウズ、ウィリアム・ブロンリー）——が、その発見したものを公にした一九四八年に登場しはじめる。最初の完全な巻物の版はバロウズ（およびトレヴァーとブロンリー）が編集した『聖マルコ修道院の死海の巻物（第一巻）——イザヤ書の写本とハバクク書註解』であり、それはアメリカ・オリエント研究所によって一九五〇年に公刊される。それにつづいたのは、一九五一年に出版されたその第二巻（第二分冊）『宗規要覧の写真図版と活字転記』である。第二巻の第一分冊は、そのときはまだ開けられていなかった外典創世記のために取っておかれた。スケーニクの三つの巻物（イザヤ書の二つ目の写本、戦いの書、感謝の詩篇の巻物）は、彼の死後の一九五五年に『ヘブライ大学所蔵の世に知られなかった巻物のコレクション』（ヘブル語版）の中で公刊され、英語版の『ヘブライ大学の死海の巻物』は一九五五年に登場する。残りのひとつ、外典創世記はナーマン・アヴィガドとイーガエル・ヤディンによって纏められ、一九五六年に『外典創世記』の表題で出版された（この二人の編集委員は、スケーニクが一九五三年に亡くなった後、彼の著作を纏めた）。これらの出版物のすべてには、少なくとも写真版とヘブル語の印刷文字に転記されたものが掲載されていた。第一洞穴で掘り出された何百という断片は、一九五五年に、オックスフォード大学出版局の叢書《シリーズ》「ユダ砂漠での発見」の第一巻として出版された。その表題は『クムランの第一洞穴』で、それはエルサレムのフランス聖書考古学研究所に関係した二人の神父、ドミニコ修道会のバルテレミーとJ・T・ミリクによって編集されたものである。こうして一九五六年までには、第一洞穴出土のテクストすべてが、その検討を待ち望んでいた研究者の利用できるものとなっていた。

第一洞穴のテクストが速やかに印刷にまわされていたころ、他の洞穴の発見もつづいた（それについては、第1章、B・2を参照）。第二洞穴と第三洞穴、それに第五洞穴から第一〇洞穴までの六つの洞穴から出土したテクストとムラバアート洞穴群出土のテクストは、それらの編集作業を割り当てられた小さなグループの研究者によって手際よく扱われた。叢書「ユダ砂漠での発見」中の二番目のものはピエール・ブノア、ミリク、ローランド・ドゥ・ヴォーによって纏められ一九六一年に二巻本で出版されたが、それにはムラバアートの洞穴群で発見された古文書も含まれていた。第三のものも二巻本で、モーリス・バーユ、ミリク、ドゥ・ヴォーらによって纏められて一九六二年に登場する。それは「マイナーな洞穴」と一般に呼ばれた第二洞穴と第三洞穴、および第五洞穴から第一〇洞穴までの各洞穴から出土したすべてのテクストを含むものだった。第一一洞穴出土の写本（その一部の保存状態はきわめてよかった）は別の仕方で取り扱われていた。そのいくつかは外国の研究機関によって購入されたが、主要なものは六〇年代と七〇年代に出版された。

真に困難な問題を引き起こしたのは第四洞穴だった。そこからは何千という破損のひどい断片が出土したからである。それらの多数の断片はヨルダン政府によって購入され、東エルサレムのパレスチナ考古学博物館に持ち込まれたが、それらを取り扱う仕事が途方もなく面倒なものとなることや、膨大な時間と専門的な知識や技術を必要とすることはすぐに明らかになった。ヨルダン政府古物管理局の監査主任ランケスター・ハーディングは、一九五二年に、ドゥ・ヴォーをユダ砂漠のテクストの編集責任者に任命する。さらに多くの断片が次から次に博物館に持ち込まれてくると、編集の仕事に携わっている者たちは、第四洞穴出土の資料を纏めるには、研究者の国際チームが必要だと考えるようになる。エルサレムのいくつかの考古学研究所（その所員はパレスチナ考古学博物館の評議員でもあった）は、そのようなグループをつくるのに応援をもとめられ、同時にイギリスやドイツの代表的な研究者も候補者を出すようもとめられた。第四洞穴チームの委員となった研究者の国籍や宗派を任命順に記せば、フランク・ムーア・クロス（アメリカ、プロテスタントの長老派）、J・T・ミリク（ポーランド、カトリック）、ジョン・アレグロ（イギリス、不可知論者）、ジャン・スターキー（フランス、カトリック）、パトリック・スケーハン（アメリカ、カトリック）、ジョン・ストラグネル（イギリス、プロテスタントの長老派、後にカトリックに改宗）、クラウス・フンノー・フンツィンガー（ドイツ、プロテスタントのルター派）である。この七人の研究者はみな一九五三年から一九五四年の間に任命され、第四洞穴出土の断片を責任をもって取り扱う国際チームとして、博物館の評議会の座長に選出されていたドゥ・ヴォーに合流した。一九五八年には、モーリス・バーユがそのチームに参加し、フンツィンガーが身を引いて担当の資料をバーユに引き渡した。

洞穴出土のテクストはこのエリート委員会の研究者の間で分担された。クロスとスケーハンは聖書関係の資料を担当し、他の者は聖書外の多種多様な文書を割り当てられた。これらの研究者の間では、明らかに、その「割り当てられた」テクストを出版する権利が公認されているという暗黙の了解があった。このリストからユダヤ人学者の名が欠けていることは、一目瞭然だった。ヨルダン政府は彼らを一人も含めてはならぬと主張していたのである。五〇年代は、向こう六年間の仕事を後援してくれるJ・D・ロックフェラー・ジュニア提供の寛大な基金のおかげで、グループはエルサレムで非常に大きな時間をさくことができた。この好都合な環境の中で、何千という断片を洗浄し、分類し、解読し、同定する、うんざりするような作業は順調に進められた。クロスはその作業の一端について印象深い記述をしている。

第一洞穴と第一一洞穴出土の若干の欠損部分しかない保存状態の良好ないくつかの巻物とは異なり、第四洞穴出土の写本はくずれ落ちる状態にあった。多くの断片がもろくて砕けやすかったので、ラクダの頭髪でつくった刷毛でかろうじて触れることできた。大半は折れ曲がり、しわくちゃになり、縮み、土壌の化学物質がしみ込み、湿気や歳月のために黒っぽく変色していた。それらを洗浄し、平らにし、同定し、つなぎ合わせる作業は気の遠くなるものである。

断片は通常、部族の者から購入されるとき、その大きさに応じてタバコの箱や、フイルムの箱、靴箱などに詰められて持ち込まれる。この貴重な羊皮紙やパピルスはベドウィンのささくれだった手で慎重に扱われている。この資料の価値が十分すぎるほど分かっているからである。麻布やティッシュペーパーが巻物の断片を分けたり保護したりするためにベドウィンによって使われてきた。そしてあるときには、彼らははがれるかばらばらになりそうな断片に裏ノリつきの紙をあてがったこともある。第一洞穴を捜しあてて以来、大きな一葉の羊皮紙やその欄《コラム》をいくつかに分けたりして切り売りする者はいなかった。

一九五七年になると、チームが同定した何百というテクストの中に見られる全単語を網羅するコンコーダンスづくりの仕事が開始される。これはある単語が他の断片のどこに見られるかを調べる必要にしばしば迫られた編集委員の便宜のためだった。ここで知っておいてほしいのは、博物館への断片の持ち込みが五〇年代の後半までつづいたことである。ロックフェラー一族の援助が打ち切られた一九六〇年までには、国際チームは骨の折れる膨大な編集作業の遂行に成功し、第四洞穴出土のテクストの中の五〇〇以上を同定していた。そこまでの労苦の結果はコンコーダンスに結実した。

彼らの労苦は、たとえそれが瞠目すべきものだったとしても、写本の断片がすぐに出版されて、図書館の書架に置かれるものにはならなかった。チームの委員はみな実際に、自分の担当するテクストの一部を準備的段階の版として出版する計画を進めていた。それらのテクストは、五〇年代や六〇年代のはじめに定期的に学術雑誌に掲載された。六〇年代に入ると、オックスフォード大学出版局の叢書「ユダ砂漠での発見」でさらに二巻が、J・A・サンダース編の第四巻『クムランの第一一洞穴出土の詩篇の巻物（11QPs^{a}）』とジョン・アレグロ編の第五巻『クムランの第四洞穴、一（4Q158-186）』が出版される。後者はその叢書の中で第四洞穴出土のテクストを提供する最初のものとなった。一九六七年に、中近東で六日戦争が勃発し、イスラエルは東エルサレムとパレスチナ考古学博物館を奪取する。イスラエルがヨルダン政府から巻物を押収し（ヨルダン政府は一九六一年に巻物を国有物とし、一九六六年には同じ措置を博物館にたいしても取っていた）、事実上の所有者となったのはそのときである。テクストの法的所有権をめぐる問題は、手続き上のものだとしても、厄介な問題をはらむものとして残されている。イスラエル政府が博物館とその財宝を管理するようになると、ドゥ・ヴォーは第四洞穴チームの委員たちと交わした最初の取り決めが尊重されるよう最善を尽くし、わずかひとつの新しい条件だけが科せられた。それは、オックスフォード大学出版局の叢書の表題「ヨルダンのユダ砂漠での発見」から「ヨルダンの」を取り除くことだった。

六〇年代後半とそれ以降の出来事を振り返ると、第四洞穴出土のテクストの出版プロジェクトがその気運を逸しつつあったことがはっきりと分かる。叢書「ユダ砂漠での発見」中の次の巻（ドゥ・ヴォー［一九七一年没］とミリク編集の4Q128-57）は、一九七七年まで出版されることがなかった。第七巻（バイユ編集の4Q482-520）が公刊されるまでにはさらに五年もかかった。編集委員が原稿を出版社に引き渡してからそれが出版されるまでに数年かかるとしても、このプロジェクトは迅速には進行していなかった。

いくつかの出版物が公認叢書の外でつづく。ミリクは一九七六年に『エノクの書』を出版し、その中で第四洞穴出土の諸版や、写真版、その大半部分の詳細な註を提供する。ついで一九七七年になると、第一一洞穴出土と考えられた、ヤディン編集の『神殿の巻物』が三巻本で登場する（英語版は一九八三年）。ミリクとヤディンによるこの詳細な研究は、クムラン研究のもうひとつの側面を示すことになる。時が経つにつれ、研究者はテクストを活字に転記したり簡単な梗概を準備するだけではもはや満足できなくなっていたのである。彼らは、基本的な編集作業のほかに、詳細な註解を書くのを望んだ。註解の分量の変化こそが、それまで存在していたと思われる出版スケジュールを台無しにするものとなる。

それから何年かすると、さまざまな変化が研究者の公認チームの中で起こりはじめる。ジョン・アレグロの場合は奇妙な例だった。彼は担当したテクストを他の同僚に先駆けて出版し、多くの人びとに感謝されていたが（叢書「ユダ砂漠での発見」中の第五巻は一九六八年に出版されたが、その準備段階の版の出版は五〇年代である）、彼は迅速さを尊ぶあまりしばしば質を犠牲にしてしまったのである。そのためストラグネルは一一四頁におよぶ書評を公にし、アレグロの仕事を逐一詳細に訂正するほどだった。この応酬はチーム内で高まりつつあった緊張を示している。それまでにすでにチームの委員とのアレグロの関係は悪化していた。チームにはカトリック教徒が多いため、資料がキリスト教に有害であることを知って、彼らはそれを公表しないようにしている、と彼は世間を相手に申し立てたりした。それにたいして彼の同僚たちは、アレグロが手にしていたテクストすべてに目を通したが、そのどれもが彼の非難を支持するものでないと応じた。アレグロは銅の巻物の財宝探しを行なったり、また公認版が世に出る前に許可なくしてその巻物を出版したりしたが、それは彼の評判を高めるものではなかった。後になって彼は『聖なる茸と十字架』（一九七〇年）を著すが（これは友人や論敵によって遺憾とされた書物である）、彼はそれによってさらに評判を落とすのである。彼はその中でキリスト教の興りを幻覚剤サイロシンの副作用にもとめようとした。この出版にたいしては出版社も陳謝し、アレグロの師ゴッドフライ・ドライヴァー卿はその議論を退けた多くの研究者の一人だった。

既述のように、フンツィンガーはすでに編集委員の地位を退いていた。ドゥ・ヴォーは一九七一年の九月一〇日に亡くなり、編集責任者としてその後を襲ったのは、ドゥ・ヴォーと同じエルサレムのフランス聖書考古学研究所の所長ピエール・ブノアだった。パトリック・スケーハンは一九八〇年の九月九日に亡くなったが、彼は亡くなる前に資料をノートルダム大学のユージン・ウルリッヒに引き渡しており、後者はそれからしばらくしてクロスのテクストの一部をも受け取る。ブノアは委員によるテクストの出版スケジュールを立てようとしたが、どうも彼らはそれを真剣には受け止めていなかったようである。ブノアは一九八七年の四月二三日に亡くなり、チームの最初からの一員であるジョン・ストラグネルがその年に編集責任者となる。続刊の出版準備は、一九八四年か一九八五年にすでになされていた。

このときまでの慣行は、チームに一人の欠員が生じれば、別の一人が加わるというものだった。そのため、作業に従事する者の数は増えもしなかった。ストラグネルが打ちだした新機軸のひとつは、それまでの小さなチームの枠を広げ、ユダヤ人研究者を関わらせることだった。確かにプロジェクトの初期の段階では、チームが小さなものであっても、それなりに効率のよいものだった。委員が断片について互いに相談したり助け合ったりすることができたからである。だが編集の仕事と、公認の出版物のために膨大な資料を準備することはまったく別のことだった。ここでのシステムは効率よく機能するものではなかった。何千何万という断片は、たとえロックフェラー一族の援助が継続されていたとしても、八人の熟達した研究者が抱え込むには手にあまるものだった。基金の更新が認められなくなると、作業は遅々として進まなくなる。新しい研究者が作業を完成させるために加えられることはなかった。ストラグネルが編集責任者になってはじめて、チームの委員は二〇人に拡大される。筆者はストラグネルが編集責任者だった一九八九年に加えられた者の一人で、その年ミリクは彼に割り当てられたテクストの一部を筆者に引き渡すことに同意した。

B　一九八九年以降の出来事

ストラグネルが編集責任者だった時期（一九八七―九〇年）に、第四洞穴出土の資料の出版が遅れつづけていることへの研究者の苛立ちが高まり、それは公開の抗議となる。ストラグネルが責任者の地位に就いたその年は、第一洞穴での発見があってから四〇年目である。このころまでには、チームが第四洞穴出土のテクストを寡頭独占し、彼らは出版前に――もちろん、その出版は遅れていた――他の研究者にそれを見せるのを拒んでいるという認識が広まっていた。だが実際は、チームの委員は、担当するテクストを他の研究者と共有していた（たとえば、聖書の翻訳チームはそれを受け取っていた）。いつまでも聞こえつづけたのは、なぜそんなに長い時間がかかるのかという学問の世界からあがる控え目な不満の声だったが、研究者は概して、委員がクムランのテクストを出版するのを待つことに満足していた。誰もアレグロのような人物のあげる激しい抗議の声を大まじめに受け取りはしていなかった。多くの研究者は来る年も来る年も静かに待ちつづけた。

だが、例外はいくつかあった。ロングビーチのカリフォルニア州立大学のロバート・アイゼンマンとイングランドのシェフィールド大学のフィリップ・デイヴィスは、一九八九年に、まだ公刊されていない巻物へアクセスしようと試みる。二人はすでにクムランを主題にした本をいくつか書いていた。彼らはストラグネルにロックフェラー博物館で断片を調査したいと申し入れたが、それは拒否される。やがて、彼らの大義名分と未公刊の多くの巻物への研究者の自由なアクセスという大義名分のために旗ふりする新手の人物が現れる。聖書考古学協会の創始者ハーシェル・シャンクスである。一般の人びとの間で広く愛読されている彼の雑誌「聖書考古学レビュー」はキャンペーンを開始し(一九八五年のことである)、巻物がどのように扱われているのか、発見されてから四〇年も経つというのに、なぜそれらはいまだ公刊されないのかと矢継ぎ早の疑問をぶつける。この結果、一般の人びとが巻物の置かれている状況に気づきはじめ、彼らの猜疑心が増大しはじめる。「寡頭独占」(モノポリー)という言葉に取って代わったのは巻物の「カルテル」だったが、これは普通コロンビアの麻薬王や産油国の評判の悪い企業家に適用されるものだった。

高まる批判的な報道の中で、イスラエル古物局(IAA)は、チームの委員が拘束されることになる出版スケジュールをつくり、はっぱをかける。そのため、たとえば、筆者が一九九〇年の一月にロックフェラー博物館で作業していたとき、イスラエル古物局の局長アミール・ドローリは、ミリクが筆者に託したテクストを筆者がいつ出版できるかを注意深くチェックしたりした。だがここで、クムラン世界の全光景を変えてしまうような一連の出来事が起こる。イスラエル古物局が、一九八九年に、状況を把握する三人の委員から成る巻物諮問委員会を設置したからである。翌年の一〇月、古物局はストラグネルの補佐役としてヘブライ大学のイマニュエル・トーブを編集委員に任命するが、それには彼が編集委員になれば、出版が早められるだろうという思惑があったのである。

ストラグネルはこの措置を歓迎しなかったが、彼はそれから間もなくすると、その発言が災いして編集責任者の地位から追い立てられる。彼は一九九〇年の秋にイスラエルのジャーナリスト、アヴィ・カッツマンのインタビューを受けるが、その記事が同年の九月九日のテルアビブの日刊紙「ハアレッ」に掲載されるや、大反響が引き起こされる。ストラグネルはそのインタビューで、挑発的なコメントを繰り返したが、記事は中でも彼の発言、ユダヤ教は「恐ろしい宗教である」を引いたのである。彼は後になって自分の発言の真意は他の所にあったと釈明する羽目になるが、そのような発言をしたときの彼は明らかに病んでいたのである。この記事のため、彼がユダヤ教のテクストの編集責任者の地位から外されたとしても驚きではなかっただろうが、イスラエルの古物局は、明らかに、このインタビューの前に彼の解任を決めていた。一九九〇年の一二月、巻物諮問委員会はストラグネルを解任する。この国際チームのベテランの委員たちは、ストラグネルの後任に三人の編集委員、すなわちイマニュエル・トーブ、フランス聖書考古学研究所のエミール・プエシ、ノートルダム大学のユージン・ウルリッヒを選出し、プロジェクトの舵取りをさせる。古物局はトーブを編集責任者に任命する。この三人の率先垂範により、またストラグネルのなした進捗にもとづき、この公認チームは最終的には約五〇人という、より現実的な規模に拡大される。このメンバー増はそれ自体でニュースだったが、それからすぐに他のいくつかの出来事も国際ニュースの見出し記事となる。

最初の出来事は一九九一年の秋に起こる。その年の九月、シンシナチのヒブリュー・ユニオン・カレッジの上級研究員ベン・ツィオン・ヴァホルダーと、当時そのカレッジの大学院生だったマーティン・アベッグが、彼らの叢書《シリーズ》『未公刊の死海の巻物の予備的段階の版』の第一巻を出版する（出版元は聖書考古学協会）。この書はたちまち一般人の想像力を捉える。何しろそれは死海の巻物のようにかくも古い文書にコンピュータのテクノロジーを応用したものだったからである。このプロジェクトは、巻物の出版が遅延していることへの苛立ちから生まれたものだった。ヴァホルダーとアベッグは、第四洞穴出土のテクストからつくられたコンコーダンス（前掲Aを参照）を使用し、その中の単語や語句から、コンコーダンスの底本となったテクストを復元した。彼らの用いた後退的な手続きは成功した。コンコーダンスの中では、どの単語もその文脈の中であげられていたので、その情報からテクスト全体を復元することは可能だったのである。ヴァホルダーとアベッグはテクストの封鎖の裏をかいたことで拍手喝采を浴びたが、その復元は公認チームによってなされたと一般には広く信じられた。だが一部の者は、他人（二人が出版したテクストの編集委員たちと、二人が利用した活字転記のコンコーダンスをつくった者たち）の仕事を出版するいかなる権利がヴァホルダーとアベッグにあるのかと訝しく思ったりした。彼らが復元したテクストの正確さに関しても、それが一九六〇年以前の版にもとづくものだっただけに、問題ありとする声があがった。チームの研究者は、その間の三〇年間に、より早い時期の推読の多くを正していたからである。

第二の出来事も同じ月に起こった。一九九一年の九月二二日、カリフォルニアのサン・マリノにあるハンチントン図書館の館長ウィリアム・A・モフェットは、同図書館所蔵の巻物の完全な写真版を研究者のために利用できるようにすると発表する。多くの人は、ハンチントン図書館が巻物の写真版のセットを所蔵していることを知ってはいなかった。モフェット自身がしばらく前にその存在を知ったほどだった。図書館は、巻物研究への寛大な資金援助でよく知られていたエリザベス・ヘイ・ベヒテルから、その写真版を寄贈されていたのである。彼女はカリフォルニアのクレアモントに「古代聖書写本センター」を創設し、そこに巻物の写真版のセットを所蔵する許可を得ていた。だが彼女は館長と折り合いが悪くなると、その複写をつくり、それをハンチントン図書館に置いていたのである。そのため複写された写真版は、モフェットの発表があるまで、ほとんどの人に知られぬままにハンチントンに置き去りにされていた。一九九一年の九月には、館員たちは言論の自由を深刻に受け止めていたふしがある。何しろそのとき同図書館では権利章典に関する展示が行われていたからである（同図書館の写真版の管理責任者は誰かという微妙な問題が残されている）。それはともかく、イスラエル古物局はモフェットの決定を歓迎せず、訴訟を起こすのではないかという噂がしばらくの間流された。だがモフェットや同図書館へ賞賛の声がアメリカの新聞の中であがる。巻物を閉じ込めておこうとする編集委員の必死の努力にもかかわらず、それはついに自由にされた、というわけである。

巻物に関心を寄せる人たちのためにその書庫を開放するというハンチントン図書館の申し出の恩典に与った者の一人は、公認チームへの不満をマスコミを使って激しくぶつけていた人物、ロバート・アイゼンマンだった。一九九一年の一一月、彼が教鞭を取る大学（ロングビーチのカリフォルニア州立大学）は新聞発表を行い、革命的だったばかりか、公認チームが巻物に関していかに誤っていたかを示すテクストをアイゼンマンが発見したと公表する。

ハンチントン図書館所蔵の死海の巻物のマイクロフィルムにアクセスした最初の研究者ロバート・アイゼンマンは、一人のメシア的な指導者の処刑に言及するテクストを発見したと発表した。「この巻物の小さな断片は、この資料がパレスチナにおけるキリスト教の始まりと何の関係もないとする、巻物編集委員会が現在流している見解に終止符を打つ」と、カリフォルニア州立大学ロングビーチ校で中近東の宗教を講じる教授が語った。巻物の著名な編集委員たちは、未公刊の巻物には興味を引くものは何もなく、それらはパレスチナでのキリスト教の誕生とは無関係であると述べてきた。

そこではまたアイゼンマンの言葉として、そのテクスト（4Q285）は「共同体の指導者、すなわちテクストがダビデの若枝として言及しているように思われる人物が殺害されるか処刑されるかに具体的に言及している」、「この一節は過去形で読もうが未来形で読もうが、こう解釈することには問題はない」が引かれている。すでに第6章（B・4・a）で述べたように、アイゼンマンの読み方は非常に問題のあるものである。彼は鍵となる一行を解釈するにあたり可能性のより低い方の解釈を選び（メシア的な人物が実際に殺害をするというのがより可能性の高い解釈である）、イザヤ書一一章との関係から正しい結論を引き出すことに失敗している。アイゼンマンの発見は新聞報道でただちに海外に流されたが、その新聞発表は誤ったものだったと言うのが公平であろう。その発表はまた、公認チームが巻物に関して一枚岩的な見解をもち、彼らは巻物をキリスト教の始源から遠ざけようとしている、といった印象を与えた。チームの委員たちのさまざまな見解を読んだことのある者は、彼らが多くの点で意見の一致をみていないことや、彼らの誰一人として巻物をキリスト教の始源から切り離そうとしたことのないことを知るだろう。彼らはみな、クムランの巻物とキリスト教の文書の間に重要な類似例があることを十分に承知しているのである。だが彼らは、アイゼンマンが好むような荒唐無稽な結論（たとえばイエスの兄弟ヤコブを義の教師だったとするような結論）を引き出したりはしていなかった。

こうしてさまざまな出来事が立て続けに起こったが、さらに別の出来事も起こる。一九九一年の一一月一九日に、聖書考古学協会はアイゼンマンとジェームス・M・ロビンソンの編集した『死海の巻物のファクシミリ版』を二巻本で出版する。その中には一七八五枚もの死海の巻物の写真が収められていた。その写真の出所は今日まで明らかにされていないが、その二巻本を購入するゆとりがあり（出版当時で一九五ドルもする高価なものだった）、写真版でテクストを読める人たちには未刊のテクストの大部分のものを提供したために、これもまた現状を打破するものとなった。写真は小さく、ある箇所ではまったく読める代物ではなかったが、その多くは役立つものだった。このファクシミリ版の第一巻はまた、ハーシェル・シャンクス寄稿の序文的なセクションを含み、そこでは近年の巻物論争によって重要視されるに至った多数の文書類（書簡など）が印刷されている。そのひとつは一二一行から成るハラハー的書簡（すなわち「トーラーの著作の一部」4QMMT）のヘブル語への活字転記だった。それより前の何年かの間、ストラグネルとエリシャ・キムロンによって活字に転記されたものの写しが、一部の関心のある研究者の間で回覧されていた。ここにはそのテクストが印刷されていたが、その本のどこにも、キムロンが活字に転記した研究者の一人であるとは明記されていなかった。

これらの出来事が次々に起こっているとき、イスラエル古物局は巻物の写真版へのアクセスの許可についてその立場を見直していた。当時、巻物の写しはエルサレムと他の四つの研究機関（カリフォルニアのクレアモントの「古代聖書写本センター」、ハンチントン図書館、オックスフォード・センター・フォー・ポストグラジュエイト・ヒブリュー・スタディーズ、シンシナチのヒブリュー・ユニオン・カレッジ）に置かれていた。古物局はこれらのセンターに許可を与え、彼らの所蔵する写真版を関心のある研究者に入手できるようにしたが、古物局は最初、未公刊テクストの写真版を手にする者は、研究のためにはテクストを使用できるが、それを利用していかなる版もつくらないことに同意させようとした。古物局がこの立場を捨て、上記の四つの機関が写真版の使用者から誓約書を取らなくてもすむようにするにはおよそ二週間かかった。ただ何らかの道義的なプレッシャーだけが使用者にかけられることになったが、それはチームの委員が、何年にもわたって研究してきたテクストを最初に出版する権利を奪われることのないようにするためだった。

ある出版物はとんでもない誤解をまき散らしてくれたが、ここではそれにもふれておかねばならない。マイケル・ベイジェントとリチャード・リーが『死海の巻物のごまかし――なぜ一握りの宗教学者が死海の巻物の革命的な内容を隠蔽しようと策謀したのか？』（ニューヨーク、サミット・ブックス、一九九一年。邦訳、『死海文書の謎』柏書房）を出版する。この書物の最初の方では、巻物や、出版の手筈、巻物についての合意、そこから派生したさまざまな問題などが書かれていて、それなりに面白くいろいろと教えられる読み物となっている。そこで引かれているジョン・アレグロの書簡からは、チームの他の委員との彼の関係がどのようにして気まずいものとなったかが直接知られる。

だが、面白そうだと思って読み進めると、この書物は途端に恥ずべきイエロー・ジャーナリズムに堕していることが露見する。この二人の共著者は、巻物の出版遅延の理由をあげ、カトリック教徒が優勢のチームがバチカンの支配下にあり、バチカンは未公刊の巻物の内容をよく知らされており、キリスト教を貶しめることになる断片の中の情報を隠蔽しようと躍起になっているという考えを読者に植え付けようとした。ドゥ・ヴォーは、彼を知る者たちによれば好人物だが、巻物を隠蔽しようとするバチカンの陰謀を操つる黒幕と化した、と。こういう滑稽でばかばかしい議論を行なった後、彼らは巻物に関するアイゼンマン説——それはエッセネ派説では扱いきれない問題にたいしてそれなりの満足を彼らに与えるものだった——を推し進める。学問といかがわしさがこれほど奇怪に合体した書物を想像することは難しいが、バチカン陰謀説は多くの読者を捉え、ベイジェントとリーの書物はベストセラーになる。だがすべての巻物を利用することのできる今、誰もそこにキリスト教にダメージを与えたりするものや、バチカンが隠蔽しようとしたものを見いだすことはできないでいる。巻物に完全にアクセスできるようになった副次的効果のひとつは、ベイジェントとリーの陰謀説が根も葉もないものであることを示すことができたことである。

最近のニュースとなるような出版物は、非常に価値の高い有意義なものである。E・J・ブリル社は、イスラエル古物局の後援のもとに、『マイクロフィッシュに収められた死海の巻物——ユダ砂漠からのテクストの包括的ファクシミリ版』（ライデン、一九九三年）と題する素晴らしい書物を出版した。マイクロフィッシュにはクムラン出土の全巻物と、ユダ砂漠の他の場所で発見された巻物の写真（およそ六〇〇〇点）が収められている。これと一緒に出版された他の巻では、全写本の完全なリストや、その写

断片［1Q17-1Q20］の赤外線写真。

本の一枚一枚につけられた番号、巻物の研究と写真撮影の歴史などを知ることができる。本書の出版により今日では、死海の巻物を扱える者たちはそのすべてを利用できるのである。

巻物の研究においては、写真版は重要な基本的な道具となっている。第一洞穴出土の巻物は速やかに撮影されたが（第1章、1・A）、五〇年代にパレスチナ考古学博物館に持ち込まれた何千という断片は、その編集作業の進行するさまざまな段階で、ナジブ・アルビナによって撮影された。その断片自体を取り扱った者は、写真の方がしばしば断片よりも読みやすいことを知っている。

一九九三年には、古代聖書写本センター（クレアモント）、ジェット推進力研究所、ウェスト・セミティック・リサーチの専門家たちの合同チームが、マルチ・スペクトル画像処理（MSI）の技術を使う、赤外線による新型のテストをはじめた。これはコンピュータによる画像処理法の応用により、撮影者に画像の異なる諸部分――そのそれぞれが独自のスペクトル的な特徴をもつ――の対照を高めるのを可能にした。このため、インクで書かれた断片の文字の表面は、肉眼で見えるものよりははるかに大きなコントラストで見えるようにされた。この結果は驚くべきものだった。そのよい例は、それまで読むことのできなかった外典創世記のひとつの断片である。MSIのテクノロジーを応用すれば、断片上の文字が、いや一枚目の羊皮紙の表にこびりついた二枚目の羊皮紙の断片でかぶされている文字でさえ今や鮮明に読み取れるのである（次頁図版を参照）。

拡大された公認チームはその作業をつづけている。一九九〇年、叢書「ユダ砂漠での発見」の第八巻が登場した。編集委員のイマニュエル・トーブ（とロバート・クラフト）は、その中で『ナハル・ヘベル出土のギリシア語の小預言者』を公刊する（ナハル・ヘベルは同じユダ砂漠の中の場所であるが、クムラ

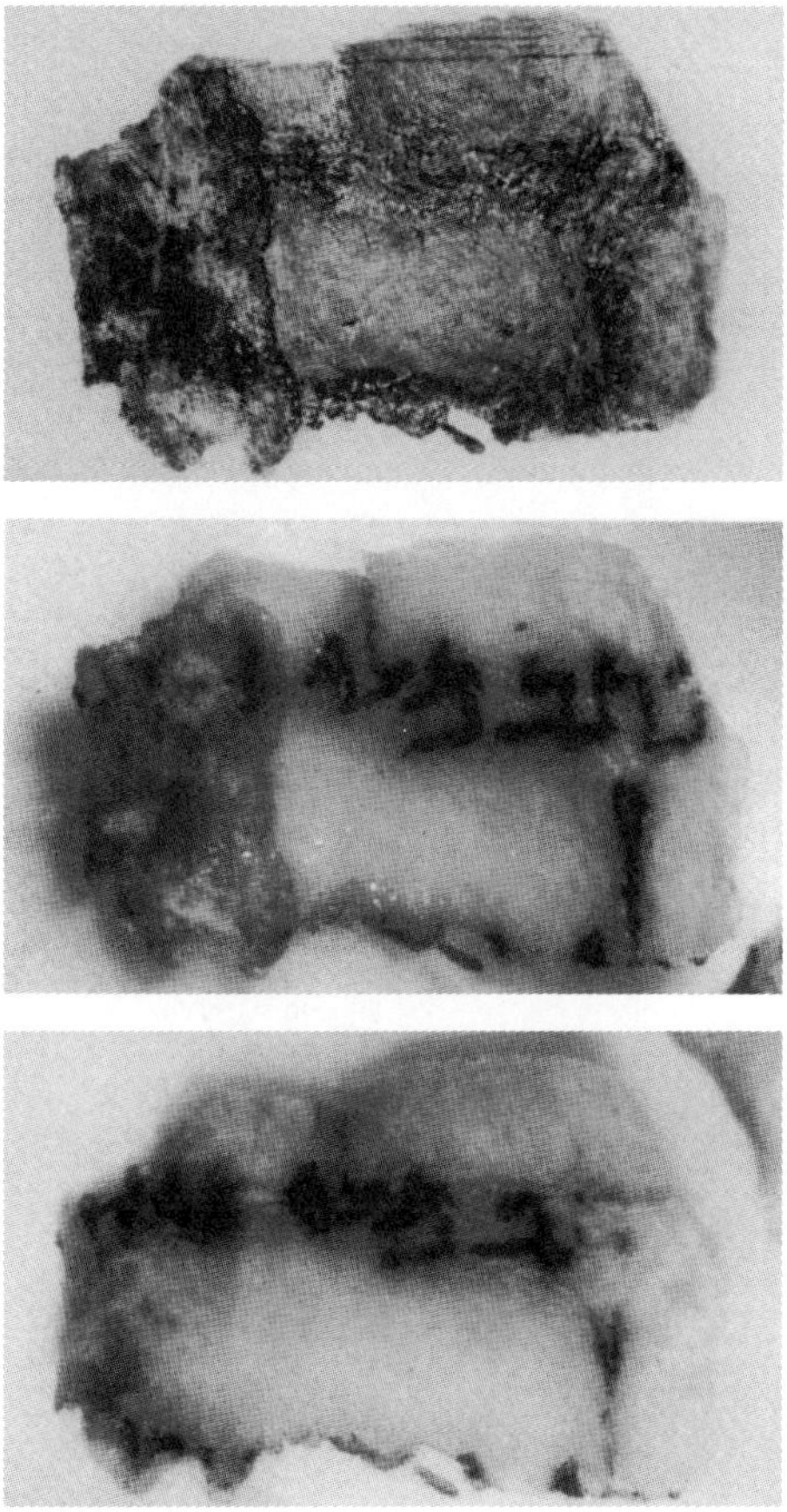

上は外典創世記［1QapGen］の第5欄、「ノアの断片」。可視光線下での撮影。テクストの文字は読めない。
中央はコンピュータ画像処理を施したもので、現れでた文字は「の言葉を書くこと」と読める。この最新の技術は断片をより詳しく調べることを可能にする。
下もコンピュータ処理を施したものであるが、この写真は比較のためのもの。現れでた文字は「ノアの言葉を書くこと」と読める。

ンではない)。一九九二年になると、ウルリッヒ、スケーハン、ジュディット・サンダーソンらは同叢書の第九巻『クムラン第四洞穴4――古ヘブル語とギリシア語の聖書写本』を公刊する。第一〇巻は研究者の待ち望むハラハー的書簡(「トーラーの著作の一部」)を含むもので、現在印刷中のそれは一九九四年には出版される予定である。他のいくつかの巻の出版準備も進行している(キムロンとストラグネル篇の『クムラン第四洞穴5――ミクサト・マアセー・ハ・トーラー』は、一九九四年に出版された――訳者)。

これらの出来事がマスコミを賑わすことになったため、巻物の一部の専門家が著名人扱いされる予期しない事態が生まれ、彼らは会議に出席したり、報道関係者のインタビューを受けたり、テレビやラジオに出演したりして多忙をきわめた。研究者の会議は増殖しつづけたが、それは公認チームの委員や他の研究者によって準備されたテクストの予備的段階の版の数が増えつづけたのと同じだった。奇妙な事態や気まずい感情が生まれることもあった。シャンクスは、ストラグネルとキムロンが編集したハラハー的書簡のテクストを彼らの許諾なしに『ファクシミリ版』の中で使用したため、キムロンにより訴えられた。キムロンはイスラエルの法廷で勝訴したが、要求した損害賠償の全額を得たわけではなく上訴している。研究者の会議が罵声の応酬の場となることもあった。カメラがまわり、記者が盛んにメモっている最中にである。性急さのあまりずさんなテクストを出版したり、許諾なしに他人の研究を使う者もいた。公認の国際チームの委員であったことが一度もない研究者の中には、そのチームを疑いの目で見つづけ、チームは合意を尊重し、異議を唱える者の声を抑えつけているといった噂をまことしやかに広めたりする者もいた。チームではさまざまな見解が表明されており、前章までで見てきたように、今日、クムラン研究のほとんどすべての領域で活発な議論が交わされており、どんな結論を出そうと、それは自由なのである。チーム内には合意などはなく、かりにある立場を強要する手段があったとしても、そこにはそんなものは存在しない。

論争から生まれたもうひとつの好ましい結果は、その会員が中近東の遺跡から出土した巻物やその他の物を研究したり、それへの関心を示している二つの学術団体が、死海の巻物のような発見されたテクストへのアクセスの問題を検討し、それについての公的な立場を採択したことである。聖書文学協会(一九九一年)とアメリカ・オリエント研究所(一九九二年)は、その問題についてのポリシーを声明の形で公にした。そこで表明されている希望とは、もし会員がそのポリシーにしたがい政府の諸機関にも同じような措置を取るよう働きかけるなら、次の発見がなされるとき、巻物の出版(あるいは出版されない事態)に伴った誤りや遅延は回避できるというものである。

聖書文学協会とアメリカ・オリエント研究所の声明内容はかなり異なっている。前者のポリシーは、すべての研究者が発見されたテクストへ自由かつ迅速にアクセスできること、および誰もがテクストを出版する権利を有することを要求している。それは、特定の人物や小さな研究者グループだけが発見されたテクストの独占的な出版権利を何年にもわたって保有する考えを退けている。後者の声明は前者よりも用心深いものであるが、それは後者が前者とは異なる性格の団体を母体としているからである(それは遺跡を所有する各国政府を相手に発掘の交渉をし、莫大な資金をつのっては調査研究を行う団体である)。それゆえ、それはこの関心事に訴えるものであり、基金を見つけて発見という作業に従事した研究者に、テクストを出版する最初の権利を一定期間保証しようとする。だがどちらも、発見されたテクストは他の研究者に速やかにアクセスできるようにされねばならず、第四洞穴の写本の場合のように、かくも長い期間他の研究者の利用できない状態に置かれてはならない、という原則を尊重している。クムランの経験は、われわれに何が有効に働き、何がそうでないかの認識をより深めるものとなった。これら二つの学術団体のポリシーは、近年の論争から生まれたもうひとつの好ましい結果であり、将来、新しいテクストが発見されたりするようなことがあれば、その刊行のためのよりよいシステムが機能する希望をわれわれにもたらしたのである。

文献紹介のためのノート

第1章　諸発見

ティモテウスからセルギウス宛の手紙の翻訳は G. R. Driver, *The Hebrew Scrolls from the Neighbourhood of Jericho and the Dead Sea* (London: Oxford University Press, 1951) 25-26 から引用した。

第一洞穴での諸発見についての記述は、John C. Trever, *The Untold Story of Qumran* (Westwood, N.J.: Fleming H. Revell Co., 1965) に負っている。彼は筆者がここで述べたよりもはるかに多くの詳細と文書上の証拠を提供する。

エレアザル・スケーニク (Eleazar Sukenik) についての情報は、彼がヘブライ語で著した書物でその死後に出版された *The Collection of the Hidden Scrolls Which Are in the Possession of the Hebrew University* (ed. Nahman Avigad; Jerusalem: Bialik Institute, 1954) 14 (彼による新聞発表についての説明) と 26 (巻物の著者はエッセネ派だとする彼の示唆) による。彼がどのようにして巻物の存在を知り、後になってそのいくつかを購入したかについて彼が語る物語は全編われわれを魅了する。

巻物の発見と研究の歴史に見られる主要な出来事の日付は Stephen J. Pfann によって準備されたリストに助けられたが、それは、*The Dead Sea Scrolls on Microfiche: Companion Volume* (ed. Emanuel Tov, with the collaboration of S. J. Pfann; Leiden/New York/Cologne: E. J. Brill, 1993) 97-108 に見られる。彼は前掲書の中で "Sites in the Judean Desert Where Texts Have Been Found," 109-19 と題する一章を書いている。クムラン出土の写本（とその他の洞穴から出土した写本）や、その写真番号、出版社名などの完全なリストは一七一—七二頁に見られる。ミラー・バロウズ（Millar Burrows）からの引用は、彼の著作 *The Dead Sea Scrolls* (New York: Viking Press, 1955) 17 からである。

クムランの考古学的発掘に関する標準的著作で筆者が本章で引用した書物は、Roland de Vaux, *Archaeology and the Dead Sea Scrolls* (Schweich Lectures 1959; rev. ed.; London: Oxford University Press, 1973) である。また有益なのは、Philip R. Davies, *Qumran* (Cities of the Biblical World; Grand Rapids: Wm. B. Eerdmans Pub. Co., 1983) である。彼はこの書の三〇頁で、一九四七年以前にクムランに足を踏み入れた者に触れている。これについてはまた、*The Dead Sea Scrolls on Microfiche,* 110 の Pfann の記事を参照してほしい。

クムランの書体に関するクロス（Frank Moore Cross）の論文 "The Development of the Jewish Scripts" は、*The Bible and the Ancient Near East: Essays in Honor of William Foxwell Albright* (ed. G. E. Wright; Garden City, N.Y.: Doubleday, 1961) 133-202 に見られる。

AMSテストに関する情報は、G. Bonani, S. Ivy, W. Wölfli, M. Broshi, I. Carmi, and J. Strugnell, "Radio Carbon Dating of Fourteen Dead Sea Scrolls," *Radiocarbon* 34 (1992) 843-49 を参照してほしい。

ノーマン・ゴルブ（Norman Golb）の見解は、たとえば、彼の論文“The Problem of Origin and Identification of the Dead Sea Scrolls,” *Proceedings of the American Philosophical Society* 124（1980）1-24 や“The Dead Sea Scrolls: A New Perspective,” *The American Scholar* 58（1989）177-207 を参照してほしい。

ポーリン・ドンシール＝ヴテ（Pauline Donceel-Voûte）の論文は“‘Coenaculum’——La salle a l'étage du *locus* 30 a Khirbet Qumrân sur la mer morte,” *Banquets d'Orient*（Res Orientales 4; 1993）61-84 に見られる。

第2章　写本概観

第四洞穴と第一一洞穴出土の未公刊のクムラン写本のリストは、一九九二年に、利用できるようになった。それらについては、Emanuel Tov, “The Unpublished Qumran Texts from Cave 4 and 11,” *Journal of Jewish Studies* 43（1992）101-36＝*Biblical Archaeologist* 55（1992）94-104 を参照してほしい。

クムランの全写本と写真の完全なリストは、S. A. Reed, ed., *The Dead Sea Scrolls Inventory Project: Lists of Documents, Photographs and Museum Plates*（Claremont: Ancient Biblical Manuscript Center, 1992）の一四分冊目に見られる。もっとも最近のリストは、*The Dead Sea Scrolls on Microfiche: Companion Volume*（ed. Emanuel Tov; Leiden/New York/Cologne: E. J. Brill, 1993）17-72 に見られる。

偽典文書については、*The Old Testament Pseudepigrapha*（ed. James H. Charlesworth; 2 vols.; Garden City, N.Y.: Doubleday, 1983-85）を参照してほしい。

エノク書についてミリクの取った立場は、J. T. Milik, *Books of Enoch: Aramaic Fragments of Qumrân Cave 4* (Oxford: Clarendon Press, 1976) に見られる。

戦いの巻物に見られる年数の解釈は、*Yigael Yadin, The Scroll of the War of the Sons of Light Against the Sons of Darkness* (Oxford: Oxford University Press, 1962) による。

第3章　クムラン・グループとは？

プリニウスからの引用は、*Pliny, Natural History,* vol. II, *Books III-VII* (trans. H. Rackham; Loeb Classical Library; Cambridge: Harvard University Press; London: Wm. Heinemann, repr. 1969) からである。

ヨセフスからの引用はすべて、*Josephus,* vol. II, *The Jewish War, Books I-III* (trans. H. St.-J. Thackeray; Loeb Classical Library; Cambridge: Harvard University Press; London: Wm. Heinemann, repr. 1976) から転載した。

巻物の著者たちをエッセネ派であるとするエレアザル・スケーニク (Eleazar Sukenik) の示唆に関しては、彼の *The Collection of the Hidden Scrolls Which Are in the Possession of the Hebrew University* (ed. Nahman Avigad; Jerusalem: Bialik Institute, 1954) 26 (Hebrew) を参照してほしい。

キレネのシュネシウスとヒッポリュトスからの章節は、Geza Vermes and M. D. Goodman, *The Essenes According to the Classical Sources* (Oxford Center Textbooks 1; Sheffield: Sheffield Academic Press, 1989) から転載した。

ヨベル書の一節の翻訳は、筆者の *The Book of Jubilees* (Corpus Scriptorum Christianorum

Orientalium 510-11, Scriptores Aethiopici 87-88; 2 vols.; Louvain: Peeters, 1989）vol. 2 から転載した。

ヨセフスによるエッセネ派の記述と巻物の中の証拠に見られる類似関係に関するトッド・ベオール（Todd Beall）の扱いは、彼の *Josephus' Description of the Essenes Illustrated by the Dead Sea Scrolls*（Society for New Testament Studies Monograph Series 58; Cambridge: Cambridge University Press, 1988）に見られる。

4Q521 に見られる復活の一節についてのノートを含むフランス語の論文は、Emile Puech, "Les Esséniens et la Vie Future," *Le Monde de la Bible* 4（1978）38-40 を参照してほしい。油と他の液体についてのエッセネ派の見解は、Joseph Baumgarten, "The Essene Avoidance of Oil and the Laws of Purity," *Revue de Qumran* 6（1967）183-93 を参照してほしい。

サドカイ派とクムランについてのローレンス・シフマン（Lawrence Schiffman）の議論は、たとえば、"The New Halakhic Letter（4QMMT）and the Origins of the Dead Sea Sect," *Biblical Archaeologist* 53（1990）64-73 で読むことができる。

『ミシュナー』の引用は、Herbert Danby, *The Mishnah*（Oxford: Oxford University Press, 1933）からである。

ノーマン・ゴルブ（Norman Golb）の論文の中には、"The Problem of Origin and Identification of the Dead Sea Scrolls," *Proceedings of the American Philosophical Society* 124（1980）1-24 や "The Dead Sea Scrolls: A New Perspective," *The American Scholar* 58（1989）177－207 がある。

クムランの共同体の歴史に関しては、筆者は、拙論 "2 Maccabees 6, 7A and Calendrical Change in Jerusalem," *Journal for the Study of Judaism* 12 (1981) 52-74 の中で描いた素描のいくつかを利用した。部分的には Jerome Murphy-O'Connor, "Demetrius I and the Teacher of Righteousness," *Revue Biblique* 83 (1976) 400-420 と Hartmut Stegemann, *Die Entstehung der Qumrangemeinde* (privately printed, Bonn, 1971) にもとづいている。

王ヨナタンが 4Q448 に登場することは、E. and H. Eshel and A. Yardeni, "A Scroll from Qumran Which Includes Part of Psalm 154 and a Prayer for King Jonathan and His Kingdom," *Tarbiz* 60 (1992) 296-324 で主張された。

ローレンス・シフマン (Lawrence Schiffman) は、*The Halakhah at Qumran* (Leiden: E. J. Brill, 1975) の中で、啓示された戒めと隠された戒めという二つの観念を展開した。

J・T・ミリク (J. T. Milik) は、その著作 *Ten Years of Discovery in the Wilderness of Judaea* (Studies in Biblical Theology 1/26; London: SCM, 1959) の中で、第四洞穴出土の暦のテクストに注目した最初の研究者である。

ミシュマロート・テクストは、最初 Ben Z. Wacholder and Martin G. Abegg, *A Preliminary Edition of the Unpublished Dead Sea Scrolls*: The Hebrew and Aramaic Texts from Cave 4 (Washington, D.C.: Biblical Archaeology Society, 1991) fascicle 1.60-101 によって公刊された。「ニューヨーク・アカデミー・オブ・サイエンシズ」の会報に寄稿した近刊予定の拙論 "Calendrical Texts and the Origins of the Dead Sea Scroll Community" の中で、筆者は暦についての新しい情報とクムラン共同体の初期の歴史を復元するためのその関連性を論じている。

クムランの人びとのメシア信仰に関する資料の一部は、拙論 "Messianism in the Scrolls and in Early Christianity" からであるが、それは一九九三年の四月に国会図書館で開催された死海文書についての学術会議で報告された他の論文とともに、同図書館から出版される予定である。

第5章　巻物と旧約聖書

クムラン出土の聖書関係の巻物の多くの編集委員であるノートルダム大学のユージン・ウルリッヒ（Eugene Ulrich）は、この章で見いだされる情報の一部を提供してくれた。

イマニュエル・トーブ（Emanuel Tov）提供の資料は、彼の著作、*Textual Criticism and the Hebrew Bible*（Minneapolis: Fortress Press; Assen/Maastricht: Van Gorcum, 1992）、とくに（エレミヤについては）三二六頁、（クムラン出土の聖書関係の写本については）一一四―一七頁、そして（サムエル記上一〇章の付加文節については）三四二―四四頁を参照してほしい。私的な書簡の交換で、トーブはクムランの聖書関係の写本の分類に新しいパーセンテージを教えてくれた。それは彼の書物の第二版で掲載される。

サムエル記上一〇章に見られる新しい一節は最初ウルリッヒによって、その著作、*The Qumran Text of Samuel and Josephus*（Harvard Semitic Monographs 19; Missoula, Mont.: Scholars Press, 1978）の中で論じられた。

フランク・ムーア・クロス（Frank Moore Cross）は、彼のローカル・テクスト説を、その著作 "The Evolution of a Theory of Local Texts," in *Qumran and the History of the Biblical Text*（ed. Cross and Shemaryahu Talmon; Cambridge: Harvard University Press, 1976）306-20 の中で説明している。

第一一洞穴出土の詩篇（とその関連テクスト）の分析は、P. Flint, "The Psalters at Qumran and the Book of Psalms" (Ph. D. dissertation, University of Notre Dame, 1993) による。

フィローンおよびヨセフスからの引用は、Loeb Classical Library (Cambridge: Harvard University Press; London: Wm. Heinemann) の *Philo,* vol. IX, *On the Contemplative Life* (trans. F.H. Colson; repr. 1985) および *Josephus,* vol. I, *The Life, Against Apion* (trans. H. St.-J. Thackeray; repr. 1976); *Josephus,* vol. V, *Jewish Antiquities,* Books V-VIII (trans. H. St.-J. Thackeray and R. Marcus; repr. 1988) に見られる。

正典に関する議論の一部は、筆者の近刊の論文 "Revealed Literature in the Second Temple Period" による。

第6章　巻物と新約聖書

アンドレ・デュポン＝ソメール (André Dupont-Sommer) からの引用は、André Dupont-Sommer, *The Dead Sea Scrolls: A Preliminary Survery* (trans. E. Margaret Rowley; Oxford: Basil Blackwell, 1952) 99 によった。

エドモンド・ウィルソン (Edmund Wilson) の記事 "The Scrolls from The Dead Sea" は、*The New Yorker,* May 1955, 45−131 に見られる。これは後になって加筆されて単行本、*The Scrolls from the Dead Sea* (London: Collins, 1955) となった。本章における引用は、同書一〇二頁と一一四頁からである。

ロバート・アイゼンマン (Robert Eisenman) の見解は、*Maccabees, Zadokites, Christians and Qumran: A New Hypothesis of Qumran Origins* (Studia Post-Biblica 34; Leiden: E. J. Brill,

1986）と *James the Just in the Habakkuk Pesher* (Leiden: E. J. Brill) を参照してほしい。

バーバラ・スィーリング（Barbara Thiering）の説は、*Redating the Teacher of Righteousness* (Australian and New Zealand Studies in Theology and Religion; Sidney: Theological Explorations, 1979）と同じシリーズの *The Gospels and Qumran*: A New Hypothesis（1981）に見られる。

ミラー・バロウズ（Millar Burrows）の見解は *The Dead Sea Scrolls* (New York: Viking Press, 1955) 327-43（引用は三四三頁から）からである。

クリスター・ステンダール（Krister Stendahl）のコメントは、"The Scrolls and the New Testament: An Introduction and a Perspective," in *The Scrolls and the New Testament* (ed. Stendahl; New York: Harper & Row, 1957) 16-17 に見られる。ジェームス・H・チャールスワース（James H. Charlesworth）の書き下ろした序文の付せられたこの有益な論集はクロスロード社（Crossroad, 1992）から復刻された。

本章にとって大いに役立ったのはジョセフ・フィツマイヤー（Joseph Fitzmyer）の論文 "The Qumran Scrolls and the New Testament after Forty Years," *Revue de Qumran* 13 (1988) 609-20 である。4Q246 の翻訳は同論文の六一七頁からである。

ホセ・オキャラハン（José O'Callaghan）の見解は "Papiros neotestamentarios en la cueva 7 de Qumran?" *Biblica* 53 (1972) 9-100 に、より詳しくは *Los papiros griegos de la cueva 7 de Qumrân* (Biblioteca de autores cristianos; 353; Madrid: Editorial católica, 1974) に見られる。

宗規要覧（1QSa）の第二欄の翻訳は、Lawrence Schiffman, *The Eschatological Community of the Dead Sea Scrolls* (Society of Biblical Literature Monograph Series 38; Atlanta: Scholars

Press, 1985) 53-55 からである。同書の六七頁をも参照してほしい。

暦と最後の晩餐に関しては、*The Dead Sea Scrolls: Major Publications and Tools for Study* (Sources for Biblical Study 20; rev. ed.; Atlanta: Scholars Press, 1990) 180-86 でのジョセフ・フィツマイヤー（Joseph Fitzmyer）の議論（およびそこでの文献）を参照してほしい。

アンニー・ジョベール（Annie Jaubert）の見解は、*The Date of the Last Supper* (trans. Isaac Rafferty; Staten Island: Alba, 1965) を見てほしい。

第7章　死海の巻物論争

本章におけるほとんどすべての資料は本文の中で与えられているので、ここでは繰り返さない。唯一の例外は、Frank Moore Cross, *The Ancient Library of Qumran and Modern Biblical Studies* (rev. ed.; repr. Grand Rapids: Baker Book House, 1980) 35 からの引用である。マルチ・スペクトル画像処理の技術を巻物に応用している専門家は、カリフォルニア工科大学のジェット推進力研究所のグレゴリー・ベアマン、南カリフォルニア大学のブルース・ズッカーマン、ウェスト・セミティック・リサーチのケネス・ズッカーマン、カリフォルニア工科大学のジョセフ・チューらである。彼らの最初の報告は一九九三年一一月に開催された聖書文学協会の年次大会でなされた。その報告は写真とともに、一九九三年の一一月二三日付のニューヨーク・タイムズに掲載された。

訳者あとがきに代えて

東京で「地下鉄サリン事件」が発生した本年の三月末、訳者はシリア砂漠を横断する旅の途次にあったが、現地のホテルでは、朝も夜も、そして深夜も、テレビのチャンネルを片っ端からまわしつづけては、東京発のホットなニュースを追っていた。そしてそれを見ながら、この狂気の集団を死海（イスラエル）の西岸の荒野（クムランと呼ばれる地域）に居住していたある宗教集団と結びつけ、この集団にこいつらのサリン製造工場のひとつでももたせてやれば、二〇〇〇年前のオウムじゃなかろうか、と想像したりしていた。

この連想は死海文書の研究者たちからは不謹慎な妄想だとして一喝のもとに退けられるだろうが、訳者がこともあろうに旅先でこのような妄想にふけったのは、クムランの共同体を支える神学思想（終末思想）と彼らが想定した近未来の最終戦争のシナリオが脳裏をよぎったからである。だから、帰国したらすぐにでも、彼らが残した共同体の憲法とでも言うべき「宗規要覧」と軍事マニュアルとでも言うべき「戦いの書」を読み直してみようと思ったが、そこで待っていたのは、死海文書関係のある書物、本書の中で批判的に紹介されているノーマン・ゴルブ（シカゴ大学）の近作の翻訳依頼だった。訳者はその内容をただちに検討してみたが、死海の巻物そのものがまだ広くは知られていない日本の読書界に、現時点でそれを紹介するのは不適当であると判断してその仕事は断わり、訳者の責任において「ベストな入門書」を紹介することを出版社に約束した。本書がこれである。

1

一九四七年にある偶然的な出来事からその存在が知られるようになった死海の巻物の発見は、それよりも二年前の一九四五年に上エジプトのナグ・ハマディで発見されたコプト語の文書（トマス福音書）とともに、欧米の世界では「今世紀最大の考古学上の発見のひとつ」として喧伝されてきたものである。一九世紀の後半にエジプトの聖カテリナ修道院で発見された「バルナバの手紙」やコンスタンティノープルの総主教図書館で発見された「ディダケー」（十二使徒の教え）がそうだったように、それまで知られなかった巻物や文書が発見されると、最初に問題になるのは、その著作年代や転写された年代である。古ければ古いほどアリガタイわけであるが、死海の巻物もその例外ではなかった。それゆえ、この巻物研究は、その著作年代をめぐる熾烈な論争からはじまったが（一九四八年）、その論争の一方の立て役者が故ソロモン・ツァイトリン博士——はからずも訳者の恩師である——だったことはよく知られている。博士は編集主幹をつとめる学術雑誌「ジューイッシュ・クオータリー・レビュー」誌上やイスラエルのアカデミーで、死海の巻物は中世の偽書であると再三断じてはばからなかったが、本書に書かれてあるように、その一部の微量な断片が当時シカゴ大学で開発されたばかりカーボン14テストによって測定されると、測定にはプラス・マイナスの大きな差は出たものの、それは紀元前後のものと判明する。哀れツァイトリンは、科学的測定法の前に一敗地にまみれたわけである。だが、わが師は亡くなるまで（一九七六年）、自説の正しさを信じて疑わず意気軒昂だった。一部の研究者はその頑固さにアキレかえっていたが、それでも少なからざる数の研究者は敬意を払いつづけていた。彼らがそうしたのは、ひとつにはツァイトリンへの敬慕の念からだったが、ひとつには第一洞穴から出土した最初の七つの巻物は別にして（それはすでに自由訳を含めたいくつかの翻訳で知られていた）、膨大な数の巻物の断片の全貌が当時まだ見えてはおらず（一一の洞穴から出土した巻物の断片の数は数万点におよぶものだった）、すべてが視界不良の中に置かれていたからである（第四洞穴出土のものを含むすべての断片がマイクロフィッシュで利用できるようになったのは、巻物が発見されてから実に四〇年以上もたった最近のことである）。

2

死海の巻物が古い時代のものであるとのお墨つきが、カーボン14テストや書体学などによって与えられると、しかもそれが紀元前後のものであるとされると、欧米のキリスト教学者やイスラエルの学者が目の色を変えたのは言うまでもない。とくにキリスト教の研究者の場合はそうだったが、それは死海の巻物がイエスの時代や新約聖書をよりよく知るための貴重な手がかりを与えるものになると思われたからである。彼らにとってはイエスに関わるものであれば、それがどんな微少なテスティモニア（証言）であっても、ありがたいわけであるが（その思いはわれわれの想像を超えるところにあると言えよう）、この場合は、ただありがたいではすまされない、シーリアスな事情もあったようである。それはナチズムが生んだホロコーストへの反省（あるいは贖罪の意識）である。

キリスト教の神学は、原理的には、ユダヤ教の存在そのものを否定する「反ユダヤ主義」の立場にたつものだが（このことを露骨に口にする研究者はさすがにいないようであるが）、ホロコーストの思想を支えるいくつもの柱の少なくともそのひとつにはなったこの「反ユダヤ主義」の神学への深刻な反省から、第二次世界大戦後、一部の新約学者の間で、イエスの生きた時代やその時代のユダヤ教を徹底的に見直そうという気運が生まれたが、この気運のただ中に死海の巻物の断片が、まるで天から降ってきたマナのように、落下してきたのである。もちろん、この時代史や一世紀のユダヤ教への関心と研究は、第二次世界大戦で中断されたとはいえ、一九世紀あたりから盛んになりはじめた「歴史のイエス」の探究――福音書をも含む教会の教義（教え）でベタベタと厚化粧されたイエス・キリストではなくて、化粧を落とした素顔のイエスの探究――と無縁ではなかっただろう。

3

最初、死海文書の研究は、第一洞穴出土の七つの巻物とその断片をヘブル語の活字に転記して出版されたテクストを中心とするものだった（そのテクストは非常に早い時期に公刊された）。だがすぐにその研究は、新約学者ばかりでなく旧約学者をも多数巻き込むものとなる。そのことは、それを専門とする学術雑誌が雨後の竹の子のごとくに次々に誕生した事実や、聖書関係の学術雑誌におびただしい数の論文が掲載されたことなどから分かる（巻物が発見されてから一〇年以内に書かれた論文数は一〇〇〇点を超えるものだったと言われる）。研究者にとっては、クムランについて、巻物の断片のテクストそれ自体について、旧約の諸文書のテクストとの関わりについて、新約聖書の主題との関わりについて、そこに登場する「義の教師」や「悪しき祭司」について何か書いたり発言したりすることが、研究者であることの信用証明であるかのようだった。もちろん、こうして発表されてきた膨大な見解の中には今日でも読むに値するものが多いが、そうした見解の中に紛れ込んでくるのは、「義の教師」は洗礼者ヨハネであり、「悪しき祭司」はイエスだったとするような仰天ものの珍説や奇説だが、それらもまた歴史の浅い「クムラン学」の裏街道ではなくて表街道を威風堂々と闊歩し、欧米のマスコミ界を騒がせてきたのである。では、わたしたちは、この巻物から何を知ったのだろうか？

4

死海の巻物の一部には、「義の教師」と呼ばれる人物や「悪しき祭司」と呼ばれる人物がたびたび登場する。ここでの教師がクムランの共同体の創始者と見なされるだけに、クムランの歴史を知るには、その者の時代がまず明らかにされねばならなかった。

研究者は、この「義の教師」は、エルサレムから自分の支持者の小さな集団を率いてクムランに都落ちした人物、そして「悪しき祭司」とはその人物のライヴァルか敵対者だったとする。ここまでは、よほどのヘソ曲がりでなければ、どの研究者も合意する事柄である。だがここから先、その者の時代の特定では議論百出する。その者の時代は、マカベア第一書を背景にして、ヨセフスの『ユダヤ古代誌』と『ユダヤ戦記』が報告するある出来事から特定されるように思われる。

マカベア一族の者は、パレスチナからシリアの勢力を首尾よく駆逐して神殿を清めると（前一六四年）、パレスチナを統治する権力を握るが、その当初から、彼らがダビデの一族にもザドクの一族に連ならないため、「現実の支配の正統性」と「伝統的支配の正統性」の問題をめぐって彼らの一族と大祭司（およびそれを支援するグループ）の抗争がはじまる。だが、この一族の強権政治と弾圧によって反対勢力は封じ込められ、一族の間での権力の継承は進み、大祭司職まで手中に収める人物が現れる。これはどの時代のどの民族の間でも見られる政治や宗教の領域における熾烈な権力争いの光景であるが、権力闘争に敗れた者はしばしば国外に逃亡し、その逃亡先で自らの支配の正統性を主張しつづける。前二世紀の後半のイスラエル史では、この図式どおりのことが起こったのである。

われわれはヨセフスから、エジプトのヘーリオ・ポリス（太陽の町の意）州のレオントーン・ポリス（ライオンの町の意）にエルサレムの神殿を模した神殿をつくった人物オニアス四世の存在を知るが、この人物の出現をマカベア第一書を背景にして読めば、そのころのエルサレムにおける権力抗争が熾烈をきわめたものだったことが分かる。オニアス四世はザドクの一族に連なる者だっただけに、エルサレムの北のモデインと呼ばれる田舎の祭司一族出身のマカベアの一族にたいしては「伝統的支配の正統性」を主張し得る立場にあったが、彼はマカベア一族の大祭司ヨナタンから権力を奪還することに失敗し、そのため、前一五〇年ころにエジプトのプトレマイオス六世フィロメートール（前一八二―一四六年）のもとへの亡命を余儀なくされるが、前一四五年ころに、最終の落ち着き先であるレオントーン・ポリスのブーバスティス・アグリアと呼ばれる土地でエルサレムの神殿を模した小さな神殿をつくる（この神殿は後七〇年にローマのウェスパシアヌスによって破壊されるまで存続しつづける）。「義の教師」がエルサレムを離れたのは、オニアス四世がエルサレムを脱出した時期の前後にもとめられるものと思われる。彼はオニアス四世とは異なり、支配の正統性を主張できる者ではなかったであろうが（実際、それを示唆する文面は巻物の断片の中にはない）、ときのマカベア一族を支援する祭司グループか、その大祭司と対立・抗争していた者であり、彼もまたその抗争に敗れ、エルサレムを脱出したのである。ここで興味深いのは、オニアスがエルサレム以外の場所に神殿を建てる神学的根拠をイザヤ書にもとめたのにたいし（「神はひとつ、神殿はひとつ」というユダヤ教のテーゼに反するこの神殿の造営は、イザヤ書一九・一八―一九の預言、すなわち「その日、エジプトの地に……万軍の主に誓いを立てる五つの町があり、その中のひとつは太陽の町ととなえられる。その日、主をまつるひとつの祭壇が置かれ、その国境に主をまつるひとつの柱が建てられる」を引くことによって正当化された）、「義の教師」は荒野に赴く根拠を同じイザヤ書にもとめたことである。

5

「義の教師」——なかなか尊大な呼び名である。この人物がエルサレムで「義の教師」などと仲間うちで呼ばれていたとは思われない。その人物がそう呼ばれたのは、彼らがクムランに共同体をつくってから後のことで、エルサレムの大祭司の存在が敵対者として意識されていた時期のことだろう。彼らがエルサレムの大祭司を「悪しき大祭司」と呼ばないで、格下げしてたんに「悪しき祭司」と呼んでみせたのは、その者がときのエルサレムの大祭司をその職にふさわしくない人物と見なしたことを示すものだろう。「義の教師」という呼称が、実際、その者の身丈にふさわしいものだったかどうかの判断は差し控えるが（エルサレムの大祭司やその支持者にしてみれば、彼こそは「悪しき教師」とレッテルのひとつでもはりたかっただろう）、このようなレッテルはりは宗教や政治の世界で、あるいはわたしたちの日常生活ではよくあることである。

クムランの共同体の規模は、最初は非常に小さいものだったろう。その出発は数人から数十人くらいの小さな同志的な結社だったと思われる。レビ人や祭司の応援団を引き連れて「出エルサレム」を敢行したオニアス四世の場合とは明らかに違うように思われる。だが、かなり早い時期から、エルサレムにおけるハスモン一族の支配に不満をもつ分子や「義の教師」の生き方に共鳴する者たちが流れ込んだりして、その規模は次第に膨れ上がっていったと思われる。共同体の憲法となる「宗規要覧」は、入会志願者の厳しい審査規定を設けているが、それは共同体の成長と発展に関係するものだろう。

6

このクムランで理解されたユダヤ教は、エルサレムの祭司貴族が奉じる祭儀的なユダヤ教とはまるで違うものだった。違って当り前だった。何しろそこには、神殿などなかったからである（オニアス四世の場合、エジプトのクレオパトラの要塞跡を利用して神殿をつくっただけに、またエルサレムの神殿の祭儀と張り合ったために、そこでのユダヤ教は原理的にはエルサレムのそれに近いものだったと思われる)。エルサレムのユダヤ教との差異をもたらしたのは、神殿のあるなしだけに関わるものではなかった。それは彼らの歴史意識に関わるものだった。彼らは近未来に、いや明日にでも時の終わりが来ると信じ込んだのである。聖書学者が好んで用いる「終末」(エスカトン)という言葉を使えば、彼らは差し迫った終末の緊迫感の中に生きていたのである。彼らが「義の教師」によってマインド・コントロールされてそう信じたのか、それとも彼らの本来的な信仰がそれを要求したのか、その辺りのことは分からないが、エルサレムでの権力争いに見られる祭司や貴族たちの腐敗堕落や、外国権力(ローマ)の支配下に置かれたその支配の現実(ただしこれは紀元前六三年以降)なども、彼らの歴史意識に影響を与えたと思われる(死海の巻物の中では、ローマはキッティームという隠語で呼ばれている)。神の審判をもとめる声の裏側にある現実は、正統性を主張し得ない者たちによる支配や、その権力の腐敗堕落、人びとの道徳的弛緩などであるが、彼らが神の審判が目睫に迫っていること、いや彼らがその審判の時の一日も早い到来を待望していたことは、彼らが自分たちを「光の子ら」と規定し、そうでない者たちを「闇の子ら」として二分割してみせたことに読み取ることができるだろうし、その日に備えて、身体的にもまた道徳的にも潔めの毎日を送っていたことや(この辺りは、尊師みずからヤリたい放題のセックスを楽しんだ大馬鹿どもの集団オウムとはちがうようである)、そしてその時の終わりには最終戦争(ハルマゲドン)のあることを予想していたこと、またその終わりの時には二人のメシアが現れ、彼らと一緒に宴につくと夢想していたことなどから分かる。

7

イエスの生きた一世紀のガリラヤの風景の中にクムランの共同体を入れてみると、それはおよそ不釣合いのものとなり、そこからただちにはじき出されてしまう。そこは草木一本とてない荒野ではなくて、パレスチナでもっとも緑の多い場所だった。したがってそこは、不毛な土地を耕しては生存のための最低レベルのものを確保しなければならなかった場所ではなく、農産物や果実の収穫が期待され、湖の漁業が盛んな活気ある生産的な社会だった。そこはその周辺にいかなる町も認められない静寂だけが支配する場所ではなくて、ギリシアの都市をモデルにした町々が点在し、劇場や、学校、競技場、アゴラなどが存在する喧騒の場所だった。そこはひと握りの敬虔なユダヤ人だけが住み着いた社会ではなくて、多くの民族が、ローマ人が、ギリシア人が、シリア人などが住み着き、近くのハイウェイ（公道）を行く旅人たちが滞在した場所である。要するにそこは、他の世界とは隔絶された閉鎖的な社会ではなく、他の世界にアクセスされた社会であり、そのためさまざまな思想が、たとえばストアの哲学や犬儒派の哲学などが入り込んできた場所である。このような場所で生まれ育った人間の言葉と行為が、クムランの共同体のような閉鎖社会の人間のそれと違うのは誰にも予想されることである。

8

現代の福音書の研究から取り出されるイエスは、彼にしたがった最初期の人びとの間では犬儒派の哲学者として捉えられ、覚えられていたとされる（このイエス像を「イエス語録」から見事に取り出したのは、バートン・L・マック著『失われた福音書』［拙訳、青土社、一九九四年］である。ジョン・ドミニク・クロッサン著『イエスの言葉』［拙訳、河出書房新社、一九九五年］もイエスを犬儒派とするが、マックとは違い、彼はイエスを明日の糧にも困ったガリラヤの小作農に語りかけた側面を強調する）。「歴史のイエス」が真に犬儒派の哲人だったのかはともかくとして、共観福音書から取り出された「イエスの語録」における「歴史のイエス」像は「信仰のイエス・キリスト」の厚化粧を相当にひっぱがしたものであるにちがいないが、福音書を含む新約聖書の諸文書をクムランの巻物に認められるいくつかの観念や慣行思想と比較するのは、クムランの巻物が著された時期が新約の諸文書が著された時期よりも早いものだけに重要であり、わたしたちに新約聖書の諸文書についての新しい理解をもたらすのである。それこそは、クムランの巻物に関心をもつ新約学者が進んで行なってきたものである。

メシアや終末の観念、所有物を共有する慣習、光と闇の二元論などの比較研究から分かったことは、キリスト教徒がクムラン（や他の宗派のユダヤ教）のそれを自分たちのものとして受け入れたわけではないが、このような観念や慣習をもつクムラン（や他の宗派のユダヤ教）の影響を非常に大きく受けた歴史宗教だったということである。この認識は、現在盛んになりつつある旧約の外典や偽典の諸文書の研究とともに、巻物研究がもたらした成果のひとつである。この認識や「歴史のイエス」についての新しい理解は、キリスト教が他の宗教にまさる唯一の宗教であるなどという思い上がりを木っ端みじんに打ち砕くものとなると同時に、キリスト教がユダヤ教と「聖書という遺産」を共有するというこれまでの消極的な理解の向こうにある、「反ユダヤ主義」とは無縁の開かれた地平にはじめてわたしたちを誘うのである（多分）。

9

本書（原題は *The Dead Sea Scrolls Today* [Grand Rapids, Michigan; Wm. B. Eerdmans Publishing Co., 1994]）は、アメリカのノートルダム大学神学部の旧約学の教授ジェームス・C・ヴァンダーカム（James C. VanderKam）によって著された最近作であり、著者自身がその序で言うように、「死海の巻物についての手引と最新情報」を与えるものである。

わが国においては、死海の巻物についてはすでにいくつかの入門書的な書物が紹介されたり、また第一洞穴から出土した最初の七つの巻物の翻訳もなされているが、文字どおり日進月歩の歩みを見せている死海の巻物研究の現状を正しく知るには、現在の時点で、本書の右に出るものはないであろう。わが国においては、イエロー・ジャーナリズム（これは扇動的な三流のジャーナリズムを指して使われる言葉である）の水準にある書物、たとえばベイジェントとリーの共著『死海文書の謎』（柏書房、一九九二年）なども広く読まれているようであるが、本書は、そのような水準のものとはまったく無縁である（この手のキワモノに飛びつく出版社の見識と訳者の知的誠実さは問題にされてしかるべきである）。本書が海外の書評で、「ヴァンダーカムは死海の巻物の複雑な歴史——その発見や、性質、年代、文学的性格、背景など——をきわめて明晰に要約することに成功した。」（イマニュエル・トーブ、ヘブライ大学）とか、「読者は論争の渦巻く中でこれ以上に信頼できる手引書を見つけることはできない」（ジョン・J・コリンズ、シカゴ大学）、「本書はわたしがまさに必要としたテクスト・ブックである。これは学生のために明晰に書かれた、最新で、権威のある、包括的な書物である。……センセーショナリズムをもとめる者たちによって死海の巻物にまき散らされた害毒の好ましい解毒剤となる」（ジェームズ・H・チャールスワース、プリンストン神学校）と評されるゆえんである。本書を評するに、訳者はこれ以上の的確な評言を見いだせない。

著者のヴァンダーカムは一九四六年にアメリカで生まれ、一九七六年にハーバード大学から「古代中近東の言語と文化」で博士号の学位を取得している。一九七三年以来、クムラン関係の学術雑誌「レビュー・ド・クムラン」や、「ジャーナル・オブ・ビブリカル・リタラチャー」、「キャソリック・ビブリカル・リビュー」などに発表した論文は八〇本近く、書評は九〇本以上におよび、単行本として出版されたものには共著の『ヨベル書』（ケンブリッジ大学出版局、一九八五年）、『ヨベル書』二分冊（ピーターズ、一九八九年）などがあり、死海文書関係のテクストの編集委員の一人である。大学ではヘブル語や、アラム語、エチオピア語、旧約聖書、新約聖書、中間時代（旧約と新約の間の時代）の文書などを講じている。

最後に、この場を借りて、本書の出版を快諾された青土社社長清水康雄氏の変わらぬご好意と、編集の実務を担当された水木康文氏の労苦にたいして、心からの感謝を述べたい。

一九九五年盛夏、伊豆一碧湖にて

秦　剛平

＊紀元前後の巻物を取り巻く世界をよく理解したい、あるいはのめりこみたい読者のために、必要な文献を掲げておく。

（一）本書におけるクムランの共同体をエッセネ派と比定する議論では、ヨセフス（三七／三八年―一〇〇年ころ）がしばしば登場するが、彼の著作は拙訳「ヨセフス全集」一六分冊（山本書店、一九七五―一九八四年）で読むことができる。ヨセフスの著作が提起するさまざまな問題は、L・H・フェルトマン＋秦剛平編『ヨセフスとユダヤ戦争』（山本書店、一九八五年）、同『ヨセフスとキリスト教』（山本書店、一九八五年）、同『ヨセフス・ヘレニズム・ヘブライズム1』（山本書店、一九八五年）、同『ヨセフス・ヘレニズム・ヘブライズム2』（山本書店、一九八五年）から知られる。『ヨセフスとキリスト教』に所収のR・J・コギンスの論文「ヨセフスとサマリア人」、J・ノイズナーの論文「ヨセフスとパリサイ派」、G・バウムバッハの論文「ヨセフスとサドカイ派」、J・ストラグネルの論文「ヨセフスとエッセネ派」、および『ヨセフス・ヘレニズム・ヘブライズム1』所収のJ・ブレンキンソップの論文「ヨセフス、預言者、祭司」、S・Z・ライマンの論文「ヨセフスと聖書の正典」、D・アルトゥシュラーの論文「ヨセフスと『神殿写本』」などが、本書の理解を深めるだろう。ヨセフスの著作、なかでも『自伝』と『ユダヤ戦記』を批判的に研究した書物はシャイエ・J・D・コーエン『ヨセフス――その人と時代』（秦剛平＋大島春子訳、山本書店、一九九一年）である。

（二）ヨセフスの生涯やその著作を概観する入門書としては、M・アダス＝ルベル『フラウィウス・ヨセフス伝』（東丸恭子訳、白水社、一九九三年）が有益である。さまざまな問題が暴露されるヨセフスの生涯の記述については、拙稿「ヨセフス――ひとりの途方もないユダヤ人」（『現代思想』一九九四年七月号）のほかに、拙論「ヨセフスの生涯について（その1）」（多摩美術大学紀要、一九九四年）および「ヨセフスの生涯について（その2）」（多摩美術大学紀要、一九九五年）を参照してほしい。この拙論はヨセフス研究のシリーズの一部を構成する。

（三）本書においては、クムランの南に位置するマサダも、死海の巻物の一部が出土したために言及されているが、このマサダの要塞についてはヨセフス『ユダヤ戦記』の第七巻の記述（ヨセフスはマサダについて知り得る唯一の文献資料である）のほかに、本書にたびたび登場する故イーガエル・ヤディンによるその発掘は、同氏の『マサダ』（田丸徳善訳、山本書店）、および前掲『ヨセフスとユダヤ戦争』に所収のシャイエ・J・D・コーエンの論文「マサダの集団自決はあったか」、D・J・ラドスゥールの論文「ヨセフスとマサダの集団自決――コーエンを批判する」、R・R・ニウエルの論文「ヨセフスの自決記事の史実性」を読んでほしい。

（四）本書の第一章の冒頭から登場する古代の教会史家エウセビオス（二六五年ころ―三四〇年ころ）の著作は、拙訳『教会史』三分冊（山本書店）で読むことができる。第二分冊は、バルコホバの乱と呼ばれている第二次ユダヤ戦争（一三二―三五年）に言及している。エウセビオスの著作を中心とする論文集は、H・W・アトリッジ＋秦剛平編『キリスト教の起源と発展』（リトン、一九九二年）、同『キリスト教の正統と異端』（リトン、一九九二年）、同『キリスト教とローマ帝国』（リトン、一九九二年）であるが、これらはいずれも、最初期のキリスト教や当時のユダヤ教を視野に入れて死海の巻物について学んでみたい読者には必読である。なお、過去二〇〇〇年にわたってキリスト教会が公認してきた「正典のイエス」ではなくて「歴史のイエス」についての議論を知りたい読者は、前掲『キリスト教の起源と発展』に所収のD・フルッサルの論文「イエスとユダヤ教――ユダヤ人の視点から」およびR・ホースリーの論文「イエスとユダヤ教――キリスト教徒の視点から」のほかにも、バートン・L・マック『失われた福音書』（拙訳、青土社、一九九四年）やジョン・D・クロッサン『イエスの言葉』（拙訳、河出書房新社、一九九五年）を読んでほしい。マックとクロッサンはどちらも共観福音書から取り出されたイエスの語録から新しいイエス像をもとめているが、マックのものはとくに斬新であり、今後「歴史のイエス」を語るにあたり落とすことのできぬものとなろう。

（五）一世紀のアレクサンドリアの哲学者フィローンについてのヴァンダーカムの言及は簡単なものだが、この人物の生涯やその著作については、拙訳フィローン『フラックス』（リトン、近刊）の巻末の解説を参考にしてほしい。その入門書となるのはE・R・グッド（イ）ナフ『アレクサンドリアのフィロン入門』（野町啓ほか訳、教文館、一九九四年）であり、専門家レベルのものは、平石善司『フィロン研究』（創文社、一九九一年）である。

（六）旧約の外典・偽典の文書については、ヘブライズムとヘレニズム研究の雑誌「ペディラヴィウム」（ペディラヴィウム会出版部）に現在、連続講義の形式で掲載中の拙論「ヘレニズム・ローマ時代のユダヤ教文献」三六号以下を参考にしてほしい。そこではすでに、マカベア第一書、マカベア第二書、マカベア第三書、マカベア第四書、アリステアスの手紙、エズラ記（ギリシア語）、ユディト記、トビト記、ダニエル書へ付け加えられた三つの物語（アザリアの祈りと三人の若者の讃歌、スザンナ物語、ベール神と竜神)、バルク書、エレミヤの手紙、マナセの祈り、ギリシア語エズラ記、ラテン語エズラ記などが扱われている。本書において再三言及されている「義の教師」の出現の背景としては、政治的なプロパガンダ文書であるマカベア第一書が重要になるが(本書は現在、新共同訳の中に収められている)、それについては「ぺディラヴィウム」三六号(一九九二年)を、アリステアスの手紙やレオントーン・ポリスについては、同三六号および拙論「七十人訳翻訳史序説(一)」(京都大学基督教学研究第一三号、平成三年)、前掲『ヨセフス・ヘレニズム・ヘブライズム2』所収のA・ペルティエの論文「ヨセフス、アリステアスの書簡、七十人訳聖書」を参照してほしい。

＊本書の翻訳では、原著に見られるいくつかの出典の誤りや誤植をただし(それらはいずれも不可避的なものである)、また著者の了解を得てよりベターな英文に書き改めてそれを訳したり、小見出しを改めたりした箇所もある(たとえば原著の一〇七頁の英文や、一一四頁の小見出しなど)。本書で引用されている、第一洞穴から最初に発見された七つの巻物の翻訳では、最初、日本聖書学研究所編『死海文書』(山本書店、一九六三年)を使用しようと考えたが、あまりにも読みにくいものであるため、著者自身が使用しているヴェルメシュ訳(ペンギン・ブックス)を使用した。著者は第三版(一九八七年)を使用しているが、訳者はその増補版である第四版(一九九五年)を使った。こちらの訳は、個人の責任訳であるだけに、さすがに良質である。なお、前掲日本聖書学研究所編の『死海文書』一七頁の記述には、カトリックにたいするプロテスタントの「偏見と思い上がり」が認められることを指摘しておく。本書の記述(第7章)に照らして、そこでの記述を読んでほしい。

新装版に寄せて

このたび『死海文書のすべて』の新装版をお届けすることになった。自分が手塩にかけて紹介・翻訳した書物が歓迎されたばかりか、もっとも信頼の置ける入門・解説書という高い評価を各方面からいただき、そのために新しい装いのもとで、もう一度世に送り出されるという。これにまさる嬉しい知らせがあるだろうか。

日本の読書人の死海文書に寄せる関心は非常に高い。その証拠は死海文書関係の書物が次つぎに翻訳されては紹介されることにある。死海文書研究の新しい世代の総責任者はヘブライ大学の聖書学部の教授イマニュエル・トーブ博士である。本書にもたびたび登場するトーブ博士は、わたしの恩師のひとりでもあるが、去年の十一月アメリカのサンアントニオで開催された聖書文学協会の年次総会では、東京女子大学の旧約学者であるM氏とわたしたち夫婦を食事に誘ってくれた。食卓の話題は、当然のことながら、死海文書の翻訳とその紹介、そして現在わたしが手がけている「七十人訳ギリシア語聖書」（河出書房新社）に集中したが、そのとき博士が大きな関心を寄せたのは、なぜキリスト教徒でもない日本の読書人や知識人たちが死海文書に関心を寄せるのか、であった。上等なワインに酔いしれながらの楽しいランチの場であり、口角泡を飛ばす学問的議論の場でもなかったので、わたしは思い付くいくつかの理由を当たり障りなく口にしたに過ぎなかったが、それから二か月も経たないうちに、本書の新装版出版の知らせである。どうやらわたしは日本人の死海文書への大きな関心を歓迎しつつ、酔いをさましてまじめな答えをトーブ博士に用意しなければならなくなったようである。

二〇〇五年一月三一日

秦　剛平

J・C・ヴァンダーカム（James C. VanderKam）

一九四六年アメリカ生まれ。一九七六年ハーバード大学博士号取得。ノートルダム大学でヘブル語をはじめアラム語、エチオピア語、旧約・新約聖書などを講じる。聖書学、死海文書関係の学術誌に一〇〇本以上の論文、九〇本余りの書評を発表。*Encyclopedia of the Dead Sea Scrolls* (2000) の編集主幹も務める。近著に *From Revelation to Canon* (2001) や *The Book of Jubilees* (2001) などがある。

秦　剛平（はた・ごうへい）

一九四二年生まれ。京都大学大学院修士課程修了。現在、多摩美術大学教授。著書：『ヨセフス研究』（共著、山本書店）、『ヨセフス』（ちくま学芸文庫）他。訳書：マック『失われた福音書』、モリスン＋ブラウン『ユダヤ教』（シリーズ世界の宗教）、ゴールドスタイン『ユダヤの神話伝説』（青土社）、『七十人訳ギリシア語聖書』（河出書房新社）、ヨセフス『ユダヤ古代誌』『ユダヤ戦記』（ちくま学芸文庫）、エウセビオス『教会史』（山本書店）、同『コンスタンティヌスの生涯』（京都大学学術出版会）他。

索　引

た行

な行

は行

ま行

や行

ら行

死海文書のすべて（新装版）

2005年3月25日　第1刷発行
2020年7月31日　第4刷発行

著者——ジェームス・C・ヴァンダーカム
訳者——秦剛平
発行者——清水一人
発行所——青土社
東京都千代田区神田神保町1－29市瀬ビル〒101-0051
［電話］03-3291-9831（編集）　03-3294-7829（営業）
［振替］00190-7-192955
印刷所——ディグ（本文）／方英社（カバー・表紙・扉）
製本所——小泉製本

装幀——戸田ツトム

ISBN4-7917-6172-3　　Printed in Japan